**Kronprinz Rupprecht und die königlich-bayerische Armee
im Westfeldzug 1914**

Kronprinz Rupprecht und die königlich-bayerische Armee im Westfeldzug 1914

Eine föderalistische Perspektive auf die militärischen Operationen der ersten Monate des Ersten Weltkriegs

Stefan März

Bei der vorliegenden Monografie handelt es sich um eine aktualisierte Fassung der Magisterarbeit des Autors, die von der Fakultät für Geschichts- und Kunstwissenschaften der Ludwig-Maximilians-Universität München im Wintersemester 2006/07 angenommen wurde.

Bibliografische Information der Deutschen Nationalbibliothek:
Die Deutsche Nationalbibliothek verzeichnet diese Publikation in der Deutschen Nationalbibliografie; detaillierte bibliografische Daten sind im Internet über http://dnb.dnb.de abrufbar.

Bildnachweis (Umschlag): Library of Congress, Prints & Photographs Division, LC-DIG-ggbain-31343

Neuauflage

© 2021 Stefan März

Herstellung und Verlag: BoD – Books on Demand, Norderstedt

ISBN: 978-3-7528-9923-8

INHALT

1. EINLEITUNG

Fragestellungen und Methodik

Der Krieg von 1914 bis 1918 bedeutete eine gewaltige historische Zäsur und wurde in vielerlei Hinsicht für das 20. Jahrhundert prägend. Dementsprechend umfangreich ist auch die wissenschaftliche Literatur, die sich mit dem Ersten Weltkrieg und dessen Folgen auseinandersetzt. Gerade in jüngster Zeit wurde die Forschungslandschaft um zahlreiche neue Fragestellungen erweitert, was als Zeichen dafür gelten darf, dass dieser Konflikt nichts an seiner Bedeutung verloren hat und stetig unter neuen Gesichtspunkten analysiert werden kann. Die aktuellsten Diskussionen haben Aspekte der Vorkriegsgeschichte ans Tageslicht befördert, die auch für die Kriegszeit in hohem Maße relevant sind. Einer dieser Aspekte ist die deutsche Heterogenität.

Das Deutsche Reich war ein Verbund von fünfundzwanzig Einzelstaaten. Viele von diesen behielten im Reichsverbund zahlreiche Kennzeichen ihrer Souveränität, einschließlich ihrer Dynastien. Naturgemäß gab Preußen den Ton an, was sich allein in der Tatsache ausdrückt, dass der preußische König gleichzeitig Deutscher Kaiser, der preußische Ministerpräsident gleichzeitig Reichskanzler war.[1]

Und doch ist das Gewicht der nächstgrößeren Bundesstaaten nicht zu unterschätzen. Gerade das Königreich Bayern hatte eine weitreichende Autonomie innerhalb des Kaiserreichs inne und verfügte nicht zuletzt über ein eigenständiges Militär. Die bayerisch-preußische Zusammenarbeit war dabei auch auf militärischem Gebiet keinesfalls frei von Spannungen. Preußische Selbstgefälligkeiten und der wachsende Zentralismus boten den bayerischen Entscheidungsträgern bereits im Vorfeld des Ersten Weltkrieges Anlass zur Sorge. Diese Befürchtungen sollten sich bald bestätigen: Das Übergewicht Preußens gegenüber den Bundesstaaten machte sich ab 1915/16 in immer stärkerem

---

1   Chickering, Roger: Das Deutsche Reich und der Erste Weltkrieg. München 2002. S. 14-16; künftig: Chickering: Das Deutsche Reich und der Erste Weltkrieg.

Ausmaß bemerkbar.[2] Die ersten Monate des Ersten Weltkriegs bieten einen Blick unter dem Brennglas auf die heterogenen Interessenlagen und die nie wirklich aufgelösten Konfliktlinien im Kaiserreich – zwischen föderaler Ordnung und zentralstaatlichen Tendenzen –, die seit dessen Gründung vier Jahrzehnte zuvor schwelten. Daher lohnt sich der differenzierte Blick aus einer dezidiert bayerisch-landespolitischen Perspektive, um zum Verständnis des deutschen Nationalstaates Neues zutage zu fördern.

Für das Jahr 1914 kann noch von einer – zumindest im formalen Sinn – weitreichenden Autonomie des bayerischen Militärs gesprochen werden. Die königlich-bayerische Armee führte ein autonomes Leben innerhalb des föderalen Bundesheers, war allerdings Teil desselben. Häufig hatte es jedoch den Anschein, als sei Bayern für die preußisch-deutsche Armeeführung nur ein leidiger Bundesgenosse statt eines Bundesstaates. Beispielsweise teilte der Chef des Generalstabs des Feldheeres Helmuth von Moltke[3] dem bayerischen Kronprinzen Rupprecht[4] im Frühjahr 1914 unverhohlen mit, dass die bayerische Armee im Kriegsfalle einen preußischen Generalstabschef zugeteilt bekäme, da das Reich auf den glücklichen Ausgang eines künftigen Konflikts großen Wert lege.[5] Für bayerische Ohren mussten Äußerungen wie diese freilich klingen, als sei ihre Armee militärisch derart unbrauchbar, dass sie nur mit preußischer Hilfe ins Feld ziehen könne.[6]

Im Ernstfall musste dieses schwierige Verhältnis unweigerlich zu Problemen führen, was sich schon bald erweisen sollte. Bereits ein halbes Jahr nach Moltkes Äußerung brach der Erste Weltkrieg aus. Das königlich-bayerische Heer wurde zunächst als geschlossenes Kontingent unter dem Oberkomman-

---

2   Ay, Karl-Ludwig: Die Entstehung einer Revolution. Die Volksstimmung in Bayern während des Ersten Weltkrieges. Berlin, 1968. S. 21; künftig: Ay, Entstehung einer Revolution.

3   Zur Person: Helmuth von Moltke (*1848 †1916): 1906-1914 Generaloberst und Chef des Großen Generalstabs des Feldheeres.

4   Zur Person: Kronprinz Rupprecht von Bayern (*1869 †1955): 1914-1916 Generaloberst und OB der 6. Armee; 1916-1918 bayerischer und preußischer Generalfeldmarschall und OB der Heeresgruppe Kronprinz Rupprecht von Bayern.

5   Vgl. BayHStA, KA: NL Krafft, Nr. 195, Rupprecht an Krafft vom 20. August 1926.

6   Xylander, Rudolf von: Deutsche Führung in Lothringen 1914. Wahrheit und Kriegsgeschichte. Berlin 1935. S. 27; künftig: Xylander: Führung in Lothringen.

do des Generalobersten Kronprinz Rupprecht von Bayern[7] im Rahmen des Moltke'schen Feldzugsplans in Elsass-Lothringen eingesetzt. Die weitreichende Autonomie, verbunden mit in ihrer Bedeutung oft unterschätzten, landsmannschaftlich bedingten Ressentiments innerhalb des Bundesheeres, hatte – so viel sei vorweggenommen – erheblichen Einfluss sowohl auf die Kriegsführung als auch auf die Kriegszielpolitik des Jahres 1914.

Aus der bayerischen Perspektive heraus sollen daher in der vorliegenden Studie die Kriegsereignisse während des Sommers und Herbstes 1914 nachgezeichnet werden. Kronprinz Rupprecht darf dabei als die zentrale Figur der ,bayerischen Kriegsführung' im Ersten Weltkrieg gelten. Einerseits verfügte er über ein politisches Gewicht, welches weit über seinen militärischen Rang hinaus reichte. Andererseits fiel ihm, als einem von sieben deutschen Armee-Oberbefehlshabern auf dem westlichen Kriegsschauplatz, eine Schlüsselrolle für die Operationen zu. Militärisches Denken beeinflusste in zunehmendem Maße das Handeln der politisch Verantwortlichen in fast allen beteiligten Nationen. Diese wurden infolgedessen im Bann ihrer eigenen Allianzen und Ententen gefangen.[8]

Thomas Kühne und Benjamin Ziemann weisen in ihrem Aufsatz „Militärgeschichte in der Erweiterung"[9] auf einige fundamentale Erschwernisse und Notwendigkeiten im Hinblick auf eine zeitgemäße Bearbeitung von Militärgeschichte hin. Zunächst ist die Perspektivenvielfalt der Geschichtswissenschaft enorm. Die Suche nach einer Zentralperspektive der Militärgeschichtsschreibung gestaltet sich dabei als schwierig. Bereits der politik- und der sozialhisto-

---

7   Vgl. zu dessen Biografie: Weiß, Dieter J.: Kronprinz Rupprecht von Bayern (1869-1955). Eine politische Biografie. Regensburg, 2007; zu dessen Rolle im Ersten Weltkrieg: Afflerbach, Holger: Kronprinz Rupprecht von Bayern im Ersten Weltkrieg, in: Militärgeschichtliche Zeitschrift, Band 75, Heft 1, Seiten 21–54; sowie Rupprechts Tagebuchaufzeichnungen: Bayern, Rupprecht Kronprinz von: Mein Kriegstagebuch. Hrsg. von Eugen von Frauenholz, 3 Bände. München, 1929; künftig: Rupprecht: Kriegstagebuch.

8   Hildebrand, Klaus: „Staatskunst und Kriegshandwerk". Akteure und System der europäischen Staatenwelt vor 1914. In: Ehlert, Hans u. a. (Hrsg.): Der Schlieffenplan. Analysen und Dokumente. Paderborn, 2006. S. 21-43. Hier: S. 25f.

9   Kühne, Thomas/ Ziemann, Benjamin: Militärgeschichte in der Erweiterung. Konjunkturen, Interpretationen, Konzepte. In: Kühne, Thomas/ Ziemann, Benjamin (Hrsg.): Was ist Militärgeschichte? Paderborn, 2000. S. 9-46.

rische Ansatz der Militärgeschichtsschreibung divergieren teils massiv. Kultur- und geschlechtergeschichtliche Herangehensweisen scheinen eine Synthetisierung der Perspektiven auszuschließen.[10]

Für eine zeitgemäße Form der Operationsgeschichtsschreibung sei es notwendig, dass dabei nicht nur die politisch-herrschaftliche Dimension operativen Handelns beleuchtet werde, sondern darüber hinaus auf das darin enthaltene Maß an Gewaltbereitschaft und dessen Beziehung zu den Selbstbildern und den Handlungen der militärischen Führung hingewiesen werde.[11] Dieser mehrere methodische Ansätze vereinende Anspruch an die Militärgeschichtsschreibung soll in der vorliegenden Studie dadurch Beachtung finden, dass Aspekte der Operations-, Politik-, Sozial-, Mentalitäts- und Erfahrungsgeschichte berücksichtigt werden.

Den zeitlichen und geografischen Rahmen dieser Forschungsarbeit steckt der Zeitraum von August bis November 1914 an der Westfront ab. Diesem Zeitabschnitt kommt deshalb besondere Bedeutung zu, da nur während des Bewegungskrieges die fundamentalen Militärstrategien gelingen oder scheitern konnten. Nur zu diesem Zeitpunkt hatten die Armeeführer die Möglichkeit zum freien operativen Handeln. Der sich im November 1914 verfestigende Stellungskrieg beendete jegliche Operationsfreiheit oberhalb der taktischen Ebene. Mit dem Scheitern der deutschen Militärstrategie löste sich auch die Aussicht auf ein rasches Kriegsende auf. Der Abschied von dieser Erwartung macht den möglicherweise entscheidenden Moment des Ersten Weltkrieges aus.[12]

Die Vor- bzw. Entstehungsgeschichte des Ersten Weltkriegs sind kein Gegenstand dieser Studie, da das Königreich Bayern in dieser keine nennenswerte Rolle spielte. Die Kriegsschuldfrage wird daher außer Acht gelassen. Ebenso wurden das bayerische „Augusterlebnis", die bayerische „Heimatfront" oder die bayerische Innenpolitik nicht detailliert eingebunden.[13] Die Ereignisse an

---

10   Ebd. S. 35.
11   Ebd. S. 44.
12   Chickering: Das Deutsche Reich und der Erste Weltkrieg. S. 33f.
13   Eine ausführliche Darstellung der bayerischen Kriegs- und Innenpolitik findet sich in: Funk, Roland: Bayern im Ersten Weltkrieg. Zwischen Reichstreue und Reichs-

der Ostfront und auf hoher See im Jahr 1914 werden nicht berücksichtigt, da sich dort keine bayerischen Truppen im Kampf befanden. Der Fokus dieser Untersuchung liegt auf der 6. Armee, die Operationen der übrigen deutschen Armeen werden nur am Rande behandelt. Auch auf die Kriegsgegner kann nur oberflächlich eingegangen werden, ebenso auf den weiteren Verlauf des Ersten Weltkriegs.

Forschungsstand

Eine Darstellung der Rolle der bayerischen Armee und deren Führung im Kriegsjahr 1914, welche militär- und politikgeschichtliche, sozial- und alltagsgeschichtliche sowie mentalitätsgeschichtliche Aspekte vereint, existiert bis zum heutigen Tage nicht. Vor einigen Jahren erschien eine Biografie über Konrad Krafft von Dellmensingen von Thomas Müller,[14] in welcher vor allem der Lothringer Feldzug der 6. Armee im August und September 1914 noch einmal gründlich beleuchtet wurde. Methodisch bedingte Beeinträchtigungen dieser ansonsten ausgezeichneten Persönlichkeitsskizze sind die starke Fokussierung auf Krafft sowie auf die Operationsgeschichte.

Sozial- und mentalitätsgeschichtliche Fragestellungen wurden, ebenso wie der bayerisch-preußische Antagonismus, nur am Rand behandelt. Ebenso auf die Operationsgeschichte der ersten sechs Kriegswochen fixiert ist die eindringliche Darstellung der Kämpfe in Lothringen und den Vogesen von Dieter Storz, der dabei weit mehr als Müller auf die bayerisch-preußischen Friktionen eingeht.[15] Daneben ist die Biografie Falkenhayns von Holger Afflerbach zu erwähnen, die gerade im Hinblick auf den zweiten Teil des Feldzugs von Sep-

---

verdrossenheit. Berlin, 2016; zur Rolle der bayerischen Monarchie im Weltkrieg vgl.: März, Stefan: Das Haus Wittelsbach im Ersten Weltkrieg. Chance und Zusammenbruch monarchischer Herrschaft. Regensburg, 2013.

14   Müller, Thomas: Konrad Krafft von Dellmensingen (1862-1953). Portrait eines bayerischen Offiziers. München, 2002; künftig: Müller: Krafft von Dellmensingen.

15   Storz, Dieter: „Dieser Stellungs- und Festungskrieg ist scheußlich!" Zu den Kämpfen in Lothringen und den Vogesen im Sommer 1914. In: Ehlert, Hans u. a. (Hrsg.): Der Schlieffenplan. Analysen und Dokumente. Paderborn, 2006. S. 161-204.

tember bis November 1914 wichtige Hinweise auf die Interaktion der militärischen Führung zu geben vermag.[16]

Zur Rolle und zum Selbstverständnis der bayerischen Armee als Teil des Bundesheeres im Deutschen Reich sind die Detailstudien von Othmar Hackl zur bayerischen Kriegsakademie und zum bayerischen Generalstab[17] maßgebend, ebenso wie jene Harald Potempas zur königlich-bayerischen Fliegertruppe.[18] Karl-Heinz Janßen bietet zum Einfluss Bayerns in der Kriegszieldebatte des Jahres 1914 mit seiner Monografie „Macht und Verblendung" eine auch nach über vierzig Jahren noch gültige Analyse.[19] Dieter J. Weiß veröffentlichte eine Biografie des Kronprinzen Rupprecht, die quellenreiche Einblicke in dessen militärische und politische Tätigkeit bietet. Zudem existieren ältere biografische Werke zu dessen Person.[20]

Zu den Kriegserfahrungen in Bayern und im Feld im Zeitraum von 1914 bis 1923 setzt Benjamin Ziemanns mentalitätsgeschichtliche Darstellung „Front und Heimat" Maßstäbe.[21] Zum soldatischen Kriegserlebnis ist die Darstellung des französischen Historikers Frédéric Rousseau zu nennen sowie jene von Wolfgang Mommsen.[22] Nicht zu vergessen sind zur Thematik des Kriegsalltags und Kriegserlebnisses die Sammelbände „Keiner fühlt sich hier mehr als Mensch... Erlebnis und Wirkung des Ersten Weltkriegs" und „Die Deutschen an der Somme", beide veröffentlicht von Gerhard Hirschfeld. Der Sammelband „Great War, Total War. Combat and Mobilisation on the Western Front", wel-

---

16   Afflerbach, Holger: Falkenhayn. Politisches Denken und Handeln im Kaiserreich. München, 1994; künftig: Afflerbach: Falkenhayn.

17   Hackl, Othmar: Die bayerische Kriegsakademie (1867-1914). München, 1989; künftig: Hackl: Kriegsakademie; Hackl, Othmar: Der bayerische Generalstab (1792-1919). München,1999; künftig: Hackl: Generalstab.

18   Potempa: Fliegertruppe.

19   Janßen: Macht und Verblendung.

20   Weiß, Dieter J.: Kronprinz Rupprecht von Bayern (1869-1955). Eine politische Biografie. Regensburg, 2007; Sendtner, Kurt: Rupprecht von Wittelsbach. Kronprinz von Bayern. München, 1954; künftig: Sendtner: Rupprecht von Wittelsbach.

21   Ziemann, Benjamin: Front und Heimat. Ländliche Kriegserfahrungen im südlichen Bayern 1914-1923. Essen, 1997; künftig: Ziemann: Front und Heimat.

22   Rousseau, Frédéric: La Grande Guerre en tant qu'expériences sociales. Paris, 2006; künftig: Rousseau: La Grande Guerre; Mommsen, Wolfgang J.: Der Erste Weltkrieg. Bonn, 2004; künftig: Mommsen: Der Erste Weltkrieg.

cher von Roger Chickering und Stig Förster herausgegeben wurde, ist dabei ebenso hervorzuheben.[23]
Die umfangreichen Studien der Dubliner Historiker Alan Kramer und John Horne zu den Übergriffen deutscher Soldaten auf Zivilisten sind aufgrund deren einseitiger Quellenauswahl und -gewichtung mit Vorsicht zu genießen. Nichtsdestoweniger sind sie aufgrund ihrer Analysen zu den Motivationen und Hintergründen der Handelnden unverzichtbare Standardwerke zu dieser Thematik.[24] Der dem Feldzug des Jahres 1914 zugrunde liegende deutsche Operationsplan wurde in jüngster Zeit von mehreren Autoren eingehend unter die Lupe genommen. Dabei sind besonders die Darstellungen Annika Mombauers und Stig Försters zu erwähnen, die hinsichtlich der Moltke'schen Strategie bemerkenswerte Erkenntnisse liefern.[25]

---

23   Hirschfeld, Gerhard u. a. (Hrsg.): Keiner fühlt sich hier mehr als Mensch... Erlebnis und Wirkung des Ersten Weltkriegs. Essen, 1993; Hirschfeld, Gerhard u. a. (Hrsg.): Die Deutschen an der Somme. 1914-1918. Krieg, Besatzung, Verbrannte Erde. Essen, 2006; Chickering, Roger/ Förster, Stig (Hrsg.): Great War, Total War. Combat and Mobilisation on the Western Front, 1914-1918. Cambridge u. a., 2000.

24   Kramer, Alan: „Greueltaten". Zum Problem der deutschen Kriegsverbrechen in Belgien und Frankreich 1914. In: Hirschfeld, Gerhard u. a. (Hrsg.): Keiner fühlt sich hier mehr als Mensch... Erlebnis und Wirkung des Ersten Weltkriegs. Essen, 1993. S. 85-114; künftig: Kramer: Greueltaten; Horne, John/ Kramer, Alan: War Between Soldiers and Enemy Civilians. 1914-1915. In: Chickering, Roger/ Förster, Stig (Hrsg.): Great War, Total War. Combat and Mobilisation on the Western Front, 1914-1918. Cambridge u.a. 2000. S. 153-168; künftig: Horne/ Kramer: War Between Soldiers And Enemy Civilians; Horne, John: Der Weg zur Somme: Deutsche Kriegsführung 1914-1916. In: Hirschfeld, Gerhard u. a. (Hrsg.): Die Deutschen an der Somme. 1914-1918. Krieg, Besatzung, Verbrannte Erde. Essen, 2006. S. 11-21; künftig: Horne: Der Weg zur Somme; Horne, John/ Kramer, Alan: Deutsche Kriegsgreuel 1914. Die umstrittene Wahrheit. Hamburg, 2004; künftig: Horne/ Kramer: Deutsche Kriegsgreuel.

25   Mombauer, Annika: Der Moltkeplan: Modifikation des Schlieffenplans bei gleichen Zielen? In: Ehlert, Hans u. a. (Hrsg.): Der Schlieffenplan. Analysen und Dokumente. Paderborn, 2006. S. 79-99; künftig: Mombauer: Der Moltkeplan; Mombauer, Annika: Helmuth von Moltke and the origins of the First World War. Cambridge, 2001; künftig: Mombauer: Helmuth von Moltke; Förster, Stig: Der deutsche Generalstab und die Illusion des kurzen Krieges. 1871 - 1914. Metakritik eines Mythos. In: Militärgeschichtliche Mitteilungen 54. Potsdam, 1995. S. 61-95; künftig: Förster: Illusion des kurzen Krieges.

Für den generellen Kriegsverlauf des Jahres 1914 im Hinblick auf politische, wirtschaftliche, militärische und strategische Aspekte ist das monumentale Werk „The First World War: To Arms" von Hew Strachan unumgänglich, wenngleich dort erfahrungs- und kulturgeschichtliche Aspekte fast völlig ausgeklammert sind.[26] John Keegans Monografie zum Ersten Weltkrieg[27] legt den Schwerpunkt ebenso auf den Verlauf der Truppenbewegungen und Schlachten. Daneben versteht er es allerdings, die menschliche Dimension der Kämpfe in gleichem Maße zu erfassen wie die dem Geschehen zugrunde liegenden politisch-strategischen Vorgänge. Als weitere Überblickswerke zur Gesamtgeschichte des Ersten Weltkriegs sind die ausgezeichneten Darstellungen David Stevensons und Roger Chickerings zu erwähnen, die es hervorragend vermögen, Politikgeschichte, Sozialgeschichte, Kulturgeschichte und operative Militärgeschichte zusammenzuführen.[28]

Quellenlage

Die Aufmerksamkeit, die den Operationen der bayerischen Armee im Kriegsjahr 1914 hier zukommt, ist nicht zuletzt einer für deutsche Verhältnisse hervorragenden Quellenlage geschuldet. Im Verlauf einer einzigen Aprilnacht des Jahres 1945 fiel bei einem Luftangriff auf Potsdam der Großteil der preußisch-deutschen Heeresakten den Flammen zum Opfer.[29] Die in München gelagerten bayerischen Heeresakten sind dagegen fast vollständig erhalten. Daher ist es bei dieser Untersuchung weit mehr als sonst möglich, mit Originalquellen zu arbeiten.

In der militärgeschichtlichen Abteilung des Bayerischen Hauptstaatsarchivs finden sich nicht nur die Akten der 6. Armee für den fraglichen Zeitraum, sondern auch der umfangreiche Nachlass ihres Generalstabschefs Krafft von

---

26   Strachan, Hew: The First World War. Volume 1: To Arms. Oxford, 2003; künftig: Strachan: The First World War.
27   Keegan, John: Der Erste Weltkrieg. Eine europäische Tragödie. Reinbek bei Hamburg, 2003; künftig: Keegan: Der Erste Weltkrieg.
28   Stevenson, David: 1914-1918. Der Erste Weltkrieg. Düsseldorf, 2006; künftig: Stevenson: Der Erste Weltkrieg; Chickering: Das Deutsche Reich und der Erste Weltkrieg.
29   Pöhlmann: Kriegsgeschichte und Geschichtspolitik. S. 157.

Dellmensingen. Dieser enthält unter anderem dessen detailliertes Tagebuch sowie Korrespondenzen mit maßgebenden Personen der bayerischen Armee. Diese Aufzeichnungen zu Kraffts unmittelbarem Kriegserlebnis und seiner Meinung zur politischen und militärischen Lage sind sehr authentisch und aufschlussreich. Von recht eingeschränktem Quellenwert ist dagegen das Kriegstagebuch der 6. Armee, da dieses zum einen nicht ausführlich genug ist, zum anderen wurde es im Nachhinein mehrfach redigiert.[30] Neben den genannten Quellen wurden auch Offiziers-Personalakten sowie Akten des Bayerischen Kriegsministeriums verwendet, welche ebenfalls in der Abteilung IV des Bayerischen Hauptstaatsarchivs, dem Bayerischen Kriegsarchiv, lagern. Grundlegende Quellen für die vorliegende Studie befinden sich in den Nach-lässen des letzten bayerischen Königs Ludwig III.[31] sowie von dessen Söhnen Rupprecht und Franz. Diese werden im Geheimen Hausarchiv[32], der Abteilung III des Bayerischen Hauptstaatsarchivs aufbewahrt. Für die Ereignisse des Jahres 1914 ist dabei die Korrespondenz des bayerischen Königs mit seinen im Feld stehenden Söhnen von Interesse, auch jene des Prinzen Franz mit seinem älteren Bruder aus späteren Jahren. Die ausführlichen Tagebuchauf-zeichnungen des Oberbefehlshabers der 6. Armee, Kronprinz Rupprecht von Bayern, bilden eine der zentralen Quellen dieser Forschungsarbeit. Im Jahr 1928 wurden diese in drei Bänden veröffentlicht, allerdings in einer stark gekürzten sowie innen- und revisionspolitisch bereinigten Version.[33]

Aufgrund des weitaus höheren Quellenwertes wurde daher die Originalhand-schrift des Tagebuchs verwendet. Der bayerische Kronprinz hielt seine Ge-danken und Erlebnisse, seiner jahrelangen Gewohnheit entsprechend, zu-nächst in Stichworten und Notizen fest und formulierte diese im Nachhinein aus. Die Tagebücher stellen aufgrund ihres bloßen Umfangs, aber auch auf-

---

30   Vgl. Müller: Krafft von Dellmensingen. S. 5f.
31   Zu dessen Biografie: März, Stefan: Ludwig III.: Bayerns letzter König. Regens-
      burg, 2014.
32   An dieser Stelle sei dem Chef des Hauses Wittelsbach Herzog Franz von Bayern
      herzlich gedankt, der zum Zweck der vorliegenden Arbeit die Nutzung der Nach-
      lässe Ludwigs III., des Kronprinzen Rupprecht und des Prinzen Franz von Bayern
      im Geheimen Hausarchiv bewilligte.
33   Rupprecht: Kriegstagebuch.

grund der kritischen militärischen wie politischen Beobachtungsgabe ihres Verfassers eine der interessantesten und aufschlussreichsten militärbiografischen Überlieferungen zum Ersten Weltkrieg dar. Für den gesamten Krieg umfasst der Text über 4000 Seiten, allein die Schilderung des Zeitraumes von Kriegsbeginn bis Mitte November 1914 nimmt in etwa fünfhundert von Hand geschriebene Seiten in Anspruch.[34]

Im Nachlass Kronprinz Rupprechts befindet sich auch dessen Korrespondenz mit seinem königlichen Vater sowie mit Generalstabschef Krafft von Dellmensingen. Des Weiteren wurde die schriftliche Korrespondenz mit seinem Vertrauten, dem Münchener Bildhauer und Kunstprofessor Adolf von Hildebrand verwendet, die sich teils in dessen Nachlass in der Bayerischen Staatsbibliothek, Abteilung Handschriften und Alte Drucke, teils im Nachlass des Kronprinzen im Geheimen Hausarchiv befindet.

---

34 Pöhlmann: Kriegsgeschichte und Geschichtspolitik. S. 303-306; Sendtner: Rupprecht von Wittelsbach. S. 243.

2. MILITÄRISCHE RAHMENBEDINGUNGEN

Handlungsspielräume des Königreichs Bayern

„Wir sind keine Vasallen, keine Untertanen des Deutschen Kaisers, sondern dessen Verbündete!" Mit diesen deutlichen Worten kennzeichnete Prinz Ludwig, der spätere bayerische König Ludwig III., anlässlich der Krönungsfeierlichkeiten des Zaren Nikolaus die Stellung der deutschen Bundesfürsten innerhalb des Deutschen Reichs.[35] Das Kaiserreich war laut seiner Verfassung ein Bund der Fürsten und freien Städte. Es war, wenn man so will, in erster Linie preußisch, dann bayerisch, württembergisch, sächsisch, badisch und so weiter. Insgesamt hatten sich zweiundzwanzig deutsche Fürsten sowie drei freie Städte zusammengeschlossen.[36]

Selbst nach vierundvierzigjährigem Bestehen des Reichs hatte sich in vielerlei Hinsicht der Charakter eines Staatenbundes bewahrt. Nicht beim Kaiser lag die Souveränität, sondern bei der Gesamtheit der verbündeten Regierungen.[37] Bayern konnte seine fortdauernde Teilsouveränität auf die 1870 ausgehandelten Reservatrechte stützen. Diese Sonderrechte umfassten unter anderem die Hoheit über das Post- und Telegrafenwesen, das Eisenbahnwesen, die Biersteuer sowie nicht zuletzt den Erhalt der eigenständigen königlich-bayerischen Armee. Diesbezüglich gingen die Freiheiten sogar so weit, dass in Friedenszeiten die Militärhoheit, Befehlsgewalt und das Verordnungsrecht über die bayerische Armee beim bayerischen König und seinem Kriegsministerium lagen. Auch verschiedene Hoheitsrechte verblieben dem bayerischen Staat, etwa das Recht auf eine eigene Verfassung sowie Zuständigkeiten in den Bereichen der Gesetzgebung, Gerichtsbarkeit und Verwaltung.[38]

---

35 Janßen, Karl-Heinz: Macht und Verblendung. Kriegszielpolitik der deutschen Bundesstaaten 1914/18. Göttingen, 1963. S. 13; künftig: Janßen: Macht und Verblendung.

36 Potempa, Harald: Die Königlich-Bayerische Fliegertruppe 1914-1918. Frankfurt, 1997. S. 25; künftig: Potempa: Fliegertruppe.

37 Janßen: Macht und Verblendung. S. 13.

38 Potempa: Fliegertruppe. S. 26.

Die Bundesfürsten hatten auf der anderen Seite, um geschlossen im Konzert der europäischen Mächte aufzutreten, 1866 und 1870 auf wichtige Souveränitätsrechte zugunsten des Reichs verzichtet. Vor allem die Außenpolitik war Sache des Kaisers geworden. Dem Königreich Bayern war es allerdings garantiert, unmittelbaren Einfluss auf die gesamtdeutsche Außenpolitik zu nehmen.[39] Bayern oblag in Verhinderungsfällen die Vertretung der Reichsgesandten, weitere Zugeständnisse waren ein bayerischer Sonderbevollmächtigter bei Friedensverhandlungen sowie der ständige Vorsitz im Auswärtigen Ausschuss des Bundesrates.[40]

Die bestehenden Möglichkeiten, aktiv in außenpolitische Entscheidungsprozesse einzugreifen, wurden allerdings immer seltener wahrgenommen. So hat es den Anschein, als ob der bayerische König Ludwig III.[41] – das gilt auch für den vorangegangenen Prinzregenten Luitpold[42] – und die bayerische Staatsregierung unter Ministerpräsident Georg Graf von Hertling[43] letztlich keine eigenständige Außenpolitik mehr betreiben wollten. Fast immer ordnete man sich in den großen außenpolitischen Fragen den preußischen Direktiven unter und machte sich diese zu Eigen.[44]

Allerdings ist hinzuzufügen, dass das bayerische Herrscherhaus diverse diplomatische Außenvertretungen unterhielt, beispielsweise in Österreich, Frankreich, Russland, Italien, beim Heiligen Stuhl und in der Schweiz. Zudem hatten einige dieser Staaten Gesandtschaften in München. So befand sich dort unter anderem die einzige Päpstliche Nuntiatur im Deutschen Reich.[45]

---

39 Sendtner: Rupprecht von Wittelsbach. S. 95.
40 Janßen: Macht und Verblendung. S. 14.
41 Zur Person: Ludwig III. (*1845 †1921): 1912-1913 Prinzregent von Bayern; 1913-1918 nach einer Verfassungsänderung der letzte König von Bayern.
42 Zur Person: Luitpold (*1821 †1912): 1886-1912 Prinzregent von Bayern.
43 Zur Person: Georg Graf von Hertling (*1843 †1919): 1912-1917 bayerischer Ministerpräsident; 1917-1918 Reichskanzler.
44 Domarus, Max: Bayern 1805-1933. Stationen der Staatspolitik. Nach Dokumenten im Bayerischen Hauptstaatsarchiv. Würzburg, 1979. S. 153; künftig: Domarus: Bayern.
45 Potempa: Fliegertruppe. S. 27; Weiß, Dieter J.: Bayern und Preußen. Eine Nachbarschaft in Deutschland. Remscheid, 2000. S. 40; künftig: Weiß: Bayern und Preußen.

Die bayerische Regierung war freilich bei aller Autonomie aufgrund ihrer Stellung innerhalb des Reichs nicht in der Lage, einen Waffengang abzuwenden.[46] Das Königreich Bayern hatte aufgrund seiner Einwohnerstärke nur sechs von achtundfünfzig Stimmen im Bundesrat inne, auch stammten nur achtundvierzig von dreihundertzweiundachtzig Reichstagsabgeordneten aus bayerischen Wahlkreisen.[47]

Die bayerische Krone hätte dennoch zweifellos diplomatisch auf die Beteiligten in Wien und Berlin einzuwirken vermocht. Die offizielle Politik des süddeutschen Bundesstaates zeigte sich dennoch im Verlauf der „Julikrise" sehr zurückhaltend. Von Anfang an wurde Hertling, der Vorsitzende des Ministerrats, über das Vorgehen der Reichsleitung durch seinen bestens informierten Vertrauten Lerchenfeld, den bayerischen Gesandten in Berlin, aufgeklärt. Nachdem dieser sich Anfang Juli in den Sommerurlaub begab, übermittelten der Geschäftsträger in Berlin, Hans von Schoen, sowie ein Attaché, Joseph Maria Graf von Soden-Fraunhofen, ihre Erkenntnisse an Hertling. Zu einer Einmischung Münchens gegenüber Berlin, Wien oder andernorts kam es zu keinem Zeitpunkt.[48]

Auch das Recht zur Einberufung des Bundesratsausschusses für auswärtige Angelegenheiten nahm das Königreich Bayern nicht in Anspruch.[49] Trotz dieser offenbar passiven Haltung verdeutlichen die im Juli 1914 täglich in München eintreffenden Berichte der bayerischen Gesandten in Berlin, Wien, Paris, St. Petersburg und Rom die große Anteilnahme der bayerischen Regierung an den Entwicklungen.[50]

---

46 Sendtner: Rupprecht von Wittelsbach. S. 245f.
47 Potempa: Fliegertruppe. S. 27.
48 Vgl. den Briefwechsel Hertling-Lerchenfeld 1912-1917. Erster Teil. Boppard am Rhein, 1973. S. 301-321.
49 Albrecht, Willy: Landtag und Regierung in Bayern am Vorabend der Revolution von 1918. Studien zur gesellschaftlichen und staatlichen Entwicklung Deutschlands von 1912-1918. Berlin, 1968. S. 74; künftig: Albrecht: Landtag und Regierung; Domarus: Bayern. S. 153-166.
50 Vgl. dazu die im Auftrag des bayerischen Landtags herausgegebenen Gesandtschaftsberichte in: Dirr, Puis (Hrsg.): Bayerische Dokumente zum Kriegsausbruch und zum Versailler Schuldspruch. München und Berlin, 1925³.

Der bayerische König hatte ohnehin vom Tag der Mobilmachung an derart die Bündnistreue bekräftigt, dass dadurch ein Einlenken kaum mehr möglich schien. Als sich am 31. Juli 1914 hunderte Münchner vor dem Wittelsbacher Palais versammelten und in patriotischer Stimmung König, Königin und Kaiser hochleben ließen, antwortete ihnen Ludwig III.: „Es sind [...] sehr schwere und ernste Zeiten, denen wir entgegengehen. Aber ich vertraue darauf, dass das bayerische Volk wie seit vielen Jahrhunderten auch jetzt in Treue zu seinem Herrscherhause stehen wird." Für den kommenden Krieg erbat der bayerische König „Gottes reichsten Segen auf die Waffen [seiner] Armee, des ganzen deutschen Reiches und seiner Verbündeten."[51]

Am selben Tag wurde durch Ludwig III. über ganz Bayern der Kriegszustand verhängt, unmittelbar nachdem der Deutsche Kaiser dies für das übrige Reichsgebiet getan hatte.[52] In diesem Licht könnte man von einer ‚innerdeutschen Koalition' sprechen, die im August 1914 ins Feld zog.[53] Selbst auf gegnerischer Seite war man sich der Tragweite der bayerischen Eigenständigkeit bewusst. Der französische Gesandte in München hatte sogar gehofft, Bayern werde im Kriegsfall gegen Frankreich nicht mobilisieren. Dabei hatte ein noch unabhängiges Bayern schon 1870 nicht gezögert, an der Seite Preußens in den Krieg einzutreten. 1914 konnte die Entscheidung aufgrund von Verfassungsbestimmungen schwerlich anders ausfallen.[54]

Die königlich-bayerische Armee im Bundesheer

Genaugenommen gab es gar keine einheitliche deutsche Armee. Die königlich-bayerische Armee bildete einen selbstständigen und in sich völlig abgeschlossenen Teil des deutschen Heeres unter der Oberhoheit des Königs von

---

51 Zit. nach: Zils, Wilhelm: König Ludwig III. im Weltkrieg. Briefe, Erlasse, Reden und Telegramme des Königs aus eiserner Zeit. München, 1917. S. 4f.
52 Albrecht: Landtag und Regierung. S. 74-76.
53 Janßen: Macht und Verblendung. 13; Schneider, Ludwig M.: Die populäre Kritik an Staat und Gesellschaft in München (1889-1914). Ein Beitrag zur Vorgeschichte der Münchner Revolution von 1918/19. München, 1975. S. 365; künftig: Schneider: Die populäre Kritik an Staat und Gesellschaft.
54 Janßen: Macht und Verblendung. S. 15.

Bayern.[55] Diese völlige Eigenständigkeit war dabei aber nicht die Regel. Die Streitkräfte des Deutschen Reiches unterteilten sich in insgesamt fünf Kontingente, wobei die preußischen, die diesem eng angegliederten württembergischen und sächsischen Heere, ebenso wie die kaiserlich-deutsche Marine, dem kaiserlichen Oberbefehl unterstanden und in die Zuständigkeit von Reichsbehörden fielen. Lediglich das bayerische Heer als fünftes Truppenkontingent führte ein autonomes Dasein. Untergliedert war das gesamte Bundesheer in 217 Infanterieregimenter, welche sich auf 25 Armeekorps verteilten. Die drei bayerischen Korps rangierten dabei außerhalb der durchlaufenden Nummerierung.[56]

Das bayerische Heer war außerdem sowohl das Offizierskorps als auch die Mannschaften betreffend, rein landsmannschaftlich zusammengesetzt. Dies stand im Gegensatz zu den Truppenkontingenten anderer deutscher Bundesstaaten, bei denen preußische Offiziere mit einheimischen in der Führung wechselten und die Ausbildung der Offiziere in preußischen Militärbildungsanstalten vonstattenging.[57]

Die königlich-bayerische Armee existierte im Frieden als weitestgehend eigenständige Organisation, samt einem eigenen bayerischen Kriegsministerium, Militärverwaltung, einem bayerischen Kadettenkorps sowie einer bayerischen Kriegsakademie. Die unterschiedlichen Auffassungen von Militärhoheit und Kommandogewalt, die in Bayern und Preußen vorherrschten, führten nicht selten zu Spannungen zwischen den beiden Königreichen, so etwa die Frage nach der Militärstrafgesetzgebung. Dem bayerischen Kriegsministerium wurden preußische Vorschriften vorgelegt, die dort den bayerischen Besonderheiten angepasst und daraufhin in der Regel als bayerische Vorschriften für die Armee übernommen wurden.

Zudem fand ein reger Offiziers- und Stabsoffiziersaustausch zwischen der preußischen und bayerischen Armee statt. Dies sollte gewährleisten, dass die

---

55 Krafft: Bayernbuch. S. 3.
56 Kielmansegg, Peter Graf: Deutschland und der Erste Weltkrieg. Stuttgart, 1968. S. 29; künftig: Kielmannsegg: Deutschland und der Erste Weltkrieg; Chickering: Das Deutsche Reich und der Erste Weltkrieg. S. 31.
57 Krafft: Bayernbuch. S. 3

bayerischen Stellen stets auf dem Laufenden gehalten wurden und dass bayerische Interessen innerhalb des Bundesheers ihre Vertretung fanden. Auf preußischer Seite wollte man dadurch eine gewisse Kontrolle über die Kontingentstruppen bewahren.[58] Das bayerische Heer verfügte daneben über einen eigenen Generalstab sowie eigene Spezialtruppen. Sogar der bayerische Armee-Etat war die ausschließliche Domäne des bayerischen Landtags.[59]

Im Krieg unterstanden dem Deutschen Kaiser als Oberstem Kriegsherrn zwar die Kontingentstruppen aller Bundesstaaten, die immobilen Heimatformationen der bayerischen Armee allerdings – die stellvertretenden Generalkommandos und immobilen Inspektionen – blieben auch dann noch dem König von Bayern unterstellt. Diesem oblag ebenso das Recht, bayerische Offiziere zu ernennen, auch war die bayerische Armee auf ihn vereidigt. Von bayerischer Seite aus war lediglich zu gewährleisten, dass in Bezug auf Organisation, Formation, Ausbildung und Gebühren die bestehenden Normen für das Bundesheer erfüllt würden. Daher mussten auch die lichtblauen Röcke und Raupenhelme der bayerischen Armee bald nach 1871 dem schlichten feldgrau des Bundesheeres weichen.[60]

Für den Kriegsfall war mittels zweier preußisch-bayerischer Geheimabkommen aus den Jahren 1874 und 1889 festgelegt worden, dass Bayern ein eigenes bayerisches Armee-Oberkommando (AOK) bestellen dürfe. Zudem wurde bestimmt, dass die bayerische Armee, unter bayerischem Oberbefehl, landsmannschaftlich geschlossen ins Feld rücken dürfe, was im August 1914 dann auch geschah.[61] Das bayerische Kontingentsheer wurde im Rahmen der Mobilmachung Anfang August 1914 als 6. deutsche Armee zusammengefasst. Den Oberbefehl über diese Armee übernahm Kronprinz Rupprecht von Bayern.

Maßgebend für den Truppenanteil, den das Königreich Bayern für die Bundesarmee des Reiches zu stellen hatte, war die Zahl der Einwohnerstärke. Da Bayern im Jahr 1914 etwa 6,9 Millionen Einwohner zählte, die Gesamtbevölke-

---

58   Potempa: Fliegertruppe. S. 27.
59   Sendtner: Rupprecht von Wittelsbach. S. 94.
60   Weiß: Bayern und Preußen. S. 40.
61   Potempa: Fliegertruppe. S. 26.

rung des Reiches allerdings bei 65 Millionen lag, musste nur ein Bruchteil der Heeresstärke Preußens gestellt werden. Die Friedensstärke der königlich-bayerischen Armee betrug im Jahr 1914 etwa 87.000 Mann, davon 4.089 Offiziere, Veterinäre und Beamte, 83.125 Unteroffiziere und Mannschaften. Dazu kam die beträchtliche Zahl von 16.918 Pferden. Gegliedert war die königlich-bayerische Armee in drei aktive Armeekorps (AK) mit den Standorten München, Nürnberg und Würzburg. Diese wiederum bestanden aus sechs aktiven Divisionen, welche in München, Augsburg, Landau (Pfalz), Würzburg, Nürnberg und Regensburg stationiert waren, hinzu kamen eine drei Regimenter zählende Fußartilleriebrigade und mehrere kleinere Verbände. Jede der sechs bayerischen Divisionen bestand wiederum aus vier Infanterie-, zwei Kavallerie- und zwei Feldartillerieregimentern.[62]

Die planmäßige Kriegsstärke des bayerischen Heeres bezifferte sich auf nicht weniger als 12.753 Offiziere, Beamte, Ärzte und Veterinäre sowie 406.000 Unteroffiziere und Mannschaften. Diese Zahlen wurden bald nach Kriegsbeginn sogar leicht überschritten.[63] Die bei Kriegsausbruch mobilisierten bayerischen Truppen bestanden überwiegend aus Verbänden aktuell dienender Wehrpflichtiger und wurden durch die Einstellung von 46 Prozent Reservisten auf Kriegsstärke gebracht. In geringerem Umfang kamen noch Reservetruppen hinzu, die aus einem Drittel Reservisten sowie zwei Dritteln Landwehrsoldaten des 1. Aufgebots gebildet wurden. Auch wurden im August 1914 aus älteren Soldaten bestehende Landwehrverbände mobil gemacht, etwas später wurden zwei weitere bayerische Reserve-Divisionen an die Front verlegt. Die bei Kriegsausbruch am stärksten vertretene Altersgruppe im bayerischen Heer war dabei diejenige der 25-29jährigen.[64]

Auf einige besondere Aspekte der bayerischen Armee sei an dieser Stelle noch hingewiesen: Erstens lag der Anteil bürgerlicher und katholischer Offiziere wesentlich höher als bei anderen Kontingentstruppen. Nur 15% der aktiven bayerischen Offiziere im Jahr 1914 gehörten dem Adel an, was in einem deutlichen Gegensatz zur aristokratisch geprägten preußischen Armee stand.

---

62 Ebd. S. 27f.
63 Ziemann: Front und Heimat. S. 57.
64 Ebd. S. 62f.

Gleichwohl bestanden innerhalb der bayerischen Armee einige außergewöhnlich ‚exklusive' Regimenter mit einem hohen Adelsanteil bei den Offizieren, wie beispielsweise die Münchner Schweren Reiter, die Bamberger Ulanen oder das Königlich-Bayerische Infanterie-Leibregiment. Außerdem ist bemerkenswert, dass Juden in der bayerischen Armee einfacher eine Offizierskarriere einschlagen konnten als andernorts im Reich. Das Königreich Bayern war zudem der einzige deutsche Bundesstaat, in dem von Anwärtern zur Offizierslaufbahn als Grundvoraussetzung das Abitur gefordert wurde.[65]

Während des Jahres 1914 waren die deutschen Armeen ständigen Fluktuationen unterworfen, was ihre Truppenteile betraf. Personelle Veränderungen ergaben sich allein durch die hohen Verlustquoten, die ständigen Nachschub erforderten.[66] Daher muss man sich zunächst den ständigen Wandel des Begriffes „6. Armee" vor Augen führen. Bei Kriegsausbruch war die 6. Armee eine fast ausschließlich bayerische Truppe. Das bayerische Feldheer, bestehend aus den mobilgemachten I., II. und III. bayerischen Armeekorps, dem neugebildeten I. Reservekorps, der bayerischen Kavalleriedivision und Ersatzdivision, sowie der Kriegsbesatzung der rheinpfälzischen Festung Germersheim, bildete im Rahmen des deutschen Aufmarsches den Kern der 6. deutschen Armee.[67]

Während der ersten anderthalb Monate nach dem Kriegsausbruch, also in den Schlachten in Lothringen und vor Nancy-Épinal bis Mitte September 1914, wurde das bayerische Feldheer geschlossen und unter einem bayerischen Oberbefehlshaber, sogar mit einem bayerischen Truppengeneralstab, eingesetzt – zum letzten Mal in seiner Geschichte. In der zweiten Septemberhälfte wurde die Armee umgegliedert.[68] Es verblieben dabei nicht alle bayerischen Truppen in diesem Großverband, unter anderem war das III. bayerische AK ausgegliedert worden.[69] Durch Zuweisungen preußischer und anderer AK wuchs die 6. Armee an und umfasste die XIV. und XXI. AK, die I. und II.

---

65   Potempa: Fliegertruppe. S. 29.
66   Ziemann: Front und Heimat. S. 57-75.
67   Hackl: Generalstab S. 356f.
68   Ebd. S. 363.
69   Bayer. Kriegsarchiv: Die Bayern im Großen Kriege. S. 105.

bayerischen AK, das XIV. und das I. bayerische Reservekorps.[70] Zudem kamen Ende September weitere Verstärkungen hinzu, so das IV. AK und das preußische Gardekorps.[71] Auch wurden der 6. Armee die Kavalleriekorps 1 und 2 unterstellt.[72]

Damit verschob sich die ursprüngliche Gewichtsverteilung zwischen bayerischen und nicht-bayerischen Truppen innerhalb der 6. Armee deutlich.[73] Eine weitere Neugliederung der deutschen Verbände am rechten Heeresflügel erfolgte kurz später.[74] Schon bald darauf unterstanden der 6. Armee auf Insistieren des bayerischen Kronprinzen wieder mehr seiner Kontingenttruppen, nämlich das I. und II. bayerische AK, das bayerische Reservekorps sowie die neugebildete 6. bayerische Reservedivision. Ende Oktober umfasste die 6. Armee wieder einen Großteil der bayerischen Truppen, die Mehrzahl der dem Kronprinzen Rupprecht unterstellten Armeekorps bildeten aber dennoch preußische und andere Kontingenttruppen.[75]

Dennoch bleibt festzuhalten, dass die 6. Armee während des gesamten hier untersuchten Zeitraumes im Sommer und Herbst 1914 stets eine ,bayerische' Armee blieb. Dies gilt vor allem, was ihre Führungsebene anbelangt, aber auch in Bezug auf ihre Wahrnehmung von außen. Dies hatte natürlich eine Ursache in ihrem Oberbefehlshaber. Kronprinz Rupprechts Stellung als bayerischer Thronfolger hob ihn weit über seinen militärischen Rang hinaus, zudem brachte sie eine große politische Verpflichtung für das Wohl seines Bundesstaates mit sich.[76] Die Tatsache, dass das AOK 6 kurz vor Kriegsbeginn gänz-

---

70   Reichsarchiv: Der Weltkrieg. Fünfter Band. S. 590.
71   Hackl: Generalstab. S. 121.
72   Reichsarchiv: Der Weltkrieg. Fünfter Band. S. 86.
73   Die „nicht-bayerischen" Verstärkungen hatten damit noch kein Ende genommen: das VII., XIV. und XIX. Armeekorps stießen ebenso zur 6. Armee wie das IX. Reservekorps sowie das 4. Kavalleriekorps. Vgl. ebd. S. 174-187.
74   Von da an umfasste die 6. Armee auch das preußische Gardekorps sowie die IV., VII., XIII., XIV. und XIX. AK. Vgl. ebd. S. 594.
75   Zur 6. Armee zählten zu diesem Zeitpunkt auch das IV., VII., XIV., XIX. AK sowie das Gardekorps. Vgl. Reichsarchiv: Der Weltkrieg. Sechster Band. S. 450.
76   Sendtner: Rupprecht von Wittelsbach. S. 310.

lich ‚bayerisch' geworden war, wie unten noch erläutert wird, trug ebenfalls einen Gutteil zu der Außenwahrnehmung der 6. Armee bei.[77]

Die verschiedenen Armeekorps fast aller deutschen Kontingente, die im Laufe des Kriegsjahres 1914 der 6. Armee des bayerischen Kronprinzen unterstellt waren, hatten ohnehin auf die Entscheidungen und Handlungen der Armeeführung kaum Einfluss. Letztlich hat die synekdochische Betrachtung der 6. Armee als ‚bayerische' Armee – und ihre damit zusammenhängende Sonderbehandlung durch preußische Befehlsstellen – mit zeitgenössischen preußisch-bayerischen Mentalitäten und Rivalitäten zu tun.

Kronprinz Rupprecht als Armeeführer

Erich Ludendorff, den nach dem Weltkrieg ein völlig zerrüttetes Verhältnis mit dem bayerischen Kronprinzen verband, attestierte dem bayerischen Kronprinzen zwar Pflichtgefühl, sonst aber keinerlei soldatische Neigungen. Diese geringschätzende Kritik durch einen der prominentesten deutschen Heerführer ist allerdings überzogen und nur durch persönliche Zwistigkeiten zu erklären.[78]

Das andere Extrem, nämlich die Behauptung, dass Kronprinz Rupprecht der brillante Führer seiner Armee gewesen sei, wie man in Karl Deuringers Arbeit über die Schlacht in Lothringen und den Vogesen lesen kann, ist auf der anderen Seite dem monarchischen Gedanken des Autors geschuldet.[79]

In der Tat besaß Rupprecht nicht nur soldatische Neigungen. Der feinsinnige Kronprinz hätte, anstatt in den Krieg zu ziehen, im Sommer 1914 viel lieber mit seinem Freund Otto Lanz aus Amsterdam eine neuerliche Kunstreise durch Italien unternommen, wie es bereits geplant war. Er betrachtete seine Aufgabe, als Heerführer in den Krieg zu ziehen, keineswegs als höchsten Sinn des Lebens. Hatte er deswegen keinerlei soldatische Neigungen?[80] Hier sollte man einen genaueren Blick auf seine militärische Befähigung werfen.

---

77 Xylander: Führung in Lothringen. S. 27.
78 Ludendorff, Erich: Meine Kriegserinnerungen 1914-1918. Berlin, 1919. S. 215f;
    Vgl. dazu auch: Müller: Krafft von Dellmensingen. S. 308f.
79 Vgl. Deuringer, Karl: Die Schlacht in Lothringen und den Vogesen. Die Feuertaufe
    der Bayerischen Armee. Hrsg. vom Bayerisches Kriegsarchiv. 2 Bände. München,
    1929.
80 Sendtner: Rupprecht von Wittelsbach. S. 241f.

Rupprecht hatte, wie fast alle bayerischen Prinzen, mit dem Erreichen der Volljährigkeit den militärischen Beruf ergriffen und die Offizierslaufbahn eingeschlagen.[81] Im Rahmen seiner militärischen Ausbildung musste er dabei mit dem Wesen der Waffengattungen theoretisch und praktisch vertraut gemacht werden. Zum einen erlernte er dabei die technische Führung dieser Waffen von der militärischen Ebene des Zugs bis hin zum Regiment, zum anderen eignete er sich die generalstabsmäßigen Elemente hoher Führung von der Division aufwärts im Rahmen von Taktikschulungen an.

Für die Führung höchster Befehlsebenen wurde er in den Bereichen der Operationsführung und Strategie geschult, dabei wurden ihm stets hochqualifizierte und auch im Detail fachkundige Helfer, meist Generalstabsoffiziere, zur Seite gestellt. Die letztendlichen Entscheidungen jedoch musste er auf der Basis der Ratschläge seines Kommandostabes selbst treffen. Dazu war es zwingend notwendig, dass er sich selbst über die Lage eine sachkundige Meinung bilden konnte und seine Autorität nicht nur als Prinz, sondern vor allem auch als Fachmann geltend machen konnte.[82]

Abgesehen von parallel zu seiner militärischen Ausbildung laufenden Universitätsstudien[83] wurde Rupprecht durch seinen Großvater, dem Prinzregenten Luitpold, die Genehmigung erteilt, an den Taktik-Vorlesungen im I. Kurs des

---

81   Frauenholz, Eugen von: Kronprinz Rupprecht im Weltkrieg. In: Zeitschrift für bayerische Landesgeschichte. Band 1. München, 1928. S. 385-402. Hier: S. 385; künftig: Frauenholz: Rupprecht im Weltkrieg.

82   Sendtner: Rupprecht von Wittelsbach. S. 118f.

83   Neben seiner militärischen Ausbildung wurde Rupprecht als künftiger Thronerbe in die Rechtsgrundlagen des Staates eingewiesen, ebenso in Fragen der Organisation, der Volkswirtschaft und der Finanzen der Staatsverwaltung. Im Wintersemester 1889/90 begann er ein Studium an der Universität München und wechselte im Sommersemester 1890 an die Universität Berlin, wo er Gast im Schloss Kaiser Wilhelms II. war. Für seine abschließenden beiden Studiensemester kehrte der Prinz nach München zurück – dort stand nun schwerpunktmäßig Rechts- und Staatswissenschaft auf dem Programm. Vgl. Goetz, Walter: Rupprecht, Kronprinz von Bayern. 1869-1955. Ein Nachruf. München, 1956. S. 7; künftig: Goetz: Rupprecht von Bayern; vgl. auch Aretin, Erwein Freiherr von: Kronprinz Rupprecht von Bayern. Sein Leben und Wirken. München, 1949. S. 9; künftig: Aretin: Kronprinz Rupprecht.

23. Lehrgangs der bayerischen Kriegsakademie teilzunehmen.[84] Auch erhielt Rupprecht neben den Vorlesungen Sonderunterricht durch Generale und Generalstabsoffiziere. Das Ziel dieser privilegierten, aber zweifelsohne verkürzten Ausbildung in Sachen Organisation und Funktion des Generalstabs, Taktik, Operations- und Manöverführung, Mobilmachung sowie Kriegsgeschichte war klar festgelegt. Rupprecht sollte nicht im Schnelldurchgang zu einem berufsmäßigen Generalstabsoffizier ausgebildet werden. Vielmehr sollte ihn das erworbene Wissen dazu befähigen, als hoher militärischer Führer operative Vorgänge aus erster Hand beurteilen und eigenständige Entscheidungen treffen zu können.[85]

Während seiner Offizierslaufbahn lernte Rupprecht die bayerische Armee von Grund auf kennen. Die verschiedenen Offiziersdienstgrade vom Leutnant aufwärts hatte er in den seinerzeitigen drei Hauptwaffengattungen Infanterie, Kavallerie und Artillerie mit Erfolg durchlaufen. Nacheinander hatte er dabei die 7. bayerische Infanteriebrigade, die 1. bayerische Division und das I. bayerische Armeekorps geführt. Zum Zeitpunkt des Kriegsausbruchs 1914 befand sich der mittlerweile fünfundvierzigjährige Generaloberst in der Stellung eines Armeeinspekteurs bei der IV. deutschen Armeeinspektion.[86]

Aus militärischen Qualifikationsberichten des bayerischen Prinzen wird deutlich, dass dieser seinen Dienst mehr als gewissenhaft verrichtete. So wurde ihm 1906 während seines Kommandos der 1. bayerischen Division attestiert, er sei „sehr begabt, energisch und zielbewusst, sowie soldatisch veranlagt." Außerdem verstehe „es seine königliche Hoheit bei Besichtigungen und Besprechungen anregend und belehrend zu wirken und einen günstigen Einfluss auf die ihm unterstehenden Offiziere und Abteilungen zu üben." Des Weiteren sei Rupprecht „eifrig bestrebt, sich militärisch fortzubilden." Obwohl er im

---

84   Im folgenden Semester kamen auch noch Vorlesungen über Kriegsgeschichte hinzu. Auch im anschließenden 24. Lehrgang nahm er im II. und III. Kurs an Vorträgen über Taktik sowie an einem „taktisch-fortifikatorischen Ausflug" teil. Vgl. Hackl: Kriegsakademie. S. 248f.
85   Sendtner: Rupprecht von Wittelsbach. S. 128.
86   Goetz: Rupprecht von Bayern. S. 6f; Frauenholz: Rupprecht im Weltkrieg. S. 385.

„Dienst ganz Soldat" sei, trete er „im kameradschaftlichen Verkehr sehr liebenswürdig" auf.[87]

Als Rupprecht Ende April 1906 die verantwortungsvolle Aufgabe des Kommandierenden Generals des I. bayerischen AK übernahm, führte er sich durch einen Tagesbefehl ein, der seine Prioritäten deutlich machte: „Das Korps auf der unter seiner Kommandoführung erreichten hohen Stufe der Ausbildung zu erhalten, soll unser gemeinschaftliches Streben sein, auf dass wir, falls uns der oberste Kriegsherr zu den Waffen ruft, mit Zuversicht den Ereignissen entgegenzutreten und neue Lorbeeren den alten hinzuzufügen vermögen."[88] Diese Kommandantur ging einher mit der Beförderung zum General der Infanterie.[89]

Schon während seines Friedensdienstes hatte Rupprecht seine militärischen Aufgaben ausgesprochen ernst genommen. In den Akten dieser Zeit sind etliche Spuren seiner fachlichen Kompetenz enthalten. So waren die jährlichen Beschaffenheitsberichte des I. bayerischen Armeekorps unter seinem Kommando immer profund und erschöpfend.[90] Nach der Beförderung zum Generaloberst der königlich-bayerischen Armee im Februar 1913 wurde Prinz Rupprecht am 22. März desselben Jahres die Stellung des Generalinspekteurs der IV. Armee-Inspektion übertragen.[91] In dieser Stellung war Rupprecht nun-

---

87 BayHStA, KA: OP 47534, Qualifikationsbericht zum 1. Januar 1906 über den Generalleutnant Rupprecht Prinz von Bayern, Kgl. Hoheit, Kommandeur der 1. Division.
88 BayHStA, KA: OP 47534, Artikel „Übernahme des Kommandos des I. Armeekorps durch Prinz Rupprecht" in „Münchner Neueste Nachrichten", Vorabendblatt am Donnerstag, 26. April 1906.
89 Ebd., Personalbogen des Kronprinzen Rupprecht Maria Luitpold Ferdinand von Bayern, Königliche Hoheit (Nr. 546): Zugang, Ernennungen, Beförderungen, Versetzungen.
90 Storz: Stellungs- und Festungskrieg. S. 166; Die Beschaffenheitsberichte des I. bayerischen Armeekorps lagern im BayHStA, KA: MKr 2758.
91 BayHStA, KA: OP 47534, Personalbogen des Kronprinzen Rupprecht Maria Luitpold Ferdinand von Bayern, Königliche Hoheit (Nr. 546): Zugang, Ernennungen, Beförderungen, Versetzungen; Das Inspektionswesen im Deutschen Reich war ursprünglich dazu geschaffen worden, die Durchführung des kaiserlichen Inspektionsrechts gegenüber allen Bundesstaaten zu gewährleisten. Letztendlich wurde es aber militärisch und politisch nur mit dem Ziel wahrgenommen, die Integration der selbstständigen bayerischen Armee in preußische Strukturen zu überwachen. Mit den Ernennungen des Prinzen Leopold von Bayern 1892 und seines Nachfol-

mehr einer von acht für den Kriegsfall designierten Armeeführern. Zum Bereich seiner IV. Armeeinspektion gehörten neben den drei bayerischen AK auch zwei preußische, das III. in Berlin und das IV. in Magdeburg.[92]

In seiner Eigenschaft als Armeeinspekteur wurde Rupprecht durch seinen Vater mit Absegnung des bayerischen Kriegsministeriums „der bayerischen Armee gegenüber die Eigenschaft eines direkten Vorgesetzten" verliehen.[93]

Nachdem sein Vater, der Prinzregent Ludwig, nach einer Verfassungsänderung König von Bayern wurde, stieg Prinz Rupprecht als Konsequenz daraus am 5. November 1913 zum Kronprinzen von Bayern auf. Der Titel brachte auch politische Mitspracherechte mit sich; Rupprecht wurde unter anderem Mitglied des Staatsrates, dem beratenden Organ der Krone in Fragen der Gesetzgebung und der Budgetierung, der auch für Beschwerden über amtliche Ministerhandlungen zuständig war.[94]

Mit Sicherheit lässt sich sagen, dass die soldatische Ausbildung des Kronprinzen zwar nicht so solide war wie die eines routinierten Generalstabsoffiziers.[95] Dennoch war Kronprinz Rupprecht keineswegs ein militärischer Laie, wie seine Gegner ihm später anzulasten versuchten. Dessen Tagebücher zeigen, dass der Prinz sich ausgesprochen detailliert und kenntnisreich mit militärischen Vorgängen beschäftigte, obgleich er zur Absicherung von fähigen Generalstabschefs umgeben war.[96]

---

gers Rupprecht im Jahr 1913 wurde dieser für Bayern diskriminierende Grundgedanke ad acta gelegt. In Bayern selbst nahm man diese Ernennungen als Ausdruck militärischer Emanzipation und Gleichberechtigung wahr. Die bayerische Armee hatte sich damit auf diesem Sektor eine ihrem Selbstverständnis angemessene Stellung im Reich verschafft. Vgl. Rüddenklau, Harald: Studien zur bayerischen Militärpolitik. 1871-1914. Regensburg, 1972. S. 224-227.

92 Sendtner: Rupprecht von Wittelsbach. S. 174.

93 BayHStA, KA: OP 47534, Schreiben des bayerischen Kriegsministeriums an die sämtlichen unmittelbar berichtenden Stellen vom 21.5.1913. Betreff: Dienstliches Verhältnis Seiner Königlichen Hoheit des Prinzen Rupprecht von Bayern zur Armee.

94 Sendtner: Rupprecht von Wittelsbach. S. 175; Goetz: Rupprecht von Bayern. S. 16.

95 Storz: Stellungs- und Festungskrieg. S. 166.

96 Afflerbach, Holger: Kronprinz Rupprecht von Bayern im Ersten Weltkrieg, in: Militärgeschichtliche Zeitschrift, Band 75, Heft 1, Seiten 21-54. Hier: S. 25-27.

Kronprinz Rupprecht vertrat seine militärischen und politischen Positionen konsequent nach außen – dennoch waren ihm Grenzen gesetzt. Zum einen gebot ihm die Stellung gegenüber seinem Vater, sich politisch zurückzuhalten, um nicht auf das Feld der politischen Intrige zu geraten. Seine militärische Subordination gegenüber dem Kaiser sowie der OHL zwang ihn ebenfalls zu vielfachen Rücksichtnahmen.[97]

Sein Führungsdenken und seine menschliche Art wurden rückblickend durch Franz Halder beschrieben. Dieser rief sich ins Gedächtnis, dass im dienstlichen Verkehr des bayerischen Kronprinzen mit der OHL zwei gegensätzliche Welten aufeinander getroffen waren: „Die preußische Führungsschule, wie sie Schlieffen zur Meisterschaft entwickelt hatte, war eine Schule der Führungsmittel. Sie hat uns die „unité de doctrine" gegeben, die eine unserer Stärken war. Aber sie hat zu einem Übergewicht der Führungsmittel über die Führungskunst geführt."

Gegenüber „der vollendeten Entwicklung des Führungshandwerks" im preußischen Generalstab sei Kronprinz Rupprecht „als der geborene Vertreter der Führungskunst" gestanden. Dieser habe die Führungstechnik zwar in überzeugender Weise beherrscht, sie sei ihm aber stets nur Mittel zum Zweck gewesen. Als Oberbefehlshaber habe Rupprecht den Kampf stets ritterlich und aufrecht geführt. Vertrauen sei für ihn das wesentliche Element militärischer Führung gewesen. Wie kaum ein anderer habe sich Rupprecht außerdem auf die Kunst der militärischen Menschenführung verstanden. Er habe seine Untergebenen stets mitzureißen und zu beflügeln vermocht. Mit „Herzlichkeit und Wärme" sei er seinen Unterführern und Mitarbeitern im Stab begegnet. Er habe jeden zu Wort kommen lassen und sich als Meister des Zuhörens erwiesen.[98]

---

97   Sendtner: Rupprecht von Wittelsbach. S. 310-312.
98   Halder hatte als bayerischer Generalstabsoffizier im Ersten Weltkrieg Dienst im Stab des Kronprinzen geleistet. Jahrzehnte später, von 1938 bis 1942, fiel ihm als Generaloberst und Chef des Generalstabs des Heeres ein maßgeblicher Anteil an den „Blitzfeldzügen" des Zweiten Weltkrieges zu. Über lange Jahre blieben Halder und Kronprinz Rupprecht persönlich miteinander verbunden, sogar über den Zweiten Weltkrieg hinaus. Aus einem Brief Halders aus dem Jahr 1954. Zit. nach Hackl: Kriegsakademie. S. 250-252.

Das „bayerische" Armee-Oberkommando

Im Zuge der Mobilmachung hatte sich das AOK der 6. Armee zunächst im Münchner Nobelhotel *Bayerischer Hof* eingefunden, um sich dort zu organisieren.[99] Dort wurde es in der allgemeinen Hektik der Tage nach dem Kriegsausbruch „als unangenehm empfunden, dass alles improvisiert werden muss." Im Kriegstagebuch des AOK 6 wurde am 1. Mobilmachungstag, dem 2. August 1914, vermerkt: „Das Zusammenarbeiten der Offiziere des Stabes vollzieht sich zwar rasch; Unterpersonal ist aber nicht eingespielt."[100] Das mobilgemachte AOK 6 zählte zu Kriegsbeginn 44 Offiziere, 196 Mann sowie 173 Pferde. Diese Größenordnung behielt es bei einigen Personalwechseln bis Ende des Jahres 1914 in etwa bei.[101]

Rupprecht von Bayern stand als Oberbefehlshaber im Armeehauptquartier einer kaum zu überblickenden Zahl von Mitarbeitern unterschiedlicher Fachgebiete vor. Die maßgeblichen operativ-taktischen Entscheidungen wurden allerdings im kleinen Kreis gefällt, das heißt im Truppengeneralstab innerhalb des AOK. Hier arbeiteten die fast ausschließlich bayerischen Generalstabsoffiziere an operativ-taktischen Lösungen. Insgesamt zählte dieser exklusive Kreis etwa 20 Generalstabsoffiziere inklusive Adjutanten, Ordonnanz- sowie Nachrichtenoffizieren.[102]

Bis auf zwei preußische Generalstabsoffiziere (Major Hassenstein und Hauptmann Hausser) sowie einen preußischen Adjutanten (Major von Wodtke) war

---

99 BayHStA, KA: AOK 6, Bund 1, Übersicht über die Unterkunft des AOK München während der Mobilmachung 1914/15.
100 Ebd., Eintrag im Kriegstagebuch vom 2. August 1914.
101 Ebd., Meldung der Verpflegungsstärke des AOK 6.
102 Unter anderem Mitglieder der Kommandantur des Hauptquartiers, der Stabswache und der Proviantkolonne sowie der Armee-Intendantur. Außerdem beinhaltete das AOK 6 mehrere Armee-Ärzte, einen Feldjustizbeamten, das Armee-Proviantamt, die Feldpostexpedition, das Feldgendarmerie-Kommando, die reitenden Feldjäger, die Geheime Feldpolizei, ein freiwilliges Automobilkorps, eine Feldwetterstation, einen Armee-Veterinär, einen Feldvermessungstrupp sowie mehrere Mitglieder der bayerischen Kartenfelddruckerei. Einige Dolmetscher sowie ein Vertreter des königlich-bayerischen Staatsministers des königlichen Hauses sowie des Äußeren zählten ebenfalls zum AOK, zudem war der persönliche Adjutant des Kronprinzen von Bayern stets zugegen. Vgl. BayHStA, KA: AOK 6, Bund 1, Liste der Mitglieder des Oberkommandos der 6. Armee.

der Generalstab im AOK 6 ausschließlich mit bayerischen Offizieren besetzt. Auch arbeiteten in den weiteren Abteilungen des AOK 6, etwa in der Kommandantur, der Stabswache oder der Armee-Intendantur ausschließlich Bayern. Lediglich drei preußische reitende Feldjäger sowie, als Beauftragte des Chefs der Feldeisenbahnwesens, ein sächsischer und ein preußischer Stabsoffizier waren dem Oberkommando angegliedert. Zudem hatte die OHL zwei preußische Nachrichtenoffiziere zum AOK 6 entsandt.[103]

Die militärischen Stäbe der damaligen Zeit waren Kommandozentralen, welche die Aktivitäten der einzelnen Glieder der Armee koordinierten und dafür sorgten, dass die vom Armeeführer vorgegeben allgemeinen Zielrichtungen eingehalten wurden. Die riesigen Heere untergliederten sich in verschiedenste Spezialgebiete und konnten daher von einem Oberbefehlshaber allein unmöglich bis ins kleinste Detail gesteuert und überblickt werden. Der Stab war daher aus einer Gruppe hoch spezialisierter Generalstabsoffiziere unterschiedlicher Fachgebiete gebildet, sorgfältig in Militärakademien geformt, elitär und hinter dem Armeeführer meist namenlos zurücktretend. Der Generalstab sollte zusammengenommen den „überlegenen Geist" bilden, der dem Armeeführer unterstützend zur Seite trat.[104] Tatsächlich existierte innerhalb dieser ‚Stabsoffizierselite' ein noch weit höheres Maß an Vernetzung, Homogenität und „Korpsgeist", als es für das übrige Offizierskorps festzustellen ist. Dies hatte sehr spezifische Loyalitäten zur Folge, ebenso sind Cliquen- und Seilschaftsbildungen zu beobachten, die weit über das Kriegsende hinaus bestehen blieben.[105]

Krafft von Dellmensingen als Chef des Stabes

Ursprünglich hatte aufgrund eines eigentlich unzeitgemäßen Einvernehmens zwischen den Königreichen Preußen und Bayern die Übereinkunft gegolten, dass Bayern im Mobilmachungsfall einen Armee-Oberbefehlshaber stellte, welcher zum Ausgleich einen preußischen Generalstabschef zu akzeptieren

---

103   Vgl. Krafft: Bayernbuch. S. 192f.
104   Hebert, Günther: Das Alpenkorps. Aufbau, Organisation und Einsatz einer Gebirgstruppe im Ersten Weltkrieg. München, 1988. S. 54.
105   Pöhlmann: Kriegsgeschichte und Geschichtspolitik. S. 248-251.

habe. Damit wurde einerseits garantiert, dass die bayerische Armee im Kriegsfall nicht von einem Preußen befehligt würde, andererseits wurde dem bayerischen Oberbefehlshaber gewissermaßen ein preußischer Aufpasser zur Seite gestellt. Preußen hielt an dieser Abmachung eisern fest, auch wenn sie von Seiten Bayerns als diskriminierend empfunden und zumal militärisch höchst unsinnig war. Ohne Not sollten Vertrauensverhältnisse sowie das bestehende und aufeinander eingespielte militärisch Netzwerk der bayerischen Führungsebene durchbrochen werden.[106]

Es war aber entgegen dieser Vereinbarung nun doch ein bayerischer General, nämlich der Chef des bayerischen Generalstabes, Generalmajor Konrad Krafft von Dellmensingen, als Generalstabschef der 6. Armee bestimmt worden. Diesen kannte Rupprecht bereits seit langem, da er mit ihm „gemeinsam die Vorlesungen der Kriegsakademie besucht" und „ihn seitdem immer mehr als klugen und energischen Menschen schätzen gelernt hatte."[107]

Wie war es zu diesem Sinneswandel im Großen Hauptquartier gekommen? Anfänglich war tatsächlich ein Preuße als Stabschef der 6. Armee vorgesehen gewesen, nämlich Generalleutnant Konstantin Schmidt von Knobelsdorff. Der bayerische General Krafft von Dellmensingen hingegen sollte ursprünglich bei der 5. Armee eingesetzt werden. Als aber kurzfristig der deutsche Kronprinz Wilhelm die Leitung der 5. Armee übernahm, insistierte dieser auf Schmidt von Knobelsdorff als Stabschef. Jener war sein ehemaliger Kriegsakademielehrer für Taktik und Strategie gewesen, daher vertraute der deutsche Kronprinz ihm mehr als dem Bayern Krafft, welchen er kaum kannte. Nur so war das Umschwenken des Großen Generalstabs in dieser Frage überhaupt möglich geworden.

Kronprinz Rupprecht erkannte die günstige Gelegenheit und bat bei Moltke um einen Tausch der Generalstabschefs der 5. und 6. Armee. Ohne weitere Umstände wurde Schmidt von Knobelsdorff dem deutschen Kronprinzen überwiesen und Konrad Krafft von Dellmensingen, der in Friedenszeiten Chef des Bayerischen Generalstabs gewesen war, konnte die für ihn eigentlich

---

106 Müller: Krafft von Dellmensingen. S. 291.
107 BayHStA, GHA: NL Kronprinz Rupprecht, A 699, Vorwort des Tagebuchs.

naturgemäße Aufgabe in Form des Generalstabschefs des „Münchener AOK" der 6. Armee übernehmen. Für den bayerischen Kronprinzen bedeutete die Regelung dieser Personalie zweifelsohne eine große Erleichterung. Damit war ihm die ermutigende Sicherheit gegeben worden, einen sowohl in taktischer, als auch in operativer und organisatorischer Hinsicht, höchst talentierten Mann zur Seite gestellt zu bekommen, auf den er sich voll verlassen konnte. Zugleich bedeutete Kraffts Ernennung zum Generalstabschef des Münchener AOK für Rupprecht einen politischen Erfolg, da das alte preußisch-bayerische Abkommen hinsichtlich des Oberkommandos damit hinfällig geworden war und nun mit Rupprecht und Krafft zwei Bayern an der Spitze der 6. Armee standen. Damit war die Position Bayerns gegenüber Preußen erheblich gestärkt, andererseits fühlten sich Rupprecht und sein Generalstabschef gegenüber der OHL nun in punkto Loyalität mehr in die Pflicht genommen.[108]

Auch sonst war der bayerische Kronprinz mehr als zufrieden mit der Zusammensetzung seines Stabes. Major Mertz von Quirnheim wurde als „1. Generalstabsoffizier [...] eingeteilt, als 2. Major von Xylander, beide vom bayrischen Generalstab, tüchtige Leute, die [Rupprecht] gleichfalls genauestens kannte." Oberquartiermeister wurde ebenfalls ein Vertrauter des bayerischen Kronprinzen, sein „alter Regimentskamerad" Generalmajor von Hartz.[109] Die militärischen Führer kannten sich also bereits allesamt länger, da sie die höhere Ausbildung an der bayerischen Kriegsakademie erhalten sowie Dienst im bayerischen Generalstab geleistet hatten. Dies erwies sich als ungemein wichtig im Hinblick auf ein einheitliches Führungsdenken der 6. Armee, verdeutlicht gleichzeitig auch den hohen Grad der Vernetzung im Generalstab.[110]

Der wichtigste Mitarbeiter eines Armeeführers war stets sein Generalstabschef, diesem oblag nicht nur im Fall der 6. Armee die Leitung des Bereichs der operativen Planung. Dem Generalstab kam dabei die Verantwortlichkeit für die gesamte militärisch-taktische Konzeption zu. Die Entscheidungskompetenz

---

108 Müller: Krafft von Dellmensingen. S. 294f.
109 BayHStA, GHA: NL Kronprinz Rupprecht, A 699, Vorwort des Tagebuchs. Vgl. ebd., A 476, Verzeichnis der Offiziere, Sanitätsoffiziere und Beamten des AOK 6 vom 6. August 1914.
110 Hackl: Der bayerische Generalstab. S. 361.

über das militärische Handeln und die Vertretung nach außen lagen dann allerdings wieder beim Oberbefehlshaber. Letztlich handelte es sich um eine Doppelverantwortung, welche Oberbefehlshaber und Chef des Stabes zu tragen hatten. Auch das Verhältnis des Kronprinzen zu Krafft von Dellmensingen kann entsprechend dieser Rollenverteilung charakterisiert werden.[111]

General von Krafft setzte die Leitsätze für den Dienst im Generalstab der 6. Armee schon am 4. August 1914 fest. So verlangte der Stabschef eine „ruhige, geduldige, gelassene, niemals laute Form" des dienstlichen Umgangs miteinander. Wichtig war Krafft allerdings auch das „Fernhalten unbefugter Mitredender mit allen Mitteln." Der Generalstab beriet sich über die Möglichkeiten des operativ-taktischen Handelns und trug diese erst dann dem Oberbefehlshaber vor. Krafft legte Wert auf die Feststellung, dass der „Weg zum Oberbefehlshaber [...] nur durch [ihn], den Chef" ginge. Daher bliebe es ihm „allein vorbehalten, wer [an Besprechungen] teilnimmt."

Bevor dem bayerischen Kronprinzen jedoch Vorschläge unterbreitet würden, mussten Meinungsverschiedenheiten innerhalb des Stabes ausgeglichen werden, damit „jede Sache erst dann an den Oberbefehlshaber komme, wenn sie nach allen Seiten geprüft und ausgereift sei." Krafft wies seine Mitarbeiter darauf hin, dass das letzte und allein entscheidende Wort stets dem Oberbefehlshaber obliege. Habe dieser „einmal eine Entscheidung getroffen, so [sei] nur diese maßgebend und nach bestem Wissen und Gewissen auszuführen."[112]

Rupprecht wusste um die überragende fachliche Kompetenz seines Generalstabschefs. Es spricht für ihn, dass er Krafft stets konsultierte und sich nicht im Gegenteil übervorteilt vorkam. Krafft betrachtete sich als loyalen Untertan des Hauses Wittelsbach. Die Verehrung, die er Kronprinz Rupprecht entgegenbrachte, hatte allerdings nicht nur dynastische Gründe, sondern ist auch

---

111   Sendtner: Rupprecht von Wittelsbach. S. 248; Vgl. Müller: Krafft von Dellmensingen. S. 4, S. 358f, S. 443-445. In der Einleitung seiner Krafft-Biographie geht Müller zu weit und ignoriert die Aufgabenverteilung zwischen Oberbefehlshaber und Chef des Stabes, wenn er Krafft als faktischen Oberbefehlshaber der 6. Armee bezeichnet. Später im Text relativiert er diese Einschätzung jedoch.
112   Zit. nach Xylander: Führung in Lothringen. S. 20f.

im militärischen Kontext zu verstehen. Krafft akzeptierte es als militärische Selbstverständlichkeit, dass Kronprinz Rupprecht – sieben Jahre jünger als er und ihm vom rein militärischen Standpunkt unterlegen – dennoch sein Vorgesetzter war. Aus diesen Gründen hielt sich Krafft an einen strengen Verhaltenskodex.[113]

Bereits Anfang August hatte Krafft für sich notiert: „Einhalten d. militärischen Formen. Ältere [sollen] unter Jüngeren Enth[altsamkeit] üben; rücksichtsvolle Behandlung. Werde mich selbst an Formen halten, die Form ist nicht nur Form, sondern eine wesentliche Erleichterung des Zusammenlebens."[114] Krafft nutzte seine Fachkenntnis nie für eigene Zwecke oder gegen seinen Oberbefehlshaber aus. Vielmehr versuchte er, Einfluss auf diesen zu nehmen, um mit ihm zusammen die Stellung Bayerns innerhalb der deutschen Kriegsführung zu wahren.[115] Dies fiel ihm umso leichter, als er seinen Oberbefehlshaber im August 1914 als eine „überhaupt [...] kraftvolle Persönlichkeit, die wirklich Herrschereigenschaften besitzt" schätzen lernte.[116]

Rupprecht war auf der anderen Seite mit Kraffts operativen und taktischen Überlegungen zunächst „in allen wesentlichen Punkten einverstanden."[117] Dem bayerischen Kronprinzen galt sein Generalstabschef zusammengefasst als „vorzüglicher General von weitem, klaren Blicke und eiserner Energie. Voll Temperament und Initiative, leicht aufbrausend, aber gerecht in seinem Urteile."[118]

Zweifellos beherrschte Krafft die handwerkliche Seite des Faches besser als der bayerische Kronprinz. Allerdings war letzterer durch seine militärische Begabung und sein Fachwissen in der Lage, seinem Generalstabschef einen begründeten eigenen Willen entgegenzusetzen. So fungierte Rupprecht kei-

---

113 Müller: Krafft von Dellmensingen. S. 444.
114 BayHStA, KA: NL Krafft, Nr. 145, Tagebucheintrag vom 4. August 1914.
115 Müller: Krafft von Dellmensingen. S. 444f.
116 BayHStA, KA: NL Krafft, Nr. 145, Tagebucheintrag vom 27. August 1914.
117 Ebd., Tagebucheintrag vom 5. August 1914.
118 BayHStA, KA: OP 11823, Entwurf zum Qualifikationsbericht über Krafft von Dellmensingen durch Kronprinz Rupprecht von Bayern vom 4. Januar 1915.

neswegs nur als formeller Oberbefehlshaber seiner Armee, wie dies beispielsweise beim deutschen Kronprinzen der Fall war.[119]

Schon nach wenigen Wochen war Rupprecht auch faktisch voll in seine Führungsposition hineingewachsen. Krafft war außerdem weit mehr auf Rupprecht angewiesen, als dies andersherum der Fall war.[120] Dabei muss man sich vor Augen führen, dass Konrad Krafft von Dellmensingen keineswegs einfach zu handhaben war. Krafft, im Frieden Chef des Generalstabes der bayerischen Armee, besaß in dieser Funktion auch die Zuständigkeit für die Ausbildung der bayerischen Generalstabsoffiziere. Mit Schrecken erinnerten sich ehemalige Lehrgangsteilnehmer der bayerischen Kriegsakademie zurück, die „unter Krafft von Dellmensingen ausgesprochen geschliffen" wurden. Krafft, „dessen Geistesschwung und überragendes Können von allen rückhaltlos anerkannt wurde und der [...] viel zu geben wusste, war leider eine derart robuste Natur, dass ihm der Sinn für seelische Konflikte [...] fehlte." Der Chef des Generalstabes war „unerbittlich in der Forderung nach logischer Begründung und konsequenter Durchführung eines einmal gefassten Entschlusses." Rücksichten nahm er nur ungern. Kritik an seinen Untergebenen übte er häufig in einer Form, die jene lächerlich machte und verbittern musste.[121]

Da mag es auch nicht verwundern, dass Krafft Gegner innerhalb des AOK 6 hatte, wie etwa den Ia-Offizier, Major Mertz von Quirnheim. Auch die Kommandierenden Generale der bayerischen Armeekorps – allen voran General der Infanterie von Xylander vom I. bayerischen AK – waren vereint in der Gegnerschaft zu ihrem Vorgesetzten, dem Chef des Generalstabs der 6. Armee. Hätte Krafft nicht auf die Unterstützung und persönliche Autorität des bayerischen Kronprinzen zählen können, wäre er niemals in der Lage gewesen, seine operativen Gedanken durchzusetzen.[122]

---

119   Storz: Stellungs- und Festungskrieg. S. 165f.
120   Müller: Krafft von Dellmensingen. S. 358f.
121   Hackl: Kriegsakademie. S. 252f.
122   Müller: Krafft von Dellmensingen. S. 357f.

Vom Schlieffenplan zum Moltkeplan

Der Begriff der „Strategie" ist nicht unproblematisch. Häufig wird er in der historischen Forschung eher vage verwendet. Manche Autoren beziehen sich dabei auf militärische Operationspläne, teils sind dabei sogar simple taktische Manöver gemeint. Mehr Verwirrung als Erhellung bietet auch die Unterscheidung einiger angelsächsischer Historiker zwischen „strategy" und „grand strategy". Die wohl zweckmäßigste Definition findet sich bei Andreas Hillgruber, welcher „Strategie" als die Integration von Innen- und Außenpolitik, militärischer und psychologischer Planung und der Verwaltung von Wirtschaft und Rüstung unter der Federführung der obersten Staatsmacht erkannte, die zum Zweck haben sollte, eine umfassende ideologische und politische Konzeption auszuführen.

In diesem Licht betrachtet trat das Deutsche Reich 1914 ohne Strategie in den Ersten Weltkrieg ein. Als sich die Julikrise entfaltete, wurde offenbar, dass es keine deutsche Konzeption gab, welche Außenpolitik, militärische Planung und wirtschaftliche Mobilisierung miteinander vereint hätte. Der Mangel an Koordination zwischen Politik und Militär wurde in den ersten Kriegsmonaten überdeutlich sichtbar. Von deutscher Strategie kann folglich für den Beginn des Ersten Weltkrieges nicht die Rede sein. Es bestand aber ein detaillierter, ausschließlich militärischer Operationsplan.[123]

Zunächst ist dabei festzuhalten, dass der im Volksmund schon berühmt gewordene Schlieffenplan – in welcher Form auch immer – nicht den tatsächlichen deutschen Kriegsplan für den Ersten Weltkrieg darstellte. Dessen Nimbus als angeblich unfehlbarem Operationsplan, den nur sein Nachfolger verwässert habe, ist ein Mythos der Nachkriegszeit. Interessanterweise hat sich die quasi-hegemoniale Deutungshoheit der Anhänger Schlieffens über den deutschen Operationsplan bis vor wenigen Jahren hartnäckig erhalten, ohne

---

123 Hillgruber, Andreas: Der Faktor Amerika in Hitlers Strategie 1938-1941. In: Wolfgang Michalka (Hrsg.): Nationalsozialistische Außenpolitik. Darmstadt, 1978. S. 493-525. Hier: S. 493; Vgl. Deist, Wilhelm: Strategy and Unlimited Warfare in Germany. Moltke, Falkenhayn, and Ludendorff. In: Chickering, Roger/ Förster, Stig (Hrsg.): Great War, Total War. Combat and Mobilisation on the Western Front, 1914-1918. Cambridge u. a., 2000. S. 265-279. Hier: S. 265-271; künftig: Deist: Strategy and Unlimited Warfare.

dass die berechtigten Zweifel daran erkennbare Beachtung gefunden hätten.[124]

Tatsächlich handelte es sich aber nicht um den Schlieffenplan, sondern vielmehr um den Moltkeplan, welcher 1914 zum Einsatz kam. Jüngst konnte aufgezeigt werden, dass Moltkes Plan sich deutlich von jenem Schlieffens unterschied. Letzterer, so lautete schon die Ansicht einiger Militärhistoriker der 1920er Jahre, war dadurch nicht „verwässert", sondern vielmehr verbessert worden.[125]

Nicht nur hatte sich seit dem letzten großen europäischen Krieg die Waffen- und Transporttechnik drastisch geändert, vor allem die Entwicklung der Armeen zu Massenheeren stellte die deutschen Militärplaner im Vorfeld des Ersten Weltkriegs vor neue Herausforderungen.[126] Das zentrale deutsche Problem war es, eine effektive Militärstrategie für einen Zweifrontenkrieg gegen eine russisch-französische Allianz zu entwerfen. Die schiere Größe der russischen Armee sprach dabei gegen einen schnellen Sieg im Osten. Der gewaltige Festungsgürtel Frankreichs, der sich von Belfort bis Verdun entlang

---

124 Mehrere Anhänger Schlieffens, allen voran der ehemalige Chef des Feldeisenbahnwesens Groener, veröffentlichten in der Zwischenkriegszeit Studien, welche den Operationsplan Moltkes als wertlose „Verwässerung" des Schlieffenplanes abwerteten, Moltke zugleich jede Führungsfähigkeit absprachen. Der Kanon lautete, nur der ursprüngliche Schlieffenplan habe Erfolg versprochen. In jüngster Zeit griffen Terence Zuber und Stig Förster die Debatten zum Operationsplan erneut auf und wiesen dabei auf die Eigenständigkeit des Moltkeplans hin. Zuber kam in seiner ansonsten umstrittenen Veröffentlichung zu der durchaus richtigen Einschätzung, dass die strategische Umfassung mit einem starken rechten Flügel nur eine unter mehreren in Moltkes Generalstab erwogenen Optionen gewesen sei. Stig Förster wies zuvor zu ähnlichen Schlüssen. Zudem wies Förster nach, dass der Große Generalstab selbst sich nicht der Illusion eines kurzen Krieges hingegeben hatte, sondern den Moltkeplan ebenso als probates Mittel zur Erlangung einer strategisch günstigen Ausgangslange für einen möglicherweise langen Krieg verstand. Siehe dazu Groener: Das Testament des Grafen Schlieffen; Zuber, Terence: The Schlieffen Plan Reconsidered. In: War in History 6, 1999. S. 262-305; Förster: Die Illusion des kurzen Krieges; Vgl. zur Gesamtdiskussion: Pöhlmann: Kriegsgeschichte und Geschichtspolitik. S. 285, Anm. 3 sowie S. 314-321.

125 Pöhlmann: Kriegsgeschichte und Geschichtspolitik. S. 318.

126 Zu den umwälzenden Veränderungen der Militärtechnik vgl. Storz, Dieter: Kriegsbild und Rüstung vor 1914. Europäische Landstreitkräfte vor dem Ersten Weltkrieg. Berlin, 1992.

der deutschen Reichsgrenze erstreckte, erschwerte hingegen die deutschen Bemühungen um einen schnellen und umfassenden Sieg im Westen, wie es 1871 der Fall gewesen war.[127]

Diese Probleme galt es, im Großen Generalstab in Berlin für den Ernstfall zu lösen.[128] Dieser war zwar in erster Linie mit dem so genannten „Kriegshandwerk" beschäftigt, also der Planung und Durchführung militärischer Operationen. Dies war allerdings eingebettet in ein seit Jahrzehnten bestehendes, komplexes internes Referenzsystem, welches sowohl politische Hypothesen über die Natur der nationalen und internationalen Ordnung beinhaltete, als auch Vorlieben für bestimmte Waffenarten und Mittel der Kriegsführung. Aus diesem Grund waren die deutschen Operationspläne eingebettet in ein idealistisches Verständnis von Krieg und Staat, das dem frühen 19. Jahrhundert entsprang. Dieser universalistische Strategieansatz des Großen Generalstabs war nur durch die Autonomie des Militärs und der Beibehaltung der Trennung von Militär- und Zivilgesellschaft möglich. Im Hinblick auf die veränderten Rahmenbedingungen der Kriegführung geriet diese Art des strategischen Denkens im Jahrzehnt vor dem Ersten Weltkrieg allerdings zunehmend unter Druck.[129]

Unter der Leitung des jeweiligen Chefs des Großen Generalstabs wurde Jahr für Jahr der deutsche Operationsplan modifiziert und den aktuellen militärischen und politischen Realitäten angepasst. Seit den Planungen für das Mobilmachungsjahr 1905/06 war Helmuth von Moltke, ein Neffe des Generalfeldmarschalls von Moltke, als Schlieffens Nachfolger in diesem Amt der verantwortliche Mann für die militärstrategische Planung.[130] Schlieffen hatte Moltke im Januar 1906 eine Denkschrift hinterlassen, gewissermaßen sein

---

127 Chickering: Das Deutsche Reich und der Erste Weltkrieg. S. 32f.

128 Der bayerische Generalstab war dagegen nicht mit unmittelbaren Kriegsvorbereitungen oder strategischen Planungen beschäftigt, daher konnte man sich dort vor allem der Ausbildung der Stabsoffiziere widmen. Vgl. Krafft: Bayernbuch. S. 4.

129 Geyer, Michael: German Strategy in the Age of Machine Warfare, 1914-1945. In: Paret, Peter (Hrsg.): Makers of Modern Strategy. From Machiavelli to the Nuclear Age. Princeton, 1986. S. 527-597. Hier: S. 527f; künftig: Geyer: German Strategy.

130 Mombauer: Der Moltkeplan. S. 81; Wallach: Dogma der Vernichtungsschlacht. S. 129.

militärisches Vermächtnis. In dieser ungewöhnlich aufwändigen Schrift fasste der ehemalige Chef des Großen Generalstabs seine wesentlichen operativen Gedanken für einen künftigen Krieg zusammen. Der Schlieffenplan war erfüllt vom Schwung des Offensivgedankens. Eine ganze Generation von Generalstabsschülern war von diesen Ideen geprägt worden. Dies trug dazu bei, dass der Schlieffenplan bald vom Mythos des unfehlbaren Siegesrezepts umweht wurde.[131]

Tatsächlich dachte Moltke praktischer als Schlieffen, daher setzte er nicht nur wirklichkeitsnähere Manöver durch, sondern legte auch großen Wert auf eine ausgewogenere Betrachtungsweise der Kriegstheorie. Neben dem bei Schlieffen zum Dogma erhobenen Umfassungsangriff wurde unter Moltke auch wieder der Frontalangriff in das Ausbildungsprogramm der Truppe aufgenommen. Moltke war zudem als Chef des Großen Generalstabs nicht nur berechtigt, an dem bestehenden Operationsplan Veränderungen vorzunehmen, sondern es war sogar seine ausdrückliche Verpflichtung, diesen an die veränderten Umstände der Zeit anzupassen. Moltke betrachtete sich dabei keinesfalls als reiner Testamentsvollstrecker Schlieffens, sondern entwickelte durchaus eigene Konzeptionen.[132]

Realistisch gesehen war der Schlieffenplan ohnehin alles andere als ein sicheres Siegrezept, vielmehr stellte er ein kühnes Wagnis dar, dessen positiver Ausgang von einer Reihe von glücklichen Zufällen abhing.[133] Moltkes erste Entwürfe und grundlegende Taktiken ähnelten jedoch jenen seines Vorgängers in vielen Punkten, da beide Generalstabschefs es mit ähnlichen Bedrohungsszenarien zu tun hatten. Das Reich war für beide von potentiellen Feinden eingekreist. Sowohl Schlieffen als auch Moltke wussten um die Aussichtslosigkeit eines Zweifrontenkrieges, daher kamen beide zu dem Schluss, der Krieg könne nur dann gewonnen werden, wenn man sich zunächst auf einen schnellen Sieg in Frankreich konzentrieren würde. Dementsprechend wies der

---

131 Ritter, Gerhard: Der Schlieffenplan. Kritik eines Mythos. München, 1956. S. 47f;
      künftig: Ritter: Schlieffenplan.
132 Wallach: Dogma der Vernichtungsschlacht. S. 129-135.
133 Ritter: Schlieffenplan. S. 68.

Moltkeplan oberflächlich eine ganze Reihe von Merkmalen auf, die dem entsprachen, was man gemeinhin als Schlieffenplan bezeichnet.[134]

Für jede weitere Betrachtung der militärischen Führung während des deutschen Eröffnungsfeldzuges im Westen muss zunächst das Verständnis des Moltkeplans die Grundlage sein.[135] Der Plan Schlieffens hatte dessen festen Glauben verkörpert, dass militärische Planung die wichtigste Komponente moderner Kriegsführung sei. Schlieffen hatte den gesamten Feldzug bis ins kleinste Detail wie das Drehbuch einer planmäßig vierzig Tage dauernden Apokalypse geplant, inklusive Marschanweisungen für die meisten Truppenteile bis hinunter auf Korpsebene. Die Inflexibilität des Schlieffen'schen Operationsplans war kaum zu übertreffen, sah er doch über sämtliche Unwägbarkeiten des Krieges hinweg. Auch überging Schlieffen stillschweigend sämtliche logistischen, personellen oder materiellen Probleme, die sich in einer so titanischen Operation, wie er sie geplant hatte, manifestierten. Darin lag die große Herausforderung Moltkes ab 1905: Die offenkundigen Schwächen des Feldzugsplanes auszubügeln und den deutschen Operationsplan auf eine realistischere Basis zu stellen.[136] Es erscheint dabei aber völlig sinnlos, darüber zu spekulieren, ob die Veränderungen Moltkes den vorgeblich genialen Schlieffenplan derart verwässerten, dass das Scheitern des deutschen Feldzugs möglich wurde. Letzterer war ohnehin zum Scheitern verurteilt.[137]

---

134 Zu den Unterschieden und Gemeinsamkeiten des Schlieffen- und Moltkeplans vgl. Mombauer: Der Moltkeplan; Strachan: The First World War. S. 163-180.
135 Storz: Stellungs- und Festungskrieg. S. 163.
136 „Der große Schlieffenplan war überhaupt kein sicheres Siegrezept. Er war ein kühnes, ja ein überkühnes Wagnis, dessen Gelingen von vielen Glückszufällen abhing. Zu einem Siegrezept gehört ein Überschuss von Erfolgschancen, wenn es Vertrauen erwecken soll – ein Überschuss, der durch die üblichen ‚Friktionen' der praktischen Kriegführung sehr rasch aufgezehrt zu werden pflegt. Der Schlieffenplan besaß ein deutliches Defizit an solchen Chancen." Siehe Ritter: Schlieffenplan. S. 68; vgl. zudem Chickering: Das Deutsche Reich und der Erste Weltkrieg. S. 33-35; Die Aufmarschpläne des Deutschen Reichs von 1893/94 bis 1914/15 sind abgedruckt im Editionsteil von: Ehlert, Hans u. a. (Hrsg.): Der Schlieffenplan. Analysen und Dokumente. Paderborn, 2006. S. 345-484.
137 Förster: Die Illusion des kurzen Krieges. S. 84.

Leitgedanken des Moltkeplans

Vorgesehen war, zunächst mit dem Feldzug im Westen gegen Frankreich zu beginnen. Russland, so nahm man an, würde die Mobilmachung seiner Truppen nur sehr langsam zuwege bringen. So sollte ausreichend Zeit bleiben, um das französische Heer in einer kolossalen Einkreisungsschlacht zu vernichten, während im Osten nur geringe deutsche Sicherungstruppen gegen Russland aufmarschieren würden. An der Westfront sollten starke deutsche Kräfte nördlich um den französischen Festungsgürtel herum marschieren, dabei das neutrale Belgien überrollen und überraschend in Nordfrankreich auf breiter Front einfallen. Im südlichen Teil der Westfront war dagegen eine „strategische Drehtür" vorgesehen: Die deutschen Truppen zwischen der Schweizer Grenze und Metz sollten sich zurückziehen und den Gegner damit zum offensiven Vorgehen anlocken. Auf diese abenteuerliche Weise sollten sich die französischen Truppen einer „Umkehr der Fronten" ausgesetzt sehen. Unvorbereitet sollte der Gegner die von Norden anrollenden deutschen Stoßtruppen im Rücken seiner Front spüren. Sobald der Druck von Norden spürbar würde, sollten auch die zurückweichenden deutschen Truppen im Süden zum Angriff übergehen. Auf diese Weise würde die gesamte französische Armee in nur wenigen Wochen durch eine gewaltige Umfassungsbewegung vernichtet.[138]

Schlieffen hatte in seiner Amtszeit als Chef des Großen Generalstabes den Umfassungsgedanken zum absoluten Credo deutschen Operationsdenkens bis zum Ersten Weltkrieg gemacht und die Überzeugung verbreitet, dass ein künftiger Krieg durch Einkreisung und Vernichtung der feindlichen Streitkräfte trotz eigener numerischer Unterlegenheit zu entscheiden sei. Gemäß dem Umfassungsgedanken Schlieffens sollte in einer gewaltigen Neuauflage der antiken Schlacht von Cannae eine breite deutsche Schlachtlinie gegen eine schmalere, vermutlich aber tiefer gestaffelte französische Schlachtlinie vorgehen. Die überragenden deutschen Heeresflügel würden dabei gegen die feindlichen Flanken einschwenken, die vorausgehende Kavallerie gegen den Rü-

---

138   Chickering: Das Deutsche Reich und der Erste Weltkrieg. S. 33-35.

cken der feindlichen Streitkräfte vorgehen und diese schließlich vollständig vernichten.[139]

Für Moltke als Schlieffens Nachfolger gewannen die gegnerischen Möglichkeiten des Handelns und etwaigen Operationsabsichten einen erhöhten Stellenwert. Dies brachte als Konsequenz erhebliche Änderungen zu den starren Schlieffen'schen Konzepten und damit eine weit flexiblere Operationsplanung mit sich. So ging Moltke für einen künftigen Krieg von einer weit offensiveren Ausrichtung Frankreichs aus, als dies Schlieffen getan hatte.[140]

Zwar vermochte Moltke nicht, den Feldzugsplan gegen den Widerstand der Schlieffenanhänger völlig umzustoßen. Dennoch aber waren ihm einige Aspekte daran nicht ganz geheuer. Daher nahm er ab 1908/09 bedeutende Änderungen vor. Zum Beispiel gab er Schlieffens Idee auf, neben der Verletzung der belgischen Neutralität auch noch diejenige der Niederlande in Betracht zu ziehen.[141] Eine weitere grundlegende Veränderung des Schlieffenplanes bestand etwa darin, dass Moltke in seinen Planungen ab 1909 das Verhältnis der Truppenstärke am rechten und am linken Flügel veränderte. Der linke Heeresflügel wurde verstärkt, indem Moltke die 6. und 7. Armee in Elsass-Lothringen aufstellte, zunächst um einer denkbaren französischen Offensive starke Truppen entgegenzusetzen. Die Verteidigung Süddeutschlands und der Industriegebiete am Rhein wurden wesentliche Operationsziele. Dabei schwächte Moltke allerdings nicht den rechten Heeresflügel, wie häufig behauptet wird. Die Verdoppelung der Kräfte auf dem linken Flügel von acht auf sechzehn Divisionen ging allein auf das Konto von Neuaufstellungen im Rahmen der Heeresvermehrungen.[142]

---

139 Bei Cannae hatte der karthagische Feldherr Hannibal 216 v. Chr. durch ein Einkreisungsmanöver eine gesamte römische Armee vernichtet. Schlieffen stützte sich bei seiner Feldzugskonzeption auf militärgeschichtliche Beispiele wie dieses. Vgl. Borgert, Heinz-Ludger: Grundzüge der Landkriegsführung von Schlieffen bis Guderian. In: Handbuch zur deutschen Militärgeschichte 1648-1939. Band IX. Grundzüge der militärischen Kriegsführung. München, 1979. S. 427-584. Hier: S 455f; künftig: Borgert: Landkriegsführung.
140 Ebd. S 469.
141 Förster: Illusion des kurzen Krieges. Hier: S. 83.
142 Wallach: Dogma der Vernichtungsschlacht. S. 136-140.

In der neueren Forschung ist aufgezeigt worden, dass selbst im Großen Generalstab kaum jemand an die Erreichbarkeit aller operativen Ziele des Feldzugsplans geglaubt hatte.[143] Bereits vor 1914 hatten Militärtheoretiker angenommen, dass, falls ein künftiger europäischer Konflikt nicht rasch gelöst würde, dieser sich zu einem Ungeheuer verwandeln könnte, welches immer mehr Menschen und Rohstoffe verschlänge und letztlich den Bestand der Zivilgesellschaft in Frage stellte. Unabhängig von politischen Überzeugungen schien sich jeder darüber im Klaren zu sein, dass ein künftiger Krieg entweder kurz oder apokalyptisch sein müsste.[144]

Um das unbedingte Ziel einer raschen Entscheidungsschlacht zu erreichen, war Moltke bereit, seine Operationen vom Verhalten des Gegners abhängig zu machen. Einerseits ließ er sich dabei von der Überzeugung leiten, dass „über die Grundgedanken der geplanten Operation und über die Vorbereitungen derselben über den Aufmarsch hinaus [...] sich keine Erwägungen anstellen" ließen, andererseits bemühte er sich durchaus um eine möglichst umfassende Erkundung aller möglichen Lösungsformen der gestellten Aufgabe. Der Chef des Großen Generalstabes strebte demgemäß danach, die deutschen Planungen der Vielfalt der denkbaren gegnerischen Operationspläne anzupassen und ihnen durch einen mindestens ebenso variationsreichen deutschen Aufmarsch zu begegnen. Würde nach Beginn des Feldzugs eine gegnerische Maßnahme erkennbar, so wollte er in der Lage sein, flexibel darauf zu reagieren.[145]

Falls die französische Armee in Elsass-Lothringen selbst offensiv vorginge und damit freiwillig die offene Feldschlacht suchen würde, konnte es in Moltkes

---

143 Nach deutschen Anfangserfolgen, so lauteten die Prognosen der 3. Abt. des Generalstabs im Mai 1910, würde sich die Masse des französischen Heeres aller Wahrscheinlichkeit nach „auf die mittlere Loire, Teile des rechten Flügels in Richtung auf Lyon, des linken Flügels nach Paris" zurückziehen. Falls starke Teile der 2.000.000 Mann zählenden französischen Armee in diese Richtungen entkommen könnten, werde „die Fortsetzung der der deutschen Operationen keineswegs leicht." Somit war sich Moltke darüber vollkommen im Klaren, dass eine schnelle Vernichtung der französischen Armee durch die Schwenkungsbewegung des rechten deutschen Heeresflügels allein nahezu unerreichbar war. Vgl. Förster: Illusion des kurzen Krieges. S. 85f.
144 Geyer: German Strategy. S. 530f.
145 Borgert: Landkriegsführung. S 473.

Überlegungen durchaus möglich werden, dass der Hauptzweck des weitausholenden rechten Flügels überflüssig würde. Die Entscheidungsschlacht fände in diesem Fall an anderer Stelle statt. Während Schlieffen dem Gegner von vornherein mit aller Macht am rechten Flügel seinen Willen aufzuzwängen suchte, richteten sich Ort und Zeit für die Entscheidungsschlacht im Moltkeplan vor allem nach dem Verhalten des Gegners.[146]

Innerhalb dieser Vorstellungen wird deutlich, dass der deutsche Vormarsch durch Belgien nur mehr ein Eröffnungsschachzug in Moltkes Planungen war, der die deutschen Truppen in jedem Fall in eine günstige Ausgangslage für den zu erwartenden französischen Gegenangriff bringen würde. Sollte dieser wider Erwarten ausbleiben, hielt sich Moltke die Möglichkeit offen, den Feldzug nach der Art des ursprünglichen Schlieffenplanes fortzusetzen. Durch die Vielzahl an Möglichkeiten musste verständlicherweise eine gewisse Unsicherheit in der Operationsführung entstehen.

Die Absicht Moltkes, das französische Heer mit allen verfügbaren Kräften anzugreifen und es dort zu schlagen, wo es möglich war, unterscheidet sich grundlegend vom Plan seines Amtsvorgängers Schlieffen. Man kann daher unmöglich von einer Verwässerung des Schlieffenplans sprechen, sondern muss im Gegenteil den Moltkeplan als völlig eigenständige, wesentlich flexiblere Feldzugskonzeption verstehen als den Schlieffenplan.[147] Da Moltke sich das offensive Vorgehen mit dem Südflügel ebenso vorbehielt, zielte sein Plan unter Umständen auf eine „doppelte Umfassung."[148] Aufgrund dessen ist die Rolle der Truppen des bayerischen Kronprinzen in Elsass-Lothringen höher einzuschätzen als weithin angenommen.

Der deutsche Aufmarschplan

Um mittels klarer Direktiven die Einheitlichkeit des Handelns während des Aufmarsches der deutschen Armeen zu gewährleisten, wurde den Armeen durch die Oberste Heeresleitung (OHL) eine „Aufmarschanweisung" zugesandt, die auch erste operative Anordnungen enthielt. Rudolf von Xylander,

---

146 Wallach: Dogma der Vernichtungsschlacht. S. 147f.
147 Borgert: Landkriegsführung. S 473f; Strachan: The First World War. S. 177.
148 Mombauer: Helmuth von Moltke. S. 237-243.

der ehemalige Ib-Offizier der 6. Armee, resümierte im Jahr 1935, dass viele der an der Spitze der deutschen Armee stehenden Männer bei Kriegsausbruch nicht vollends in die Moltke'schen Planungen eingeweiht waren. Auch der Generalstabschef seiner Armee habe nur „ganz allgemein die Absichten des Chefs des Generalstabs der Armee" gekannt, die über die Aufmarschanweisung hinaus gingen. In weiten Kreisen des deutschen Militärs sei die „Erkenntnis nicht vorhanden [...] [gewesen], wie weit sich Moltke von den Plänen seines Vorgängers entfernt hatte." Dies ist umso verständlicher, da die Aufmarschanweisung nur Teile der operativen Absichten Moltkes widerspiegelte und dem Wortlaut nach nur für die begrenzte Zeit gelten sollte, in der das deutsche Heer noch nicht voll operationsfähig war.[149]

Die operativen Gedanken Schlieffens sind aufgrund dessen Denkschrift aus dem Jahr 1905 bekannt, der Operationsplan Moltkes lässt sich dagegen nur aus seinen Handlungen und Weisungen während des Krieges sowie aus seinen Überlegungen vorangegangener Jahre erschließen. Die Tatsache, dass der Aufmarschplan nur einen Teil von Moltkes Strategie enthüllt, erklärt ebenfalls ein Stück weit die zeitgenössische allgemeine Überzeugung, dass der Moltkeplan im Wesentlichen dem Schlieffenplan entspreche.

Während die Mobilmachung ihren Lauf nahm und die ersten bayerischen Infanteriebrigaden der 6. Armee sich anschickten, bei glühender Hitze per Bahn in ihr Zielgebiet nach Lothringen transportiert zu werden, traf am 2. August, dem „1. Mobilmachungstag", aus Berlin die Aufmarschanweisung beim Oberkommando München ein. Aus Gründen der Geheimhaltung war der genaue Wortlaut dieser Instruktionen für den linken Flügel des Westheeres bis dahin niemandem im Stab der 6. Armee bekannt gewesen, selbst der Oberbefehlshaber, Kronprinz Rupprecht von Bayern, erfuhr erst dort die genaue Kriegsgliederung und Aufgabe seiner Armee.[150]

Der Aufmarschplan schloss die Korps des gesamten deutschen Feldheeres zu insgesamt acht Armeen zusammen. Um eine rasche Entscheidung gegen Frankreich herbeiführen zu können, waren sieben Armeen für den Einsatz an

---

149 Xylander: Führung in Lothringen. S. 8-10.
150 Müller: Krafft von Dellmensingen. S. 296.

der Westfront eingeplant und nur eine Armee als Sicherung an der Ostfront. Die deutschen Truppen an der Westfront zählten dabei insgesamt 1.600.000 Mann.[151] Die sieben Westarmeen waren von Norden nach Süden aneinandergereiht und in dieser Reihenfolge nummeriert. Die 1. Armee (sechs Armeekorps) versammelte sich unter dem Oberbefehl von Generaloberst von Kluck am äußersten nördlichen Rand des rechten Heeresflügels im Raum Krefeld-Jülich, die 2. Armee (sechs Armeekorps) unter Generaloberst von Bülow südlich davon in der Gegend Düren-Aachen. Die 3. Armee (vier Armeekorps) unter Generaloberst von Hausen marschierte in der Eifel auf, die 4. Armee unter Herzog Albrecht von Württemberg (fünf Armeekorps) bei Trier. Der deutsche Kronprinz Wilhelm hatte die Leitung der 5. Armee übernommen (fünf Armeekorps), welche im Raum Metz-Saarbrücken aufmarschierte, südlich von Metz folgte die 6. Armee des bayerischen Kronprinzen Rupprecht (fünf Armeekorps) und im Elsass die 7. Armee unter Generaloberst von Heeringen[152] (drei Armeekorps). Lediglich eine mit nur vier Armeekorps schwach besetzte 8. Armee unter dem Kommando von Generaloberst von Prittwitz und Gaffron würde in Ostpreußen aufmarschieren.[153]

Die Absicht des deutschen Westaufmarsches war dabei zunächst folgende: „Die Hauptkräfte des deutschen Heeres sollen durch Belgien und Luxemburg nach Frankreich vorgehen. Ihr Vormarsch ist − sofern die über den französischen Aufmarsch vorliegenden Nachrichten zutreffen − als Schwenkung unter Festhalten des Drehpunktes Diedenhofen-Metz gedacht. Maßgebend für das Fortschreiten der Schwenkung ist der rechte Heeresflügel. Die Bewegungen der inneren Armeen werden so geregelt werden, dass der Zusammenhang des Heeres und der Anschluss an Diedenhofen-Metz nicht verlorengeht. [...] Den Schutz der linken Flanke der Hauptkräfte des Heeres sollen − neben den

---

151 Chickering: Das Deutsche Reich und der Erste Weltkrieg. S. 36.
152 Zur Person: Josias von Heeringen (*1850 †1926); Generaloberst; 1909-1913 preußischer Kriegsminister; 1914-1916 OB der 7. Armee; 1916-1918 OB der Küstenverteidigung.
153 Kielmannsegg: Deutschland und der Erste Weltkrieg. S. 33; Stevenson: Der Erste Weltkrieg. S. 73f.

Festungen Diedenhofen und Metz – die südöstlich Metz aufmarschierenden Heeresteile übernehmen."[154]

Auch dem Moltkeplan lag Schlieffens strategisches Konzept der „Gesamtschlacht" zugrunde. Diverse Schlachtfelder und Teilgefechte wurden in einer Gesamtoperation vereint, die in einer gemeinsamen und kontinuierlichen Bewegung ihre Dynamik entfalten sollte. In dieser Vorstellungswelt waren individuelle Schlachten immer integraler Teil des Gesamtfeldzugs. So sollte eine „fließende" Situation erzwungen werden, die an verschiedenen Stellen mehrere Möglichkeiten zur Kriegsentscheidung eröffnete.[155]

Kaum überraschend war, dass mit den drei aktiven bayerischen Armeekorps, dem 1. bayerischen Reservekorps, der bayerischen Kavalleriedivision sowie der 5. bayerischen Landwehrbrigade die gesamte mobile bayerische Armee unter dem Kommando der 6. Armee stand. Des Weiteren war in den Aufmarschanweisungen aus Berlin bestimmt worden, dass auch das preußische XXI. AK diesem Großverband angehöre. Ferner sollten die 6. und 7. deutsche Armee zunächst unter den gemeinsamen Oberbefehl des älteren der beiden Oberbefehlshaber gestellt werden, um so ihre Aufgabe am linken deutschen Heeresflügel besser koordinieren zu können. Ihr Aufmarschgebiet war den meisten der Angehörigen des Münchner Führungszirkels schon vorher hinlänglich bekannt gewesen, denn seit dem Mobilmachungsplan von 1909/10 hatte sich daran nichts Grundsätzliches geändert. Die beiden angesprochenen Armeen würden südöstlich von Metz aufmarschieren und damit den linken Heeresflügel bilden, der in den Reichslanden Elsass-Lothringen bis hin zur Schweizer Grenze reichte.[156]

---

154 Mobilmachungs-Termin-Kalender 1914/15. Allgemeine Angaben über den Aufmarsch und die politischen Verhältnisse. Abgedruckt in: Ehlert, Hans u. a. (Hrsg.): Der Schlieffenplan. Analysen und Dokumente. Paderborn, 2006. S.478-484. Hier: S. 480.

155 Vgl. Geyer: German Strategy. S. 532. Dieser spricht Moltke dabei die Absicht einer „Gesamtschlacht" ab. Im Licht der jüngsten Forschungserkenntnisse über den Moltke'schen Feldzugsplan ist dagegen anzunehmen, dass diesem jenes Konzept in höherem Maße zu Grunde lag als dem starren Schlieffenplan. Nur die in der Praxis entstandenen Probleme der Kriegsführung und -lenkung ließen die Gesamtoperation schon bald in mehrere Einzelschlachten zerfallen.

156 Storz: Stellungs- und Festungskrieg. S. 164f.

Die Aufmarschanweisung beinhaltete neben Zugehörigkeiten und Zielgebieten allerdings, wie erwähnt, auch präzise Handlungsanweisungen für die einzelnen Armeen. Die Aufgabenstellung der 6. und 7. Armee sollte es sein, gegen „die Mosel unterhalb Frouard und die Meurthe unter Wegnahme des Forts Manonviller" vorzugehen. Durch diese Operationen sollten die dort „versammelten französischen Kräfte [festgehalten] und [ihr] Abtransport nach dem linken französischen Heeresflügel" verhindert werden. Dies würde allerdings hinfällig werden, falls „die Franzosen ihrerseits zwischen Metz und den Vogesen mit überlegenen Kräften zum Angriff" vorgingen.

Sofern dadurch ein Ausweichen der 6. und 7. Armee notwendig würde, seien „ihre Bewegungen so einzurichten, dass eine Bedrohung der linken Flanke der deutschen Hauptkräfte [...] seitens der Franzosen verhindert" werde. Dazu waren „im Bedarfsfalle Kräfte zur Verstärkung der Besatzung der Niedstellung" abzustellen. Für den Fall, dass 6. und 7. Armee „nicht auf überlegene französische Kräfte" stießen, würde sogar eine noch offensivere Ausrichtung – über Metz oder südlich davon – „auf dem linken Moselufer in Frage kommen."[157] Sowohl ein offensiver als auch ein defensiver Lösungsansatz waren also denkbar.

Die Reaktionen der militärischen Verantwortlichen der 6. Armee auf die Aufmarschanweisung fielen äußerst unterschiedlich aus. Der „Auftrag lastete schwer" auf dem Armeeführer Kronprinz Rupprecht von Bayern, da er dessen „Temperamente gar nicht zusagte".[158] Major Hermann Ritter Mertz von Quirnheim, der erste Generalstabsoffizier im AOK 6, war ebenfalls alles andere als zufrieden mit der Aufgabenstellung[159], auch bei anderen maßgebenden Männern im Generalstab fiel die Begeisterung eher gering aus. Zwei schwer miteinander zu vereinbarende Gesichtspunkte waren in diesem Auftrag vereint: „der Schutz der Flanke des Hauptheeres und das Festhalten des gegen-

---

157 BayHStA, GHA: NL Kronprinz Rupprecht, A 476, Aufmarschanweisung für das Oberkommando der 6. Armee vom 2. August 1914.
158 Ebd., A 699, Vorwort des Tagebuchs.
159 Müller: Krafft von Dellmensingen. S. 297.

überstehenden Feindes waren zu beachten. Man stand in Abhängigkeit von den Maßnahmen dieses Feindes."[160]

Rudolf Ritter von Xylander, der zweite Generalstabsoffizier, urteilte rückblickend, Moltke habe mit diesem Plan die „zu viel auf einmal sehende Absicht" verfolgt, neben der Entscheidung in Nordfrankreich „auch noch eine Entscheidung in Lothringen zu suchen."[161] Der Chef des Generalstabs der 6. Armee war hingegen mit der erteilten Aufgabe zufrieden.[162] In einer ersten Lagebeurteilung fasste er zusammen: „In allen Fällen muss daran festgehalten werden, dass der Gruppe in den Reichslanden mit dem Schutze der Heeresflanke die Pflicht obliegt, dem Entscheidungsflügel unter allen Umständen die Zeit (u[nd] ungehinderte Möglichkeit für seine Schläge) zu verschaffen – oder, falls sich die Masse des französischen Heeres gegen die Truppen in den Reichslanden wendet, ihm die Zeit zu verschaffen, nach Südosten einzuschwenken u[nd] zur Unterstützung heranzukommen." Für ihn war der Auftrag der 6. und 7. Armee in den Reichslanden damit klar definiert. Die Entscheidung sollte – so meinte Krafft zumindest – der rechte Flügel erzwingen, während dem linken Flügel eine dienende Rolle zufiel, wie es der klassische Schlieffenplan vorgesehen hatte.[163] Hier sollte er sich täuschen.

---

160 Xylander: Führung in Lothringen. S. 13.
161 Ebd. S. 7.
162 Müller: Krafft von Dellmensingen. S. 297.
163 BayHStA, KA: NL Krafft, Nr. 145, Erste Beurteilung der Lage u. Aufgaben […] über die ersten Operationen der 6. u. 7. Armee. Vgl. Storz: Stellungs- und Festungskrieg. S. 167.

3. VON MÜNCHEN NACH NANCY

Mobilmachung

Kronprinz Rupprecht beobachtete in den letzten Julitagen in München, wie die Kriegserklärung Österreichs an Serbien mit Beifall aufgenommen wurde. Vor der österreichischen Gesandtschaft ereigneten sich spontan stürmische und begeisterte Kundgebungen, wenngleich dies nicht unbedingt der allgemeinen Stimmung in Bayern entsprach.[164] Am 29. Juli erging an sämtliche Offiziere der Befehl zum Einrücken in die Garnisonen. Der bayerische Kronprinz allerdings folgte diesem Befehl erst am folgenden Tag, da es für ihn „zunächst nichts zu tun gab."[165]

Ludwig III. verhängte über Bayern den Kriegszustand, nachdem der Kaiser dies für das übrige Reichsgebiet getan hatte.[166] In einer am 31. Juli eilends einberufenen Sitzung des Staatsrats erklärte der König, er habe „soeben [...] die Verordnung über die Erklärung des Kriegszustandes [unterschrieben]. Wir stehen vor dem Kriege; [Ich] hoffe, dass Bayern mit Ehren bestehen möge."[167] Dies war durch die bayerische Sonderstellung im Kaiserreich bedingt. Überall sonst galt das preußische Kriegszustandsgesetz. Kein anderer Bundes-

---

164 Die Hochstimmung war hauptsächlich in den bayerischen Städten zu beobachten und beschränkte sich vornehmlich auf Mitglieder der nationalen Kreise und des Bürgertums. Vorherrschende Stimmungslagen in weiten Teilen Bayerns waren allerdings Existenzangst, Antikriegsstimmung und Besorgnis. Vgl. Ziemann: Front und Heimat. S. 39-54; Kruse, Wolfgang: Die Kriegsbegeisterung im Deutschen Reich zu Beginn des Ersten Weltkrieges. Entstehungszusammenhänge, Grenzen und ideologische Strukturen. In: van der Linden, Marcel / Mergner, Gottfried (Hrsg.): Kriegsbegeisterung und mentale Kriegsvorbereitung. Interdisziplinäre Studien. Berlin, 1991. S. 73-87; Für die Situation Anfang August 1914 in München vgl. Geyer, Martin H.: Verkehrte Welt. Revolution, Inflation und Moderne. München 1914-1924. Göttingen, 1998. S. 28f.

165 BayHStA, GHA: NL Kronprinz Rupprecht, A 699, Vorwort des Tagebuchs.

166 Vgl. Zils, Wilhelm: König Ludwig III. im Weltkrieg. München, 1917. S. 3; Vgl. Röhl, John C. G.: Wilhelm II. Der Weg in den Abgrund. 1900-1941. Nördlingen, 2008. S. 1150-1155.

167 Protokoll über die Sitzung des k. Staatsrats vom 31.7.1914. BayHStA, NB. Kgl. Staatsrat. Nr. 1449.

fürst konnte aus eigenem Recht den Kriegszustand erklären.[168] Die Königstochter Wiltrud befand: „Wie herrlich sticht hervor, dass Bayern doch die größte Selbstständigkeit besitzt gegenüber anderen Staaten, denn im Reiche außer Bayern verhängte den Kriegszustand Kaiser Wilhelm II., hier aber Papa."[169]

Am 1. August wurde der Zustand drohender Kriegsgefahr erklärt, darauf folgte noch am selben Tag der Mobilmachungsbefehl und in den folgenden Tagen nacheinander die Kriegserklärungen an die Ententemächte. Von den Wittelsbacher Prinzen standen zu diesem Zeitpunkt vier im aktiven Militärdienst. Kronprinz Rupprecht, der in Friedenszeiten Armeeinspekteur im Rang eines Generalobersten gewesen war, wurde, wie oben erwähnt, zum Oberbefehlshaber der 6. Armee bestimmt. Sein jüngerer Bruder Franz übernahm als Oberst das Kommando über das 2. bayerische Infanterieregiment „Kronprinz". Rupprechts Cousin Heinrich fand Verwendung als Rittmeister und Eskadronchef im 1. Schweren Reiterregiment, sein Cousin Adalbert übernahm die 5. Batterie. Auch die zur Zeit der Mobilmachung nicht im aktiven Militärdienst stehenden Wittelsbacher Prinzen meldeten sich allesamt freiwillig, ohne Rücksicht auf ihren Dienstgrad.[170]

Die letzten Tage in München waren alles andere als angenehm für den bayerischen Kronprinzen. Seit längerer Zeit schon war er „auf den Nerven ziemlich herunter" und auch das „stete Abschiednehmen von den Truppen und unzähligen Bekannten" stimmte ihn nachdenklich. Hinzu kam, dass er an quälender „Schlaflosigkeit [litt], die durch die herrschende Hitze und den vermehrten Straßenlärm eine sehr unerwünschte Steigerung erfuhr." Als der bereits verwitwete Kronprinz am Abend des 7. August 1914 an seine „lieben Söhne einige Ermahnungen und mannhafte Worte" gerichtet hatte, bevor er sie zu Bett brachte und „hernach auf den Bahnhof" fuhr, war es für ihn „wie eine Erlösung". Der Zug verließ München gegen 22 Uhr und Rupprecht fühlte sich, als habe er seine „innere Ruhe wiedergefunden."

---

168 Vgl. Albrecht, Willy: Landtag und Regierung in Bayern. Berlin, 1968. S. 74-76.
169 Tagebucheintrag 30.7.1914. BayHStA, GHA. NL Herzogin Wiltrud von Urach, Nr. 592.
170 Bayern, Adalbert Prinz von: Erinnerungen 1900-1956, München 1991. S. 162f.

Der Weg ins lothringische Zielgebiet gestaltete sich für den Oberbefehlshaber der 6. Armee zu einem vorweggenommenen Triumphzug. Auf den „Bahnhöfen standen dichtgedrängte Menschenmengen, die patriotische Lieder sangen", den Zuginsassen zujubelten und sie „mit Liebesgaben überhäuften." Nicht einmal die Mannschaften der „Stabswache vermochten das zu verzehren, was ihnen von hilfsbereiten weiblichen Händen gereicht wurde." Nach dem Eintreffen in St. Avold, wo das AOK sein erstes Hauptquartier aufschlug, trafen zur Vorfreude des Armeeführers schnell Nachrichten ein, „denen zufolge mit dem baldigen Beginne [der] Operationen" gerechnet werden konnte.[171] Die Arbeitsverhältnisse in der trostlosen kleinen Stadt St. Avold am Rand des Kohlengebietes an der Saar waren allerdings für ein „königliches" AOK ausgesprochen dürftig. General von Kraffts Arbeitszimmer musste ihm gleichzeitig als Schlafraum dienen und er verfügte nicht einmal über ein eigenes Telefon.[172]

Ausgangslage in Elsass-Lothringen

Die operativen Absichten des Deutschen Reichs waren selbstverständlich über die Jahre streng geheim gehalten worden. Der französische Generalstab hatte daher im Laufe seiner eigenen Planungen für den Kriegsfall gegen das Reich mit sehr ungenauen Informationen und mehr oder minder wahrscheinlichen Hypothesen kalkulieren müssen. Mit der Ernennung Joseph Joffres in das Amt des französischen Generalstabschefs im Jahr 1911 war Bewegung in die Planungen gekommen. Unter Joffres Leitung wurde die über Jahrzehnte verbindliche Maxime der Defensive aufgegeben und das Primat des uneingeschränkten Angriffs, der „offensive à outrance", angenommen.

Die vielen Unwägbarkeiten hatten dazu geführt, dass Frankreich mit dem Plan XVII – ebenso wie das Reich – über einen äußerst variablen Aufmarschplan verfügte, auf dessen Grundlage sowohl eine französische Offensive durch Belgien als auch ein Angriff in Lothringen umsetzbar blieben. Der erstgenannte Fall war problematisch in Hinblick auf die durch Großbritannien gesicherte

---

171 BayHStA, GHA: NL Kronprinz Rupprecht, A 699, Vorwort des Tagebuchs.
172 Müller: Krafft von Dellmensingen. S. 310.

belgische Neutralität, daher war der letztgenannte der wahrscheinlichere Fall. Joffre war sich zwar der Möglichkeit bewusst, dass die deutschen Truppen über einen starken rechten Flügel durch Belgien hindurch nach Nordfrankreich stoßen könnten, er glaubte aber nicht an ein derartiges Manöver. Der französische Oberbefehlshaber versäumte es daher, ernsthaft auf diese Bedrohung einzugehen und legte sich zu Kriegsbeginn darauf fest, die „offensive à outrance" tatsächlich in Lothringen durchzuführen.

Vier der fünf französischen Armeen sollten demnach in Lothringen den linken deutschen Flügel sowie die deutsche Heeresmitte angreifen. Aufgrund dessen waren Truppen der 1. und 2. französischen Armee frühzeitig nach Elsass-Lothringen vorgegangen – ehemals französische Provinzen, die nach dem Krieg von 1870/71 dem deutschen Reich angegliedert worden waren.[173]

Während sich das AOK 6 noch in St. Avold einrichtete, hatte die 7. deutsche Armee unter dem Oberbefehl des preußischen Generals von Heeringen bereits eine eigenständige Operation im Elsass eingeleitet.[174] Nach erfolgreichen Kämpfen am 9. und 10. August zwangen Heeringens Truppen die vorrückende französische Armee wieder über die Grenze zurück. Am Abend des 10. August wurde Rupprecht mitgeteilt, dass nunmehr auch „die 7. Armee [seinem] Oberkommando unterstellt sei", ebenso wurde „von einem Erfolge dieser Armee bei Mülhausen" berichtet.[175]

Damit hatte der Armeeführer nun ein gewaltiges Kontingent von 239 Bataillonen unter seinem „Gemeinsamen Oberkommando", ein Viertel des gesamten deutschen Westheeres.[176] Kaiser Wilhelm II. persönlich ließ es sich nicht

---

173 Zum französischen Operationsplan: Schmidt, Stefan: Frankreichs Plan XVII. Zur Interdependenz von Außenpolitik und militärischer Planung in den letzten Jahren vor Ausbruch des Großen Krieges. In: Ehlert, Hans u. a. (Hrsg.): Der Schlieffenplan. Analysen und Dokumente. Paderborn, 2006. S. 221-256; künftig: Schmidt: Frankreichs Plan XVII; Becker, Jean-Jacques: La Grande Guerre. Paris, 2004. S. 28; künftig: Becker: La Grande Guerre; Strachan, Hew: Der Erste Weltkrieg. Eine neue illustrierte Geschichte. München, 2004. S. 76; künftig: Strachan: Der Erste Weltkrieg; Strachan: The First World War. S. 180-198; Stevenson: Der Erste Weltkrieg. S. 69-71; Müller: Krafft von Dellmensingen. S. 317f.
174 Müller: Krafft von Dellmensingen. S. 310f.
175 BayHStA, GHA: NL Kronprinz Rupprecht, A 699, Eintrag vom 10. August 1914.
176 Mit der Zusammenlegung der 6. und 7. Armee wurde durch die OHL ein Eingriff in der operativen Führung vorgenommen, der so große Truppenverbände schuf, wie

nehmen, dem nunmehr mit der Gesamtverantwortung für den linken Heeresflügel ausgestatteten bayerischen Kronprinzen sein Vertrauen für die künftigen Operationen auszusprechen. Er schrieb, er habe „unbedingtes Vertrauen
sowohl zu [Rupprechts] Führung wie zu dem Geist und der Schlagkraft der
von [diesem] befehligten Armeen. Wie 1870 werden Bayern, Preußen und
Badener als deutsche Brüder kämpfen und siegen. Das walte Gott!"[177]

Indes lag die 7. Armee nach den Gefechten bei Mülhausen weit von ihrem
zugedachten Aufmarschgebiet entfernt. Die 6. Armee war für den Beginn ihrer
eigenen Operationen auf die Unterstützung durch die südliche Nachbararmee
angewiesen und musste diese daher um mehrere Tage hinausschieben, bis
Heeringens Armee wieder herangeführt war.[178] Trotz des Einsatzes zweier
Armeekorps war die Ausbeute der 7. Armee bei Mülhausen mit nur 300 Ge-
fangenen sowie drei Geschützen recht mager ausgefallen. Ein wesentlich
kleineres Gefecht der 6. Armee in der Nähe des lothringischen Lagarde hatte
am 11. August trotz großer eigener Verluste wesentlich mehr eingebracht,[179]
vor allem aber zu wertvollen Aufschlüssen über den Gegner verholfen, da man
einen „fr[anzösischen] Armeebefehl nebst Marschtafeln" auffand.[180]

Daraus ging hervor, dass die Franzosen allein zwischen Toul und Épinal mit
sechs Armeekorps standen. General von Krafft berechnete die Gesamtstärke
des gegenüberstehenden Gegners korrekt auf etwa neun Armeekorps zuzüg-
lich mehrerer Reservedivisionen. Aus deutscher Sicht war das mehr als erfreu-
lich, wenn man die Aufgabe zugrunde legte, möglichst starke französische
Kräfte am linken Heeresflügel zu binden – denn damit stand der 6. und 7.
Armee fast die Hälfte des gesamten französischen Heeres gegenüber! Die
Franzosen hatten zwischen Toul/ Nancy und Belfort zwei starke Armeen ge-

---

es die Kommunikationssysteme eben noch zuließen. Dies sollte in den kommenden Jahren zur Normalität werden, war zu diesem Zeitpunkt allerdings ungewöhnlich und Gewinn versprechend. Vgl. Keegan: Der Erste Weltkrieg. S. 140; Strachan: The First World War. S. 207.

177 BayHStA, GHA: NL Kronprinz Rupprecht, A 419, Telegramm Kaiser Wilhelms II. an
Kronprinz Rupprecht von Bayern in St. Avold, abgeschickt in Berlin am 13. August
1914.

178 Müller: Krafft von Dellmensingen. S. 310f.

179 Storz: Stellungs- und Festungskrieg. S. 171.

180 BayHStA, GHA: NL Kronprinz Rupprecht, A 699, Eintrag vom 12. August 1914.

bildet, die erste im Süden unter General Dubail und die zweite weiter nördlich unter General de Castelnau.[181]

Der französische Generalstab war sich nichtsdestoweniger bewusst, dass die französische „offensive à outrance" in Lothringen keinesfalls zu einem umfassenden Triumph führen, sondern allenfalls einen partiellen Erfolg darstellen könnte. Vor allem das spätere Eingreifen Russlands und vielleicht auch Englands sollten die Entscheidung des Krieges sichern.[182] Auf deutscher Seite war zu diesem Zeitpunkt die noch weitestgehend ungeklärte Feindlage das Hauptproblem des AOK 6. Dies führte dazu, dass die Unsicherheit wuchs, waren doch in den Aufmarschanweisungen die Maßnahmen gänzlich vom Verhalten des Gegners abhängig gemacht worden. War der Gegner schwach, war eine offensive Lösung denkbar, ging der Gegner aber selbst mit starken Kräften vor, so war ein Zurückgehen vorgesehen. Auch als die Bayern am 12. August ein Gefecht bei Badonviller für sich entscheiden konnten, blieben die Absichten der Franzosen ungewiss.[183]

Aufklärung und Kommunikation

Die größte Schwierigkeit der Armeeführung bestand in der Aufrechterhaltung der Kommunikations- und Informationslinien. Bis 1914 war die Kavallerie noch immer das zahlreichste und vor allem effektivste Mittel zur Informationsbeschaffung und -verschleierung gewesen. Während des Bewegungskrieges im Sommer und Herbst 1914 konnte die deutsche Kavallerie jedoch wenig zur Aufklärungsarbeit beitragen, was zumeist am schwierigen Gelände lag, auf dem die Kämpfe an der Westfront stattfanden. Nicht nur waren die Landschaften intensiv bewirtschaftet und bebaut. Vielmehr waren sie durchzogen

---

181 Storz: Stellungs- und Festungskrieg. S. 172.
182 Schmidt: Frankreichs Plan XVII. S. 245.
183 Müller: Krafft von Dellmensingen. S. 318; Als Randnotiz ist zu erwähnen, dass der Sieg des königlich-bayerischen Infanterieleibregiments bei Badonviller (deutsch: Badenweiler) den Militärkomponisten Georg Fürst zu seinem „Badenweiler Marsch" inspirierte. Dieser erlangte als späterer Lieblings- und Auftrittsmarsch Hitlers einige Bekanntheit. Aus diesem Grund wird er in der Bundeswehr nicht gespielt – im Gegensatz zu anderen „Traditionsmärschen" – und auch sonst kaum mehr öffentlich aufgeführt.

von Kanälen, Zäunen, Mauern, Eisenbahnlinien und – was den Hauptgrund für die enormen Umwege der Aufklärungsarbeit darstellte – verbaut mit militärischen Festungen.[184]

Bald musste Kronprinz Rupprecht feststellen, dass die „Unterstellung [der Kavalleriedivisionen] im Grenzschutzdienste unter einen höheren Kav[allerie] K[omman]d[eu]r [...] sich nicht bewährt [habe]." Die Kavallerietruppen seien „ohne zwingende Gründe bald hierhin, bald dorthin gezogen und hierdurch vorzeitig übermüdet worden." Auch zeigte sich, „dass den modernen Waffen gegenüber in einem dicht besiedelten und kultivierten Lande mit vielen Kunstbauten der Fernaufklärung der Kavallerie ungeahnte Schwierigkeiten erwachsen." Die Kavalleriedivisionen verloren bereits in den ersten Kriegswochen „im Patrouillendienst nicht weniger als zwei Drittel [ihrer] Reiter."[185]

Die Probleme der Kavallerie im Jahr 1914 fanden in den Hauptquartieren allerdings kaum Verständnis. Kronprinz Rupprecht war „sehr ungehalten über die Untätigkeit der Kavalleriedivisionen, die statt der Infanterie voran zu gehen, hinter ihr folgen." Selbstverständlich sei es zwar, dass „die Kavallerie nicht jeden vom Gegner besetzten Ort angreifen [könne] und [dürfe]." Sie müsse aber „eben dann solche Orte, d[as] h[eißt], wenn sie stärker besetzt [sind], umgehen."[186]

Die zweite Möglichkeit zur Informationsbeschaffung lag in der Luftaufklärung. Jedes Armeehauptquartier und jedes aktive Armeekorps verfügte über eine Feldflugsektion mit je sechs Flugzeugen. Dagegen verfügten weder die Reservekorps noch das Große Hauptquartier über direkt unterstellte Abteilungen der Luftaufklärung.[187] Die Aufklärung mittels Flugzeugen konnte zwar einerseits spektakuläre Ergebnisse verbuchen. Die enormen Schwierigkeiten der Luftaufklärung im Bereich der 6. Armee werden auf der anderen Seite auch daran deutlich, dass bereits Ende August 1914 ganze 40 Prozent der Flugzeuge der vier bayerischen Feldfliegerabteilungen nicht mehr einsatzbereit waren. Sowohl der Nachschub an Material als auch die Verluste unter den Fliegeroffi-

---

184   Strachan: The First World War. S. 231.
185   BayHStA, GHA: NL Kronprinz Rupprecht, A 699, Eintrag vom 21. August 1914.
186   Ebd., Eintrag vom 2. Oktober 1914.
187   Strachan: The First World War. S. 233.

zieren bereiteten große Probleme. Bei den preußischen Abteilungen verhielt es sich nicht anders.[188] Flugzeugaufklärung lieferte zudem nur bei sich bewegenden Truppen gute Resultate, nicht aber bei ruhenden. Die in Lothringen aufmarschierten französischen Truppen bewegten sich zunächst kaum.[189] Kommunikationsprobleme erschwerten die militärische Führungsarbeit im Armeehauptquartier enorm. In Anbetracht der mangelhaften Aufklärungsarbeit durch Kavallerie und Flieger wird deutlich, dass der Informationshorizont des AOK 6 begrenzt war. Die schreibtischgestützte Arbeit der Armeeführer musste über verlässliche Kommunikationstechniken mit der OHL sowie den untergeordneten Kommandoebenen verknüpft werden. Feldtelegrafenanlagen hatten sich schon vor 1914 als völlig unpraktisch erwiesen, da sie nicht mit der Geschwindigkeit des Vormarsches der Truppen Schritt halten konnten. Ihre Ersetzung durch Feldtelefonleitungen war bis 1914 aber noch nicht völlig abgeschlossen. Zudem waren die Leitungen schwierig zu verlegen und im Bewegungskrieg noch schwieriger in Betrieb zu erhalten. Der Funk war seitens der OHL als ideale Lösung erkannt worden, allerdings war die junge Technik noch anfällig und unzuverlässig. Erst ab 1912 hatte man auf deutscher Seite begonnen, Versuche mit mobilen Feldfunkstationen zu unternehmen.[190]

Schon in den ersten Augusttagen in St. Avold hatte sich im AOK 6 außerdem herausgestellt, dass auch auf das Telefon als Ausweichmöglichkeit kein Verlass war. Im Kriegstagebuch des AOK wurde vermerkt: „Sehr störend hat sich bisher fühlbar gemacht der Umstand [sic], dass das Fernsprechnetz im Aufmarschgebiet nicht militärisch organisiert und militärisch besetzt ist. Folge 1: Große Reibungen technischer Art. Es ist häufig nicht gelungen, wichtige Befehle u[nd] Meldungen rasch durchzubringen. 2: Keine genügende Gewähr für Geheimhaltung. Vom gr[oßen] H[au]ptqu[artier] zu den A[rmee] O[ber] K[ommando]s und von diesen zu den G[eneral]-K[ommandos] müssten völlig

---

188 Potempa: Fliegertruppe. S. 41.
189 Storz: Stellungs- und Festungskrieg. S. 171.
190 Strachan: The First World War. S. 233.

unabhängige und für den übrigen Verkehr abgeschlossene Fernsprechverbindungen bestehen."[191]

Die Verbindungen blieben in den kommenden Monaten chaotisch. Krafft vermerkte, dass „alle Telegramme vom rechten Flügel nach Luxemburg [...] außerordentlich lange [dauerten], weil sie den Weg über Berlin machen" müssten. Daher bestand auch für das AOK 6 keine „direkte Verbindung mit dem Großen Hauptquartier [...], außer durch Funkentelegraph." Krafft merkte befremdet an, dies sei „ein sehr merkwürdiger und schwieriger Umstand, den man sich auch im Frieden nicht als möglich vorgestellt hätte. Man sieht, was es mit den telegrafischen Verbindungen im Feindeslande auf sich hat."[192]

Die Kommunikation via Feldpost war allerdings noch unbrauchbarer. Kronprinz Rupprecht berichtete beispielsweise am 19. September seinem Vater, dass er am Vortag dessen „Telegramm vom 25. August [erhalten habe], sowie ein Telegramm von Excellenz v. Walther", das den seinerzeitigen Frontbesuch Ludwigs III. am 13. September ankündigte. „Die Post arbeitet eben sehr unregelmäßig", stellte der Kronprinz fest. Seinem Vater gab er den Rat, „dass es vielleicht besser [sei], allenfallsige Briefe mit wichtigerem Inhalte stets durch eine Vertrauensperson zustellen zu lassen, da die Post wie gesagt mangelhaft funktioniert."[193]

In Abwesenheit effektiver Aufklärungs- und Kommunikationsmittel mussten die OHL sowie die Armee-Oberkommandos ihre Operationsführung weitestgehend ohne die dazu notwendigen grundlegenden Hilfsmittel ausüben. Zwar wurde versucht, mit Hilfe von generellen Weisungen die jeweiligen Führungsebenen unabhängiger und selbstständiger zu machen. Dies verstärkte aber in Ermangelung einer allgemein anerkannten Militärdoktrin nur die Probleme.[194]

Ein Tagebucheintrag Kraffts demonstriert das Chaos, das ohne wirksame Kommunikation bei den Truppen der 6. Armee entstand: „Das II. b[ayerische] A[rmee] K[orps] ist etwas zögernd vorgegangen und hat Angst um seinen

---

191 BayHStA, KA: AOK 6, Bund 1, Eintrag im Kriegstagebuch vom 17. August 1914.
192 BayHStA, KA: NL Krafft, Nr. 183, Eintrag vom 18. September 1914.
193 BayHStA, GHA: NL König Ludwig III., Nr. 59, Rupprecht an Ludwig III. vom 19. September 1914.
194 Strachan: The First World War. S. 234-236.

rechten Flügel und weiß weder, wo die Garde Kav[allerie] Div[ision], noch wo der H[öhere] K[avallerie] K[ommandeur] 1 ist, noch wie es beim I. b[ayerischen] A[rmee] K[orps] steht! Kurz, die Leute tun von selbst gar nichts mehr! Sie verlassen sich immer auf den Draht. Es ist ein großer Mangel unserer Friedensausbildung, dass das Verbindunghalten zwischen den Truppenteilen, den Führern und Stäben, gar nicht genügend anerzogen ist. [...] Auf die Verbindung über das Oberkommando ist kein Verlass, weil alle Augenblicke die Drahtverbindungen gestört sind."[195]

Plagende Ungewissheit

Noch während sich die 6. und 7. Armee zu reorganisieren versuchten, starteten die Franzosen am 14. August einen erneuten Einfall in das Elsass, welcher aber diesmal mit einem gleichzeitigen, größeren Angriff nördlich der Vogesen nach Lothringen hinein gekoppelt war. Da der größte Teil der 7. Armee im Begriff war, weiter nach Norden verschoben zu werden, um so mit der 6. Armee Kronprinz Rupprechts zusammenzuwirken, fand die französische Armée d'Alsace kaum nennenswerten Widerstand vor und nahm erneut Mülhausen ein.[196]

Hatten Kronprinz Rupprecht und sein Generalstabschef von Krafft zunächst mit einer offensiven Lösung ihrer Aufgabe geliebäugelt, indem sie die 6. und 7. Armee gegen Mosel und Meurthe vorgehen lassen wollten[197], so wandelte sich dies grundlegend. Die Nachrichtenverbindungen zur übergeordneten Führung waren de facto für einige Tage ausgefallen, die Aufklärungsarbeit der eigenen Kavallerie und Flieger blieb sehr lückenhaft. Dies trug massiv dazu bei, dass die Unsicherheit im AOK 6 wuchs. Zudem gestaltete sich die Heran-

---

195 BayHStA, KA: NL Krafft, Nr. 183, Eintrag vom 26. September 1914.

196 Zu den generellen militärischen Ereignissen im Vorfeld der Schlacht in Lothringen vgl. Strachan: The First World War. S. 208-216.

197 Das AOK war sich bis dahin sicher, es handle im Sinne der OHL, wenn es so bald als möglich einen Angriff gegen die Franzosen einleite, um möglichst starke Kräfte dieses Gegners dort zu binden. Nur für den Fall starker französischer Überlegenheit sah die Aufmarschanweisung aus Berlin ein Ausweichen vor. Weder sprachen die Anzeichen für eine starke feindliche Überlegenheit, noch mochten sich Krafft und Kronprinz Rupprecht mit diesem Gedanken recht anfreunden. Vgl. Müller: Krafft von Dellmensingen. S. 318.

führung der 7. Armee aufgrund einiger Eigenmächtigkeiten seitens deren Armeekorps schwieriger als erwartet.[198]

Das letzte Telegramm mit Anweisungen der OHL vom 12. August hatte nicht zur Klärung der Lage beigetragen, indem es als „Aufgabe der Truppen in den Reichslanden [verfügt hatte]: Schutz der linken Flanke des Heeres. Hierbei können die 6. u[nd] 7. A[rmee] berufen sein, gegen die Mosel unterhalb Frouard u[nd] gegen die Meurthe vorzugehen, um einen dort stehenden Feind festzuhalten. Die Aufgabe [könne] hinfällig werden, wenn d[er] Feind mit einer sehr starken Offensive entgegenkommt. Hierbei [werde] es möglich, d[ass] die 6. A[rmee] auf kurze Zeit einer Entscheidung auszuweichen hat."[199] Mit diesen verschwommenen Angaben stellte sich weiterhin das Problem, dass man für die operative Planung voll und ganz auf das Verhalten des Gegners angewiesen war. Zudem war man sich weder bei der OHL noch beim AOK in St. Avold im Klaren über die tatsächliche Stärke und die Absichten des Gegners.[200] Daher informierte das AOK 6 – entgegen seinen zunächst offensiven Ambitionen – im Verlauf des 13. August seine untergeordneten Großverbände über die „Möglichkeit eines vorübergehenden Ausweichens, wenn die unbedingte Notwendigkeit dafür sich ergebe."[201] In der Nacht zum 14. August eintreffende Mitteilungen der 7. Armee und der OHL ließen darauf schließen, dass der Feind tatsächlich weit überlegen sei und ein Angriff unmittelbar bevorstehe, aber diese Einschätzung der Lage galt ausdrücklich als unsicher.[202]

Der bayerische Kronprinz war zuversichtlich, sogar für den Fall, dass der Gegner durch das Ober-Elsass über den Rhein vordringen könnte: „Er kann dann im Schwarzwalde herumklettern, während wir ihm an anderer Stelle entscheidend auf den Leib rücken. Nicht darum handelt es sich, dem Gegner keinen Fußbreit eigenen Landes zu überlassen, sondern darum, ihn vernichtend zu schlagen."[203] In der Aufmarschanweisung war von einem absichtlichen Her-

---

198 Ebd.
199 BayHStA, KA: NL Krafft, Nr. 145, Eintrag vom 13. August 1914.
200 Müller: Krafft von Dellmensingen. S. 320.
201 BayHStA, KA: NL Krafft, Nr. 145, Eintrag vom 13. August 1914.
202 Müller: Krafft von Dellmensingen. S. 320.
203 BayHStA, GHA: NL Kronprinz Rupprecht, A 699, Eintrag vom 15. August 1914.

einlassen der Franzosen nach Elsass-Lothringen noch nicht explizit die Rede gewesen, allerdings bot sich der Gedanke geradezu an, den die OHL in ihrem Telegramm angesprochen hatte. Falls die französischen Truppen tatsächlich mit überlegenen Kräften nach Lothringen hineinstießen, konnte man versuchen, sie durch geschicktes Ausweichen in eine Falle zu locken.[204] General von Krafft hatte diese Möglichkeit schon in München in Gedanken durchgespielt: „Gelingt es, die Linie Metz-Nied-Saar-Pfalzburg-Donon-Molsheim-Straßburg Süd lange genug zu halten, so sind die Verhältnisse für den Übergang zur Offensive günstig. Es ist anzunehmen, dass der innerhalb dieses Bogens zum Stehen gekommene Feind im Gebrauche seiner Kräfte sehr behindert ist und große Schwierigkeiten haben wird, sich des Angriffes von drei Seiten zu erwehren. Das Ziel eines solchen Angriffes müsste sein, ihn durch Einkreisung zu vernichten."[205]

Am Vormittag des 15. August war ein Schreiben des Generalquartiermeisters, Generalleutnant von Stein, an Rupprechts Stabschef eingetroffen, welches mit dessen Absichten übereinstimmte und die 6. Armee zum Ausweichen aufforderte. Kronprinz Rupprecht empfand von Steins Anordnung eines Zurückgehens mit dem Ziel „den Gegner zwischen die Nied und Saar hineinzulocken" als „durchaus gekünstelt und schwer ausführbar." Vor allem mochte er nicht daran glauben, dass der Gegner den Gefallen erweisen würde, „in dieser Richtung vorzudrängen und in die [...] gestellte Falle" zu gehen. Der Oberbefehlshaber verblieb zwar weiterhin in der Überzeugung, seine Truppen sollten die Aufgabe, den Gegner zu fesseln, am besten „offensiv lösen, um ihm das Gesetz vorzuschreiben anstatt es [sich] von ihm diktieren zu lassen."[206] Dennoch beugte er sich den Empfehlungen der OHL und folgte der fachlichen Kompetenz seines Generalstabschefs, der sich über die neuen Anweisungen mehr als erfreut zeigte, da nun endlich ein klarer Auftrag erteilt worden war.[207]

---

204 Storz: Stellungs- und Festungskrieg. S. 174.
205 BayHStA, KA: NL Krafft, Nr. 145, Erste Beurteilung der Lage u. Aufgaben [...] über die ersten Operationen der 6. u. 7. Armee.
206 BayHStA, GHA: NL Kronprinz Rupprecht, A 699, Eintrag vom 15. August 1914.
207 Müller: Krafft von Dellmensingen. S. 323f.

Seitens des AOK in St. Avold wurde nun eine weiträumige Rückzugsbewegung eingeleitet. Auf diese Weise öffneten die 6. und 7. Armee einen „Sack", in den die französischen Truppen zu ihrem Verderben laufen und dann von mehreren Seiten angegriffen werden sollten. Das größte Problem des AOK 6 war aber nach wie vor die unklare Feindlage. Bereits am 16. August wurde immer klarer, dass der vermutete frontale französische Großangriff eine Fata Morgana gewesen war. Die Franzosen folgten den deutschen Rückzugsbewegungen mehr als zögerlich und es erschien gänzlich ungewiss, ob der Gegner in die gestellte Falle gehen würde.[208]

Diese Unsicherheit führte zu der unangenehmen Lage, dass man nicht mit Sicherheit beantworten konnte, ob die Franzosen nun in aller Ruhe Truppen hinter der Front wegbeförderten oder doch einen systematischen Angriff vorbereiteten. Auch die Luftaufklärung konnte über die feindlichen Truppenbewegungen keine Aufschlüsse geben. Dem bayerischen Kronprinzen erschien jedenfalls wieder der erstgenannte Fall als der Wahrscheinlichere. Er notiert in sein Tagebuch, es sei „immerhin [...] auffallend, dass die Franzosen [...] kaum folgten".[209] Auch in den folgenden Tagen hatten sich die „Franzosen [...] ihrem bisherigen methodischen Verfahren treu bleibend, nur wenige K[ilo]m[eter] vorwärts geschoben."[210] In der Tat stellte der langsame und vorsichtige Vormarsch der Franzosen von nur etwa fünf Kilometern am Tag die bayerische Führung in den Reichslanden vor ein Rätsel.[211]

Dennoch aber wurde der schon „angeordnete Rückmarsch der 6. Armee [...] ausgeführt." Danach sollte nach des Kronprinzen Willen „zugewartet werden, [denn] falls der Gegner nicht mit starken Kräften" folgte, sollte die Offensive ergriffen werden."[212] Dem AOK 6 waren Lage und Absichten der Franzosen nach wie vor ein Rätsel. Man entschloss sich schließlich in Hellimer, dem neuen Armeehauptquartier, den Rückzug zu stoppen und wieder die Möglichkeit

208 Storz: Stellungs- und Festungskrieg. S. 174f.
209 BayHStA, GHA: NL Kronprinz Rupprecht, A 699, Eintrag vom 16. August 1914.
210 BayHStA, KA: AOK 6, Bund 1, Eintrag im Kriegstagebuch vom 18. August 1914.
211 Storz: Stellungs- und Festungskrieg. S. 175.
212 BayHStA, GHA: NL Kronprinz Rupprecht, A 699, Eintrag vom 16. August 1914.

eines Angriffs in Erwägung zu ziehen.[213] Um sich abzusichern, hatte General von Krafft bereits im Laufe des Vormittags des 16. Augusts mit Oberst Tappen,[214] dem Chef der Operationsabteilung der OHL, telefoniert. Dieser teilte ihm mit, auch er glaube nicht mehr an die große Stärke des Feindes. Es sei zudem wenig wahrscheinlich, dass der Gegner in die gestellte Falle ginge. Nicht mehr nur das Ausweichen sei nun eine Option, sondern auch andere Fälle der Aufmarschanweisung. Auch ein weiteres Gespräch mit dem Generalquartiermeister der OHL, von Stein, führte zu einer ähnlichen Lagebeurteilung. Damit hatte sich die Grundlage für die Operationen der 6. Armee binnen weniger Tage erneut grundlegend geändert, wenngleich zu diesem Zeitpunkt noch keine definitive Entscheidung für eine Offensivaktion gefallen war.[215]

Kronprinz Rupprecht hatte sich mit der Idee eines baldigen bayerischen Angriffs angefreundet. Aus seiner Sicht fiel den bayerischen Truppen „eine ähnliche Rolle [zu] wie jene der schlesischen Armee unter Blücher im Jahre 1813 [...]: ein Ausweichen und Wiedervorgehen." Falls sich die Lagebeurteilung bestätigen sollte, visierte er für den 18. oder 19. August einen begrenzten Angriff nach Lothringen hinein an.[216]

Entstehung des Angriffsentschlusses

Um zu einem Verständnis der Entscheidung zu gelangen, die zur „Schlacht in Lothringen" führte, muss man sich die Stimmungslage innerhalb der Führung der 6. Armee vor Augen führen. Armee-Oberbefehlshaber Kronprinz Rupprecht plädierte für eine offensive Lösung der gestellten Aufgabe und wollte

---

213 Müller: Krafft von Dellmensingen. S. 324.
214 Zur Person: Gerhard Tappen (*1866 †1953); 1914 Chef der Aufmarschabteilung, ab August Chef der Operationsabteilung im Generalstab des Feldheeres; 1916 Chef des Generalstabs der Heeresgruppe Mackensen, 1917 Kommandeur der 5. Ersatz-Division, ab September Kommandeur der 15. Division.
215 Müller: Krafft von Dellmensingen. S. 325f.
216 Damit bezog er sich auf die Schlacht an der Katzbach vom 26. Oktober 1813, als die Schlesische Armee unter Leitung des preußischen Generals Blücher eine französische Streitmacht im Rahmen der Befreiungskriege vernichtend schlug; BayHStA, GHA: NL Kronprinz Rupprecht, A 699, Eintrag vom 16. August 1914.

nicht länger zuwarten. Auch meinte er zu erkennen, welche „misslichen Wir-
kungen jede rückgängige Bewegung auf die Nerven der Truppe"[217] ausübe.
Der erste Generalstabsoffizier im Oberkommando, Mertz von Quirnheim, zuvor
noch skeptisch, schlug am 16. August ebenfalls einen Angriff vor. Generalstabschef Krafft von Dellmensingen schließlich setzte sich für eine begrenzte
Offensive ein. Damit könne wertvolle Zeit gewonnen werden für die Offensive
der deutschen Hauptkräfte im Norden und der Gegner gleichsam am Abzug
gehindert werden. Erneut stellte sich heraus, dass die OHL alles andere als
hilfreich war, als es um die Entscheidungsfindung ging. Eine erneute Weisung
der Heeresleitung ging am Abend des 16. August ein und führte wiederum
nur zu Verwirrung. Aufgabe der 6. und 7. Armee sei es, die linke Flanke des
deutschen Heeres zu decken, ansonsten sei nach der Aufmarschanweisung zu
verfahren. Damit stand das AOK 6 wieder da, wo es schon zwei Wochen zuvor
gewesen war: Man sah mehrere Handlungsmöglichkeiten vor sich, war aber
völlig vom Verhalten des Gegners abhängig.[218]
Am Abend des 17. August traf der von der OHL entsandte Oberstleutnant von
Dommes[219] in Hellimer ein. Dieser erläuterte, dass der 6. und 7. Armee „zwar
etwas überlegene Kräfte [...] gegenüber [stünden], dass aber die Franzosen
im Begriffe seien, ihren nördlichen Flügel zu verstärken." Von einem weiteren
Zurückgehen rate die OHL nun ab, „vielmehr bestehe jetzt die Aufgabe der 6.
und 7. Armee darin, in Anlehnung an die Niedstellung und Metz ein Vordringen des Gegners gegen die übrigen Armeen aufzuhalten." Der bayerische
Kronprinz und auch sein Generalstabschef hegten „ schwere Bedenken gegen
die [ihnen] aufgetragene Lösung [ihrer] Aufgabe". Rupprecht forderte freie
Hand, obgleich er zugab, dass „eine Offensive insoferne keine allzu großen

---

217 BayHStA, GHA: NL Kronprinz Rupprecht, A 699, Eintrag vom 16. August 1914.
218 Storz: Stellungs- und Festungskrieg. S. 176.
219 Zur Person: Wilhelm von Dommes (*1867 †1959): Oberstleutnant und Chef der
     Politischen Abteilung der OHL. Ab Ende Oktober 1914 mehrere Verwendungen als
     Generalstabschef an West- und Ostfront sowie in Palästina; 1918 Generalmajor
     und Kommandierender General an der Westfront und im Grenzschutz Ost.

Erfolge verspreche, als sie hauptsächlich frontal ausgeführt werden müsste."[220]

Oberstleutnant Dommes lenkte schließlich ein, denn „ein Sieg sei ja jederzeit willkommen", gab andererseits „die feindliche Überlegenheit zu bedenken" und warnte davor, „dem Gegner zu folgen, wenn er sich auf seine befestigten Stellungen zurückzöge." Dort könnten „unter großen Opfern nur geringe Erfolge" erzielt werden. Rupprecht jedoch lag „gerade ein solches Verfahren" fern. Er wies den gesandten Offizier scharf darauf hin, dass „ein fortgesetztes Zurückgehen den Angriffsgeist der Truppe schädige und ein fortgesetztes Ändern der Befehle deren Vertrauen zur höheren Führung untergrabe." Er sah außerdem die Unmöglichkeit des Haltens rückwärtiger Stellungen an den Flüssen Nied und Breusch,[221] falls seine Truppen noch weiter zurückweichen mussten. Der Kronprinz insistierte ungehalten, er werde aus freien Stücken jedenfalls kein Zurückgehen in die Niedstellung befehlen. Wenn die Heeresleitung nicht „einen bestimmten gegenteiligen Befehl" schicke, würde er angreifen: „Entweder man lässt mich handeln oder man erteile mir bestimmte Befehle!"[222]

Als Dommes schließlich verunsichert abreiste, hatte er es in keiner Weise vermocht, die Armeeführung in Hellimer vom Angriffsgedanken abzubringen, vielmehr hatte er die Entscheidung ausdrücklich in deren Hände gelegt. Es gehörte zu den üblichen Kommunikationsmitteln der OHL im Sommer 1914, reisende Offiziere wie Dommes einzusetzen, um die untergeordneten Verbände zu leiten. In diesem Fall allerdings war das Ergebnis dieser Mission sowohl für die OHL als auch für das AOK in Hellimer unerfreulich. Eine Übereinstim-

---

220 Seiner Meinung nach sollten 6. und 7. Armee „versuchen, unter der Entwicklung starker Artillerie und dem Einsatze von mindestens 7 schweren Bataillonen [...] mit starker Mitte frontal vorzustoßen." Ein solcher Vorstoß sei erfolgversprechend, allerdings aber nur in einem begrenzten Rahmen denkbar. Die Truppen dürften in diesem Fall „höchstens bis gegen die Linie der Meurthe (oberhalb von Lunéville)" vorgehen. Ansonsten sah Rupprecht die Gefahr, sich an den französischen Befestigungen vor Nancy festzurennen. Vgl. BayHStA, GHA: NL Kronprinz Rupprecht, A 699, Eintrag vom 17. August 1914.

221 Nied und Breusch (heute: Bruche) lagen, südlich von Metz und westlich von Straßburg, etwa an der deutsch-französischen Grenze.

222 BayHStA, GHA: NL Kronprinz Rupprecht, A 699, Eintrag vom 17. August 1914.

mung über das weitere Vorgehen konnte nicht erzielt werden, allerdings schreckte die Heeresleitung zugleich davor zurück, ihre Überzeugung auf dem Befehlsweg durchzusetzen. Man war sich in der OHL, die sich nunmehr in Koblenz befand, genauso unsicher bei der Beurteilung der Lage wie das AOK des bayerischen Kronprinzen.[223]

Aus dieser Unsicherheit heraus telefonierte Krafft am folgenden Tag noch einmal mit der OHL. Sein Gesprächspartner war diesmal Generalquartiermeister Herrmann von Stein.[224] Dieser soll barsch entgegnet haben, Krafft und Rupprecht „sollten machen, was [sie] wollen."[225] Es schien beinahe, als sehe man im Großen Hauptquartier gespannt zu, wie sich die örtliche Führung entscheiden werde. Ein Bericht des bayerischen Militärbeauftragten bei der OHL weist ebenfalls in diese Richtung: „Man nimmt hier an, dass der Kronpr[inz] seine Aufgabe offensiv löst, man hofft dabei allerdings im Stillen, dass die Führernerven es zulassen, den Feind auf Saarburg hereinzulassen, um ihn dann zwischen zwei Fronten zu erdrücken."[226]

In Saarburg befanden sich die Franzosen allerdings zu diesem Zeitpunkt bereits, was man in der OHL nur noch nicht wusste! Die Heeresleitung kam ihrer Pflicht als zuständige Befehlsbehörde schlichtweg nicht nach, indem sie sich einfach aus der Angelegenheit heraushielt. Vielmehr wies man jegliche Verantwortung von sich und sah zu, wie das AOK 6 in Hellimer wohl entscheiden werde. Ein Angriffsverbot seitens der Heeresleitung gab es jedenfalls nicht. Auch lag eine offensive Lösung der Aufgabe der 6. Armee voll im Rahmen der Aufmarschanweisung. Das AOK des bayerischen Kronprinzen war bei seiner Entscheidung schlicht und ergreifend allein gelassen worden.[227] Obwohl am Vorabend der Schlacht in Lothringen noch immer „über die Gesamtstärke des Feindes […] Unklarheit" herrschte, wurde der „Entschluss zum Angriff am 20.

---

223 Storz: Stellungs- und Festungskrieg. S. 177.
224 Zur Person: Hermann von Stein (*1854 †1927): General der Artillerie; August/ September 1914 Generalquartiermeister in der OHL; 1914-1916 Kommandierender General des XIV. Reservekorps; 1916-1918 preußischer Kriegsminister.
225 BayHStA, GHA: NL Kronprinz Rupprecht, A 699, Eintrag vom 18. August 1914.
226 BayHStA, KA: NL Krafft, Nr. 187, Bericht von Wenningers vom 19. August 1914.
227 Storz: Stellungs- und Festungskrieg. S. 177f.

von den Unterführern freudigst begrüßt", wie das Kriegstagebuch des AOK 6 vermerkte.[228]

Die Schlacht in Lothringen und deren Rezeption

Nach dem Telefonat mit Generalquartiermeister von Stein am Nachmittag des 18. August waren beim AOK 6 endgültig die Würfel für einen begrenzten Angriff gefallen. Auch der Termin stand mit dem 20. August fest: „Heute und morgen heißt es sich noch gedulden, aber dann! Wir ziehen was wir können an Truppen heran", notierte der Prinz in sein Tagebuch.[229] Nachdem am Tag vor der Offensive weitere Artillerie sowie Besatzung der Festung Germersheim zur Unterstützung eintraf, wandelte sich die Anspannung bei Kronprinz Rupprecht allmählich in nervöse Ungeduld: „Für keine Schlacht war jemals eine solche Anzahl von schweren Geschützen zusammengezogen worden wie für die morgige." Um 19 Uhr erließ Rupprecht den Befehl zum Angriff für den nächsten Morgen[230] und schrieb vorfreudig an den Vater: „Morgen hoffe ich, den Franzosen einen gehörigen Schlag zu versetzen, die Vorbereitungen sind bereits getroffen."[231]

Stellenweise waren die Franzosen trotz ihres langsamen Vorgehens bis 40 Kilometer ins Reichgebiet eingedrungen, hatten dabei Château-Salins, Dieuze, Saarburg sowie auch Mülhausen eingenommen. Nach diesen relativ einfachen Anfangserfolgen wurde man auch im Hauptquartier der 2. französischen Armee mutiger. Für die Nacht vom 19. auf den 20. August sollte ein großer französischer Angriff erfolgen, um in den Rücken der bayerischen Truppen vorzustoßen.[232]

Der Tag der ersten großen Schlacht des Ersten Weltkrieges begann für den bayerischen Kronprinzen früh. Um halb sieben Uhr morgens begab er sich in Begleitung seines Stabes am 20. August zur Gefechtsstelle im Schulhaus von

---

228 BayHStA, KA: AOK 6, Bund 1, Eintrag im Kriegstagebuch vom 19. August 1914.
229 BayHStA, GHA: NL Kronprinz Rupprecht, A 699, Eintrag vom 18. August 1914.
230 Ebd., Eintrag vom 19. August 1914.
231 BayHStA, GHA: NL König Ludwig III., Nr. 59, Rupprecht an Ludwig III. vom 19. August 1914.
232 Keegan: Der Erste Weltkrieg. S. 139.

Hellimer. Eine halbe Stunde später trafen dort die ersten Meldungen von der Front ein.[233] Die deutsche Offensive brach frontal los und traf dabei auf die gleichsam vorrückenden französischen Truppen. Es trafen also zwei Offensiven die krachend aufeinander. Eine ungestüme Begegnungsschlacht entwickelte sich infolgedessen, die sich aufgrund der Geländebeschaffenheit in eine ganze Reihe von Gruppenkämpfen aufteilte.[234]

Der Nachtangriff der Franzosen wurde von den Bayern gestoppt, bevor er richtig begonnen hatte. Auf der ganzen lothringischen Front griffen alle acht Armeekorps des bayerischen Kronprinzen an. Die deutsche Artillerie fügte den französischen Truppen bereits früh so starke Verluste zu, dass diese großteils ihre Stellungen aufgeben mussten.[235] Die zunächst spärlich in Hellimer eintreffenden Nachrichten ließen das Geschehen wie einen Film vor den Augen des AOK ablaufen. Der Kronprinz stellte am Abend fest, der Gegner sei „offenbar durch den Angriff des III. b[ayerischen] A[rmee] K[orps] völlig überrascht" worden. Auch das Ausmaß der Schlacht kam in Hellimer bald ans Licht.[236]

Bereits am Nachmittag des 20. August musste der Befehlshaber der 2. französischen Armee den Rückzug hinter die Grenze anordnen, am nächsten Tag schloss sich die 1. französische Armee an. Dort konnten sie sich in die starken Befestigungen vor Nancy zurückziehen und Luft schnappen. Für den französischen Oberbefehlshaber Joffre kamen die schlechten Nachrichten aus Lothringen vollkommen überraschend. Die französische 2. Armee war so schwer getroffen, dass sie am 21. August meldete, sie benötige 48 Stunden zur Wiederherstellung ihrer Operationsbereitschaft.[237]

Beinahe wäre die 2. französische Armee von beiden Seiten umfasst worden, was mit ziemlicher Sicherheit für das gesamte französische Heer zu einer kaum wieder gutzumachenden Katastrophe geführt hätte. Hinter der Meurthe konnten sich die Franzosen allerdings in starke Befestigungen zurückziehen,

---

233 BayHStA, GHA: NL Kronprinz Rupprecht, A 699, Eintrag vom 20. August 1914.
234 Die vielen Waldgebiete und Hügellandschaften in den Nordvogesen und Lothringen trennten die zusammenhängende Offensivaktion in viele kleinere Gefechte; Storz: Stellungs- und Festungskrieg. S. 179.
235 Keegan: Der Erste Weltkrieg. S. 140.
236 BayHStA, GHA: NL Kronprinz Rupprecht, A 699, Eintrag vom 20. August 1914.
237 Storz: Stellungs- und Festungskrieg. S. 179.

die auf dem hohen Gelände des Grand Couronné bei Nancy Schutz vor weiteren deutschen Angriffen versprachen.[238] Im AOK 6 war man sich aufgrund der immer noch miserablen Nachrichtenverbindungen und der unklaren Feindlage nur über eines klar: Die Schlacht war noch nicht beendet.[239]

Die Zwischenziele wurden absichtlich kurz gesteckt, der bayerische Armeeführer warnte zugleich vor „einem Anrennen an befestigten Stellungen." Erst im Laufe des 21. August wurde deutlich, dass die „Niederlage des Gegners [...] eine große [war] und [...] hätte vernichtend werden können."[240] Krafft konstatierte, der Gegner müsse „einen panischen Schrecken bekommen haben, dass er gleich so weit lief."[241]

Im nunmehrigen Wissen, einen bedeutenden Erfolg erzielt zu haben, begab sich Kronprinz Rupprecht mit seinem Stab am späten Nachmittag nach Dieuze, dem neuen Armeehauptquartier, und fuhr dabei über das Schlachtfeld des Vortages, um sich selbst ein Bild zu machen. Dort hatten zwar bereits die „Aufräumarbeiten" begonnen, es war dabei aber „vorerst fast nur möglich gewesen, die Verwundeten zu entfernen, während die Toten noch großenteils umher lagen."[242] Vor allem bestürzte ihn, wie die „Franzosen in dichten Reihen niedergemäht [lagen], im Tode weithin kenntlich an ihren roten Hosen."[243]

---

238 Wenn es nötig gewesen wäre, hätte General Castelnau seine 2. französische Armee sogar bis an die Mosel oder in Richtung Epinal zurückfallen lassen, um die Verbindung mit seinen Nachbararmeen wiederherzustellen. Vgl. Keegan: Der Erste Weltkrieg. S. 140; Strachan: The First World War. S. 213-216; Reichsarchiv: Der Weltkrieg. Erster Band. S. 263-302.
239 Müller: Krafft von Dellmensingen. S. 336.
240 BayHStA, GHA: NL Kronprinz Rupprecht, A 699, Eintrag vom 21. August 1914.
241 BayHStA, KA: NL Krafft, Nr. 145, Eintrag vom 21. August 1914; Die Zeitung Le Matin beschrieb am 24. August den Zustand der sich zurückziehenden Truppen der 2. französischen Armee folgendermaßen: „Kompanien und Bataillone zogen in kaum zu beschreibender Unordnung vorbei. Zwischen den Soldaten liefen Frauen, die Kinder auf dem Arm trugen oder Handwagen zogen. Junge Mädchen im Sonntagsstaat, alte Leute, die die merkwürdigsten Sachen mit sich schleppten. Man hatte den Eindruck, dass die Disziplin restlos zusammengebrochen war." Vgl. Rocolle, Pierre: L'hécatombe des généraux. Paris, 1980. S. 98. Zit. nach Strachan: Der Erste Weltkrieg. S. 77.
242 BayHStA, GHA: NL Kronprinz Rupprecht, A 699, Eintrag vom 21. August 1914.
243 BayHStA, GHA: NL König Ludwig III., Nr. 59, Rupprecht an Ludwig III. vom 22. August 1914.

Die beiden Armeen unter des Kronprinzen Oberbefehl leiteten nun die Verfolgung der Gegner ein, um den Erfolg maximal auszunützen. Rupprecht konnte auch am 22. August „einstweilen den Truppen noch keine Ruhe gewähren", da „zur Vollendung des Siegs und zur Ersparung weiterer Opfer an Blut die Verfolgung mit vollstem Nachdrucke und unerbittlicher Energie" durchgeführt werden müsse.[244] Bis zum Abend dieses Tages erreichte die 6. Armee Lunéville und die 7. Armee die Linie Blâmont-Schirmeck. Nur eine Lücke klaffte in der Front, das französische Sperrfort Manonviller, dessen Beschießung durch schwere Artillerie vom bayerischen AOK befohlen wurde. Außerdem kämpfte die 7. Armee weiterhin verlustreich um einige Höhenkämme in den Vogesen, daher wurde ihr das bayerische Reservekorps zur Unterstützung zugewiesen. Alles in allem sah es danach aus, dass die Schlacht in Lothringen für die Truppen des bayerischen Oberbefehlshabers mehr als erfolgreich geschlagen und zu Ende gegangen war. Nun stellte sich erneut die Frage, wie es weitergehen sollte. Im AOK 6 plante man, die eigenen Truppen spätestens an der Meurthe anzuhalten.[245]

Bei der OHL erwies sich jedoch die Versuchung, den Erfolg der Schlacht in Lothringen weiter auszunutzen, als unwiderstehlich. Dies hatte durchaus gute Gründe. Falls die französischen Linien an irgendeinem südlichen Frontabschnitt eingebrochen wären – gleichgültig ob bei Verdun, Toul oder Nancy – wäre auch im Norden der Front die Schlacht für Frankreich verloren gewesen. Moltke wollte den Sieg, wo er ihn bekommen konnte und nicht, wo es ein großer strategischer Plan vorschrieb.[246] Dazu ließ die OHL auf der ganzen Front angreifen. Nördlich der Geschehnisse in Lothringen schickten sich die 5. deutsche Armee unter dem Oberbefehl des deutschen Kronprinzen sowie die

---

244 BayHStA, GHA: NL König Ludwig III., Nr. 59, Rupprecht an Ludwig III. vom 22. August 1914.

245 Kronprinz Rupprecht war „aus den verschiedensten Gründen für den Abbruch der Verfolgung" des Gegners am 22. August. Vor allem sollte „ein Anrennen an die französischen permanenten Befestigungen" vermieden werden. Dann musste seiner Meinung nach fürs Erste „abgewartet werden, ob man [der 6. Armee] nicht [...] am rechten Heeresflügel bedürfe". Vgl. BayHStA, GHA: NL Kronprinz Rupprecht, A 699, Eintrag vom 23. August 1914; ebenso Müller: Krafft von Dellmensingen. S. 338.

246 Strachan: Der Erste Weltkrieg. S. 81.

4. deutsche Armee unter Herzog Albrecht von Württemberg an, nach der 6. und 7. Armee ebenfalls zum Angriff überzugehen. Da diese Angriffe zunächst ebenfalls von Erfolg gekrönt waren, bedeutete dies nichts Anderes, als dass sich nunmehr das gesamte französische Heer auf dem Rückmarsch befand.[247] Auch wenn die Heeresleitung den Angriff der 6. Armee nicht ausdrücklich befohlen hatte, war er durchaus in ihrem Sinne. Umso klarer wird der Hintergedanke des Moltkeplans, auch auf dem linken Flügel offensiv zu werden, wenn man die direkten Reaktionen der deutschen Führung in jenen Tagen betrachtet.[248] Bei der OHL in Koblenz war man nämlich am 21. August weit davon entfernt, der Führung der 6. Armee einen Vorwurf wegen der Offensive zu machen. Generaloberst von Moltke versammelte spätabends im Hotel Monopol in Koblenz die Offiziere des Generalstabes und gab tief bewegt Kunde vom „großen Sieg" der 6. und 7. Armee in Lothringen, den er auch für sich in Anspruch nahm. Der Chef des Feldeisenbahnwesens in der OHL, Wilhelm Groener, urteilte später über Moltke: „Es war *sein* Sieg, den er in den letzten Jahren bei Kriegsspielen und Generalstabsreisen sich zurechtgelegt hatte."[249] Kronprinz Rupprecht wurde zugetragen, „Moltke und [...] Falkenhayn seien durch die Nachricht von unserem Erfolge [...] zu Tränen gerührt gewesen und hätten die Berichte meines Stabschefs als die besten von sämtlichen Armeen eingegangenen gerühmt."[250] Bereits am Mittag des 21. August war ein Fernspruch aus Koblenz eingegangen, in welchem Kaiser Wilhelm II. dem bayerischen Kronprinzen seinen „Dank für die schöne Meldung von der Bravour und

---

247 Keegan: Der Erste Weltkrieg. S. 141-143.
248 Strachan: The First World War. S. 244.
249 Groener: Testament des Grafen Schlieffen. S. 35; Der kaiserliche Generaladjutant Georg v. Plessen notierte über Moltkes Lagevortrag am 22. August 1914: „Beim Vortrag bei Moltke stellt sich der Sieg bei Dieuze als eine sehr große Sache immer mehr heraus. Zu einem Besuch – deshalb – bei der 6. und 7. Armee ist der Moment noch nicht gekommen." Vgl. Das Plessen-Tagebuch Juli 1914 – November 1918 sowie ausgewählte Korrespondenz Plessens. Abgedruckt in: Afflerbach, Holger: Kaiser Wilhelm II. als Oberster Kriegsherr im Ersten Weltkrieg. Quellen aus der militärischen Umgebung des Kaisers 1914-1918. München, 2005. S. 639-954. Hier: S. 645.
250 BayHStA, GHA: NL Kronprinz Rupprecht, A 699, Eintrag vom 23. August 1914.

den Erfolgen seiner tapferen Truppen" aussprach.[251] Ludwig III. erfuhr durch den Kaiser vom Sieg der bayerischen Truppen unter dem Oberbefehl seines Sohnes. Mitten in der Nacht noch gratulierte er jenem „von ganzem Herzen" und sandte seiner „braven Armee [seine] wärmste Anerkennung und [seinen] Gruß."[252] Königin Marie Therese versäumte es nicht, ihren Sohn zu beglückwünschen. Sie berichtete ihm, nicht nur „hier in Bayern ist die Freude, der Stolz groß, auch aus Österreich höre ich, wie sich Alles freut und deine kühne Waffentat bewundert. [...] Du bist in aller Munde und es tut meinem Mutterherzen so wohl zu sehen, wie man dich endlich voll anerkennt."[253]

Die deutschen und österreichischen Tageszeitungen stimmten in einen grenzenlosen Jubel ein. Vor allem in der bayerischen Heimat des Armeeführers war die Freude über den Sieg in Lothringen groß. Die Siegesnachricht verbreitete sich rasch und wurde euphorisch aufgenommen. Der Wolff'sche Pressenachrichtendienst verbreitete unter dem Titel „Großer deutscher Sieg bei Metz – Viele Tausende Gefangene" folgende Meldung: „Der Große Generalstab teilt mit: Unter Führung des Kronprinzen von Bayern erkämpften Truppen aller deutschen Stämme gestern in Schlachten zwischen Metz und den Vogesen einen Sieg. Der mit starken Kräften in Lothringen vordringende Feind wurde auf der ganzen Linie unter schweren Verlusten geworfen. Es wurden viele Tausend Gefangene gemacht und dem Feinde zahlreiche Geschütze abgenommen." Die „Münchner Zeitung", „Bayerische Staatszeitung" und „Münchner Post" berichteten umfangreich über den ersten Schlachtenerfolg. Zum bis

---

251 Ebd., A 419, Abschrift eines Fernspruchs aus Koblenz an das AOK 6, aufgenommen am 21.8.1914 um 1 Uhr 3 Minuten nachmittags durch Kapfer.

252 Ebd., A 419, Telegramm Ludwigs III. an Rupprecht vom 22.8.1914 um 2.20 vorm.; In den Siegesjubel fiel allerdings auch die für den Kronprinzen schreckliche Nachricht vom Tod seines ältesten Sohnes am 27. August. Rupprecht konnte aufgrund seiner Verpflichtungen nicht einmal zu dessen Beisetzung in der Theatinergruft fahren; vgl. Aretin: Kronprinz Rupprecht. S. 18.

253 Brief der Königin Marie Therese an Kronprinz Rupprecht. München, 26.8.1914. BayHStA, GHA. NL Kronprinz Rupprecht, Nr. 6.

dato weithin unbekannten bayerischen Kronprinzen wurden etliche biografische Artikel veröffentlicht.[254]

Im Gefolge des Sieges stieg Rupprecht zu einem bayerischen ‚Nationalhelden‘ auf und brachte es zu reichsweiter Bekanntheit als Heeresführer. In etlichen Städten wurden ihm hölzerne Denkmäler errichtet. In diese schlugen Bürger geschmiedete Nägel ein, um ihren Kampfgeist zur Schau zu stellen. Zwar verblasste dieser Kult nach wenigen Monaten, aber die Popularität des Kronprinzen blieb vor allem in dessen engerer Heimat ungebrochen.[255] Massenhaft erreichten das königliche Kabinett Huldigungskarten aus dem Feld, mit denen die Treue zum Herrscherhaus bekundet wurde.[256] Adolf von Hildebrand sprach vielen Landsleuten vermutlich aus der Seele, als er an die Front schrieb: „Liebe Königliche Hoheit, wir jubeln Ihnen alle freudigst zu: veni, vidi, vici! Was wird jetzt noch alles kommen?"[257]

Der Angriff der 6. und 7. Armee am 20. August erfuhr erst in späteren Jahren ein erhebliches Maß an Kritik. So wurde dem AOK 6 vorgeworfen, die günstige Gelegenheit einer Umfassungsschlacht nicht genutzt zu haben.[258]

---

254 Bayerische Staatszeitung, Münchner Post, Fremdenblatt, Münchner Zeitung, alle 22. August 1914. BayHStA, GHA. Presseausschnittsammlung der Königin Marie Therese. Bd. XXXIV.

255 Vgl. Glaser, Hubert: Ludwig III. König von Bayern. Skizzen aus seiner Lebensgeschichte. Katalog zur Ausstellung in Wildenwart. Hrsg. von Max Oppel. Prien am Chiemsee, 1995. S. 41.

256 Zu diesem Zweck kursierten bereits vorgedruckte Postkarten der Kunstanstalt C. Andelfinger & Cie. aus München, die ein Gedicht von E. v. Destouches zitierten: „Es drängt sich um der Wittelsbacher Thron/ In Jubel heut das treue Volk der Bayern" Vgl. die aus dem Feld gesendeten Huldigungskarten an das Kabinett. Königliche Kundgebungen zu Beginn und während des 1. Weltkrieges. BayHStA, GHA. Kabinettsakten König Ludwigs III., Nr. 71.

257 Ebd., A 299, Hildebrand an Rupprecht vom 21. August 1914.

258 Dass der Sieg ‚nur' frontal und damit ‚ordinär' war, dass also keine Umfassung der französischen Truppen geglückt war, galt vor allem den Anhängern der Schlieffendoktrin als Kritikpunkt. Diesen konterte der Kronprinz 1924 in einem Brief an Krafft: „Mit dem Worte Cannae [werde] in der neuesten Militärliteratur viel Unfug getrieben; man [könne] nur in den seltensten Fällen eine Vernichtungsschlacht erzielen." Wesentliche Vorbedingung dazu sei eine völlige Operationsfreiheit. Kronprinz Rupprecht resümierte: „Diese besaßen wir nicht, nur eine beschränkte. Ist eine Vernichtungsschlacht nicht möglich, muss man sich eben mit bescheideneren Erfolgen zufrieden geben, jedenfalls aber versuchen, dem Gegner möglichsten Abbruch zu tun." BayHStA, KA: NL Krafft, Nr. 195, Rupprecht

Die Entfaltung des Moltkeplanes

Die deutschen Truppen hatten in den ersten drei Kriegswochen am südlichen Frontabschnitt bedeutende Siege errungen. Auch im Norden der Front kam es nun zu den erwarteten großen Operationen, die der Moltkeplan vorgesehen hatte. Nach der Einnahme Lüttichs, dem Rückzug des belgischen Heeres nach Antwerpen und dem anschließenden Fall von Namur war der Weg frei für die deutschen Armeen, die durch Belgien unaufhaltsam in Richtung Nordfrankreich marschierten. Allgemein wurde erwartet, dass der starke rechte deutsche Heeresflügel den Schlieffen'schen Traum von einem nur sechswöchigen Krieg Realität werden lasse.[259]

Am 23. August gegen drei Uhr morgens wurde der Generalstabschef der 6. Armee ans Telefon gerufen, um persönlich eine neue Aufgabe für seine Truppen in Empfang zu nehmen. Entgegen Kraffts bisherigen Erwartungen sollte nun die Verfolgung in Lothringen nicht nur fortgesetzt werden, sondern Moltke verlangte desgleichen, dass die Meurthe und die Mosel überschritten und der Gegner dabei vom Festungsraum Épinal abgedrängt werde.[260] Obwohl der eventuelle Moselübergang der 6. Armee bereits in der Aufmarschanweisung angedeutet war, hatten nicht alle Beteiligten begriffen, dass dies nicht im Sinne des klassischen Schlieffenplans sein konnte. Der Moltkeplan zielte zwar ebenso wie letzterer auf eine Umfassung am rechten deutschen Heeresflügel, gleichzeitig aber sollte der Durchbruch am linken Flügel erzwungen werden.

Krafft war mehr als erstaunt über die Weisungen aus dem Großen Hauptquartier. Für ihn bedeuteten die Pläne der OHL „ein folgenschweres Abirren von dem großen Schlieffen'schen Operationsgedanken."[261] Nach den Auseinander-

---

an Krafft vom 20. Juli 1924; vgl. Pöhlmann: Kriegsgeschichte und Geschichtspolitik. S. 289.

259 Keegan: Der Erste Weltkrieg. S. 144.

260 Nach dem Krieg waren Stimmen laut geworden, die meinten, nach der Schlacht vom 20. August wäre es entschieden besser gewesen, die deutschen Kräfte in den Reichslanden abzubauen und mit der Eisenbahn dem Schwenkungsflügel zuzuführen. Allerdings hatten diese Überlegungen im August 1914 keine nennenswerte Rolle gespielt. Vgl. Storz: Stellungs- und Festungskrieg. S. 181; Müller: Krafft von Dellmensingen. S. 339f.

261 BayHStA, GHA: NL Kronprinz Rupprecht, A 699, Äußerung Kraffts beim Eintrag vom 22. August 1914.

setzungen des AOK 6 mit der OHL in den Tagen vor der Schlacht in Lothringen am 20. August sollte es nun allerdings tunlichst vermieden werden, erneut in Konflikt mit dem Großen Hauptquartier zu geraten. Diesmal – das spielte sicher auch eine entscheidende Rolle – tat sich der Wille der OHL in Befehlsform kund und nicht als vage Anweisung.[262]

Daher regte sich nun kaum Widerstand im AOK des bayerischen Kronprinzen. Dieser selbst zürnte zwar über die von der Heeresleitung entsandten Verbindungsoffiziere Bauer[263] und von Redern[264], welche ihn offenbar in beleidigender „Weise zur Fortsetzung der Verfolgung gedrängt" hatten. Ihm erschien es, als ob dabei der „unbegründete Vorwurf der Energielosigkeit" bei den beiden Emissären herausklang. Dies kränkte ihn, denn er selbst war es schließlich gewesen, der am 20. August „allen Bedenken der Heeresleitung zum Trotz angegriffen hatte!"[265] Diesmal aber begehrte das AOK 6 gegen die Anordnung zur Offensive nicht auf und machte sich sofort daran, die Weisungen aus dem Großen Hauptquartier durchzusetzen.[266]

Allerdings begann sich in Lothringen zu diesem Zeitpunkt schon der französische Widerstand zu verstärken und die Hoffnungen der OHL auf einen raschen Fortschritt erschienen mehr als unbegründet. Der Auftrag lautete „Verfolgung" und dies bedeutete das Vorrücken der 6. und 7. Armee entlang den französischen Festungen in Richtung Süden, was den Gegnern ideale Ausfallmöglichkeiten eröffnete. Daher musste diese Flanke stark gesichert werden. Allerdings erschien das angesichts der geringen Truppenstärke aussichtslos. Hinzu kam eine allgemeine Erschöpfung der Truppen und so schleppte sich die „Verfolgung" nach tagelangen ununterbrochenen Kämpfen kraft- und schwunglos weiter ins französische Gebiet hinein.[267] Moltke präzisierte seine

---

262 Storz: Stellungs- und Festungskrieg. S. 181.
263 Zur Person: Max Bauer (*1875 †1929); 1914 Major und Artilleriereferent der OHL; 1915 Chef der Abteilung I der OHL; ab 1916 Oberst und einflussreiche „rechte Hand" Ludendorffs in der 3. OHL.
264 Zur Person: Erich von Redern (*1861 †1937); 1914 Oberquartiermeister der OHL; 1915 Kommandeur der 80. Reservedivision; 1917 Kommandierender General des Generalkommandos 59.
265 BayHStA, GHA: NL Kronprinz Rupprecht, A 699, Eintrag vom 23. August 1914.
266 Müller: Krafft von Dellmensingen. S. 340f.
267 Storz: Stellungs- und Festungskrieg. S. 182.

Angriffspläne, indem er den ohnehin kaum erfüllbaren Verfolgungsauftrag der 6. Armee über Meurthe und Mosel hinweg erweiterte.[268]

Die 6. Armee solle „mit [der] 7. Armee und [dem] H[öheren] K[avallerie] K[ommandeur] 3 [...] zunächst im Anschluss an Metz ein Vordringen des Gegners in Lothringen und das Oberelsass" abwehren. Zudem werde auch die „Festung Metz [...] der 6. Armee unterstellt." Für den Fall, dass der Gegner zurückgehe, bekam die 6. Armee den Befehl, „mit unterstelltem H[öheren] K[avallerie] K[ommandeur] 3 die Mosel zwischen Toul und Épinal" zu über- schreiten und „die allgemeine Richtung auf Neufchateau" zu nehmen. Die Festungen Nancy und Toul seien dabei „abzuschliessen, gegen Épinal [sei] ausreichend zu sichern."[269]

Dieser Durchbruch durch die so genannte „Lücke von Charmes"[270] hatte zur Konsequenz, dass die 6. Armee über die obere Mosel vorrücken sollte, um schließlich die gegnerische Nordfront von der Flanke her anzugreifen. Was auf dem Papier wie eine logische Fortsetzung des Verfolgungsauftrags aussieht, war etwas, was zuvor in der Aufmarschanweisung noch nicht vorgesehen, wohl aber Teil von Moltkes geheimem Operationsplan gewesen war. Moltke plante, die beiden Armeen unter Rupprechts Oberbefehl zu einem Zangenarm zu machen, der aus südlicher Richtung – zeitgleich mit den nördlichen deut- schen Armeen, die schon fast an der Marne standen – auf Paris zuschwenken sollte und die französischen Truppen in einer gewaltigen Umfassungsschlacht vernichten sollte![271]

Im Frühjahr 1915 bestätigte Moltke diese von der Aufmarschanweisung – welche ohnehin nur eine zeitlich begrenzte Gültigkeit haben sollte – abwei- chende Absicht. Neben den Operationen der 1. bis 5. Armee am Nordflügel

---

268 Müller: Krafft von Dellmensingen. S. 345.
269 BayHStA, GHA: NL Kronprinz Rupprecht, A 477, Allgemeine Anweisung der OHL vom 27. August an die 1. bis 7. Armee für den Fortgang der Operationen (Ab- schrift).
270 Diese auf das kleine lothringische Städtchen Charmes bezogene Bezeichnung benennt die Schwachstelle der französischen Festungsfront, welche sich halbwegs zwischen den großen Bollwerken Toul und Épinal befand. Dort sollte der Durch- bruch der 6. Armee erfolgen. Vgl. Storz: Stellungs- und Festungskrieg. S. 184.
271 Müller: Krafft von Dellmensingen. S. 345f.

„sollten die 6. und 7. Armee zwischen Nancy und Épinal die Maas[272] über-
schreiten, um südlich Verdun den Anschluss an die 5. Armee wiederzugewin-
nen."[273]

In der Tat war dem AOK 6 genau dies durch die OHL aufgetragen worden. In
des Kronprinzen Tagebuchaufzeichnungen findet sich am 25. August 1914 der
alle Zweifel ausräumende Vermerk: „Um 9 Uhr abends kam der aus Coblenz
von der OHL zu uns entsendete M[a]j[o]r von Redern und übermittelte uns
den Auftrag, zwischen Épinal und Toul mit der 6. Armee durchzustoßen, um
hinter Toul eine Vereinigung mit der 5. Armee zu erstreben."[274]

Moltkes Ziel war ein „Super-Cannae." Eine doppelte Umfassung der französischen Armee schien aus seiner Sicht im Bereich des Möglichen. Der Fall der
belgischen Festung Lüttich hatte gezeigt, dass die gegnerischen Bastionen
nicht unüberwindbar waren. Sechseinhalb Ersatzdivisionen wurden zur Verstärkung an den linken Flügel verschoben, die eigentlich als letzte Reserve für
den rechten Flügel zurückgehalten worden waren. Der Durchbruch durch die
Festungsfront in Lothringen sollte den Triumph vollständig machen.[275] Schon
zu diesem Zeitpunkt hatte es im Großen Hauptquartier erste Kritik an der
Operationsführung gegeben, allerdings aus verschiedenen Gründen.[276]

---

272 Gemeint ist hier höchstwahrscheinlich die Mosel.
273 Moltke über seine Operationsabsichten am linken Heeresflügel. In: Helmuth von
     Moltke 1848-1916. Dokumente zu seinem Leben und Wirken. Bd. 1, Basel, 1993.
     S. 352-359. Hier: S. 355. Hrsg. von Thomas Meyer als wesentlich erweiterte Neu-
     auflage des Werkes: Helmuth von Moltke: Erinnerungen, Briefe, Dokumente
     1877-1916. Ein Bild vom Kriegsausbruch, erster Kriegsführung und Persönlichkeit
     des ersten militärischen Führers des Krieges. Hrsg. von Eliza von Moltke. Stutt-
     gart, 1922.
274 BayHStA, GHA: NL Kronprinz Rupprecht, A 699, Eintrag vom 25. August 1914.
275 Den Begriff „Super-Cannae" verwendet Hew Strachan für Moltkes Versuch der
     beidseitigen Umfassung der französischen Armee, auch im Hinblick auf die aufei-
     nandertreffenden Millionenheere und die Größe des Operationsgebietes der Ge-
     samtschlacht. Präziser ausgedrückt müsste man aber von einem „wahren Cannae"
     sprechen, während eine Umfassung mit nur einem Flügel, wie sie Schlieffen an-
     strebte, demgemäss als „halbes Cannae" bezeichnet werden müsste. Vgl. Stra-
     chan: The First World War. S. 244f.
276 Der bayerische Militärbeauftragte Generalleutnant von Wenninger beanstandete,
     dass sich Moltke angeblich zu sklavisch an den Schlieffenplan halte, während der
     preußische Kriegsminister von Falkenhayn im Hinblick auf die Angriffe des linken
     Heeresflügels den Chef des Generalstabs des Feldheeres genau für das Gegenteil

Der Chef des Großen Generalstabs teilte Krafft mit, es wäre der 6. Armee nunmehr „bei der [ihr] zugedachten Ausführung eines Durchstoßes zwischen Toul und Épinal die entscheidende Rolle zugefallen." Kronprinz Rupprecht konnte nicht glauben, dass nun die Kriegsentscheidung auch am linken Heeresflügel gesucht würde. Für ihn waren Moltkes Worte daher „wohl nicht ernst gemeint [...] und wohl nur als billiger Trost zu betrachten."[277] Der Oberbefehlshaber der beiden Armeen in Lothringen blieb skeptisch und konstatierte, die „Erfüllung dieses an sich sehr schwierigen Auftrags [sei] unter den [gegebenen] Umständen ausgeschlossen."[278] Als am nächsten Tag auch noch eine Weisung eintraf, welche die Beschießung des Festungsgürtels um Nancy vorsah, zürnte Rupprecht, man sei „im Großen Hauptquartier trotz [der] ausführlichen Berichte offenbar [...] nicht im Bilde über die wirkliche Lage und von einem unberechtigten Optimismus."[279]

Major Bauer und der Angriff auf Nancy

Die OHL zeigte naturgemäß kaum Verständnis für die geringen Fortschritte der Truppen am südlichen Flügel der Westfront und forderte vehement den Durchbruch durch die französische Festungsfront.[280] Als Rupprechts Generalstabschef am frühen Abend des 29. August mit dem Chef der Operationsabteilung, Gerhard Tappen, telefonierte, konnte er diesen nur mit Mühe überzeugen, dass es für einen Angriff zu früh sei. Auch Rupprecht selbst sah schwarz und bezeichnete die Erfüllung „des so gestellten Auftrags [als] unmöglich, wegen der Bedrohung beider Flanken aus Toul und Épinal." Außerdem war „die 6. Armee in eine lange Linie aufgelöst und nicht operationsfähig."[281]

Um sich einen Überblick zu verschaffen, hatte am 30. August der „Oberbefehlshaber mit dem Gen[eral]-Stabschef [...] das AOK 7 in Cirey [besucht],

---

kritisierte. Möglicherweise hatte keiner der beiden Moltkes Operationsplan begriffen. Vgl. Afflerbach: Falkenhayn. S. 181.

277 BayHStA, GHA: NL Kronprinz Rupprecht, A 699, Eintrag vom 2. September 1914.
278 Ebd., Eintrag vom 25. August 1914.
279 Ebd., Eintrag vom 26. August 1914.
280 Müller: Krafft von Dellmensingen. S. 349.
281 BayHStA, GHA: NL Kronprinz Rupprecht, A 699, Eintrag vom 30. August 1914.

das Gen[eral] K[omman]do des I. b[ayerischen] und die sämtl[icher] anderen Gen[eral] K[omman]dos der 6. Armee." Rupprecht und Krafft wollten so „durch persönliche Aussprache mit den K[omman]d[ierenden] Generalen das Bild der Lage [...] ergänzen und [...] sich [...] vergewissern, wann die Korps ihre volle Operationsfähigkeit wieder erlangt hätten."[282]

Am Vormittag war inzwischen Major Max Bauer in Dieuze eingetroffen, wo sich mittlerweile das Armeehauptquartier des Gemeinsamen Oberkommandos des bayerischen Kronprinzen befand. Bauer, ein enger Vertrauter Tappens, war offensichtlich von diesem entsandt worden, um das AOK um Rupprecht und Krafft zu einem Angriff auf die „Position de Nancy"[283] zu bewegen. Resolut auftretend teilte Major Bauer mit, die 6. und 7. Armee müsse schleunigst die Lücke zwischen den beiden Festungen durchbrechen, da die Franzosen ansonsten die Möglichkeit hätten, die Masse ihrer Truppen ungestört abzuziehen. Dieses „Mitteilen" interpretierte man im AOK in Dieuze als direkte Weisung aus dem Großen Hauptquartier, was sich später als irrig herausstellen sollte. Tatsächlich hatte Bauer seine Kompetenzen weit überschritten. Durch einen Angriff auf Nancy hoffte man, „die Lücke zwischen Toul und Épinal zu vergrößern." Major Bauer hatte für dieses schwierige Unterfangen zugesagt, „schwere Batterien aus Strassburg, Metz und Mainz (leider meist unbespannt!) [würden] der 6. Armee zur Verfügung gestellt."[284]

Im Generalstab der 6. Armee war man von der neuen Aufgabe zunächst überrascht. Major Mertz von Quirnheim, der erste Generalstabsoffizier, notierte am 30. August in sein Tagebuch: „Die Oberste Heeresleitung will anscheinend alle Augenblicke etwas anderes von uns. Unsere Lage wird dadurch jedenfalls nicht gebessert. Das gewaltige Unternehmen eines Angriffs gegen Nancy-Dombasle reizt mich gewiss. Hoffentlich bleibt es nun mal dabei. Ich erachte

---

282 BayHStA, KA: AOK 6, Bund 1, Eintrag im Kriegstagebuch vom 30. August 1914.

283 Dies war ein im Deutschen üblicher Gallizismus für den Höhenzug vor Nancy, welcher der Stadt unmittelbar an der Grenze zum Reich wie ein natürlicher Schutzschild vorgelagert ist. Im Französischen wird dieser als „Grand Couronné" bezeichnet. Vgl. Storz: Stellungs- und Festungskrieg. S. 184.

284 BayHStA, GHA: NL Kronprinz Rupprecht, A 699, Eintrag vom 30. August 1914.

das auch für die beste Fesselung des Gegners rechts von unserem geplanten Durchbruch. Sofortiger Beginn neuer Pläne und neuer Arbeiten."[285]

Mit großem Eifer machte man sich in Dieuze an die Lösung der durch Major Bauer mitgeteilten Aufgabenstellung. Es klang schließlich schlüssig: Vor einem Durchbruch zwischen der Festungsfront musste zunächst die Flankenbedrohung aus Nancy beseitigt werden. Erste Vorbefehle gingen heraus und eine Denkschrift wurde zu Papier gebracht, um sie dem Großen Hauptquartier zu übermitteln. Um noch mehr an Unterstützung anzufordern, wurde der Ib-Offizier des Stabes, Major Rudolf von Xylander, nach Luxemburg entsandt, wo sich mittlerweile das Große Hauptquartier befand. Als dieser am Abend des 31. August zurückkehrte, schlug sein Bericht zunächst ein wie eine Bombe, denn die Weisungen Bauers vom Vortag wurden völlig konterkariert.[286]

6. und 7. Armee sollten zwar „möglichst rasch zwischen Toul und Épinal hindurch stoßen, sollte jedoch der Gegner stärker sein, sollten [sie] an die Grenze zurück und über Metz an die anderen Armeen heran schließen!" Außerdem wurde berichtet, der „Auftrag, die Position de Nancy anzugreifen [...] sei auf ein Missverständnis zurückzuführen." Alles, was das AOK in Dieuze hierüber gehört hätte, „sei nur die Privatansicht des Major Bauer gewesen." Rupprecht war ohnehin „mit der Anordnung eines Angriffs auf Nancy gar nicht einverstanden gewesen", allerdings waren zu diesem Zeitpunkt „bereits eine Reihe von Anordnungen zu Angriffen gegen Teile der Position de Nancy und namentlich die Ausladepunkte für die schwere Artillerie bestimmt worden". Der Armee-Oberbefehlshaber konstatierte resignierend, die „erlassenen Befehle [könnten] nicht mehr rückgängig gemacht werden."[287]

Mertz von Quirnheim drängte weiterhin auf den Angriff auf Nancy. Nach Xylanders Rückkehr aus Luxemburg vermerkte er: „Wir stehen vor der Frage, unsere Maßnahmen zum Teil wieder umzuwerfen. Ich bin ganz dagegen. Sie

---

285 BayHStA, KA: NL Krafft, Nr. 188, Auszug des Tagesbucheintrags Mertz von Quirnheims vom 30. August 1914 in einem Brief an v. Haeften. Abschrift dieses Briefes für Krafft von Dellmensingen vom 20. November 1928.

286 Müller: Krafft von Dellmensingen. S. 354f; Storz: Stellungs- und Festungskrieg. S. 189.

287 BayHStA, GHA: NL Kronprinz Rupprecht, A 699, Eintrag vom 31. August 1914.

lassen sich auch mit den neuesten Anschauungen der Obersten Heeresleitung verbinden. Ich finde immer mehr, dass bei der Obersten Heeresleitung zwei Strömungen vorherrschen, zwischen beiden werden wir hin und her gezogen. Ideal ist dieser Zustand nicht."[288]

Auch der bayerische Generalbevollmächtigte im Großen Hauptquartier von Wenninger, der tiefen Einblick in die Vorgänge in der OHL besaß, berichtete am 4. September in diesem Sinne nach München: „Man munkelt auch von tiefgehenden Missstimmungen zwischen Moltke und Falkenhayn, die anfänglich so gut harmonierten; die Klage über die Moltke'sche Operationsführung verdichtet sich in dem Vorwurf eines zu weit gehenden laisser faire."[289]

Major Bauer, der Verursacher der Wirrnisse, behauptete im Übrigen später ganz im Gegensatz zu den restlichen Beteiligten, er habe mit dem Angriff auf Nancy überhaupt nichts zu tun gehabt. Seiner Meinung nach sei der Angriff auf Nancy „an sich möglich [gewesen], und zwar mit verhältnismäßig schwacher Infanterie." Er habe sich allerdings bei der Besprechung mit dem AOK 6 dagegen ausgesprochen, da dies für ihn eine „ungerechtfertigte weitere Zersplitterung der Kräfte" bedeutet habe. So habe er – angeblich – der OHL gemeldet, dass der „Angriff auf die Mosellinie [...] aussichtslos, ein solcher gegen Nancy-Frouard zwar möglich, im Augenblick aber nicht zu rechtfertigen sei."[290]

Es blieb trotzdem beim Angriff auf die Befestigungen vor Nancy. Dies hatte gute Gründe. Zunächst wollte man im AOK 6 die bereits erteilten Befehle nicht

---

288 Hier ist zum einen Moltkes grundsätzlicher Plan des Durchbruchs der 6. Armee zwischen Toul und Épinal gemeint. Vermischt ist dieser in der Anweisung des 31. August 1914 allerdings – und das ist neu – mit dem früheren Schlieffen'schen Vorhaben, nach ersten Anfangserfolgen am Südflügel die dortigen Armeen abzuziehen und über Metz dem Nordflügel zuzuführen. Dies lässt tatsächlich auf Spannungen im Großen Hauptquartier schließen. Vgl. BayHStA, KA: NL Krafft, Nr. 188, Auszug des Tagesbucheintrags Mertz von Quirnheims vom 31. August 1914 in einem Brief an v. Haeften. Abschrift dieses Briefes für Krafft von Dellmensingen vom 20. November 1928.

289 BayHStA, KA: MKr 1829/1, Wenninger an den bayerischen Kriegsminister vom 4. September 1914.

290 Bauer, Max: Der große Krieg in Feld und Heimat. Tübingen, 1921[2]. S. 53f; Zum niedrigen Quellenwert von Major Bauers verschiedenen Rechtfertigungsschriften vgl. Pöhlmann: Kriegsgeschichte und Geschichtspolitik. S. 300-303.

wieder zurücknehmen, da dies auch das Vertrauen der Mannschaften in die Führung untergraben hätte. Militärisch machte ein Einsatz der neu zugeteilten schweren Artillerie gegen Nancy ohnehin Sinn. Nur gegen derartige Bollwerke konnte diese wirkungsvoll eingesetzt werden.[291]

Beginn des Stellungs- und Festungskriegs

Der Vormarsch der 6. Armee ging immer langsamer und nur unter großen Verlusten vonstatten, gleichzeitig verschlechterte sich erneut die Funkverbindung zur OHL. Die Nerven im bayerischen AOK lagen blank, denn man gelangte aufgrund der sich bietenden Lage immer mehr zur Überzeugung, ein französischer Gegenangriff stünde unmittelbar bevor.[292]

Diese Beurteilung sollte sich bewahrheiten. Die französischen Truppen machten überraschend kehrt und griffen nun selbst mit großem Elan wieder an. Dies war zunächst fatal für die Armeen des Kronprinzen Rupprecht, da auf keinerlei Reserven mehr zurückgegriffen werden konnte. Zusätzlich erschwert wurde die Verteidigung durch die Tatsache, dass noch immer das französische Sperrfort Manonviller unbesiegt hinter der deutschen Front lag und somit wichtige Zufahrts- und Nachschubwege blockiert blieben. Nur unter großen Verlusten gelang es den Bayern schließlich, den französischen Angriffen etwas entgegenzusetzen. Schwere Artillerie wurde vor Manonviller in Stellung gebracht, die verzweifelten Anfragen in Bedrängnis geratener Armeekorps wurden mit kategorischen Haltebefehlen abgewiesen. Ein Rückzug konnte in dieser Lage nicht in Frage kommen, da durch eine Niederlage am linken Heeresflügel ein rasches Ende des Krieges unmöglich werden konnte.[293]

Auch Rupprechts jüngerer Bruder, Prinz Franz von Bayern, stand in vorderster Front „in einem Gefechte, [...] das mit einem feindlichen Angriff in der Morgenfrühe begann und sich [...] nach vorwärts in den Wald" zog. Als Franz auf einer Feldpostkarte am 25. August seinen Vater zu dessen Namenstag be-

---

291   Müller: Krafft von Dellmensingen. S. 353f.
292   Ebd. S. 353-355.
293   Vgl. Storz: Stellungs- und Festungskrieg. S. 182f.

glückwünschte, vergaß er nicht lobend zu erwähnen, dass sein „Regiment [...]
sich sehr brav geschlagen" habe.[294]

Tatsächlich verebbten die ungestümen französischen Gegenangriffe bald
wieder. Auch die Kapitulation des Sperrforts Manonviller am 27. August trug
einiges zur Beruhigung der Lage bei. Dennoch erschien die Anweisung zum
Durchbruch aus dem Großen Hauptquartier wie der blanke Hohn. Die Truppen
der 6. und 7. Armee hatten es indes gerade noch bewerkstelligt, die eigenen
Linien zu halten und waren nun an der Grenze ihres Leistungsvermögens
angelangt.[295] Die französische Gegenoffensive in Lothringen war unter Ent-
richtung eines enormen Blutzolls abgewehrt worden, waren doch einige bayerische Kompanien zusammengeschmolzen bis auf 30, 40 Mann – nur noch
etwa 25% ihres Sollbestandes![296]

Das vorrangige Problem beim neuen Auftrag der Heeresleitung war, dass die
bayerischen Truppen ins Kraftfeld der gewaltigen französischen Festungsanla-
gen gerieten. Diese waren mehr als nur betonierte Bollwerke, sie dienten
gleichsam als gewaltige Lagerplätze für Kriegsmaterial aller Art, vor allem für
Artillerie, Pioniergerät und Munition – das bedeutete nichts anderes als konzentrierte Vernichtungsgewalt. Um überhaupt nur in die Nähe der feindlichen
Befestigungen zu kommen, war ein gewaltiger Aufwand an eigener Artillerievorbereitung nötig. Alles, was an schwerer Artillerie aufzutreiben war, wurde
durch das AOK akquiriert und in Stellung gebracht. Schon vor der Schlacht am
20. August hatte man die Geschütze der rheinpfälzischen Festung Germersheim herangeschafft, nun war die lothringische Festung Metz gefragt, der 6.
Armee für ihren Angriff auf Nancy mehr Feuerkraft zu verschaffen.[297]

Mit diesen Maßnahmen wurde eine neue Art des Krieges eingeleitet, was zu
diesem Zeitpunkt aber kaum jemand absehen konnte. Die deutschen Fortschritte wurden mit jedem Tag geringer, die Verluste waren immens. Kronprinz Rupprecht ahnte ebenfalls noch nicht, wohin sich die Dinge entwickeln

---

294 BayHStA, GHA: NL König Ludwig III., Nr. 64, Franz an Ludwig III. vom 25. Au-
     gust 1914.
295 Storz: Stellungs- und Festungskrieg. S. 183f.
296 Müller: Krafft von Dellmensingen. S. 348.
297 Storz: Stellungs- und Festungskrieg. S. 186.

würden, als er notierte: „Ich sehe mich [...] veranlasst, die Korps darauf hinzuweisen, dass sie sich einstweilen [...] wie beim Angriff gegen eine Festung während der Phase zu verhalten hätten, während deren es gilt, den Aufmarsch der schweren Artillerie in einer Artillerieschutzstellung zu decken. Ich empfehle demnach ein tiefes Eingraben der Infanterie, eine nur schwache Besetzung der Schützengräben und eine Dreiteilung der Infanterie in Sicherungstruppen, Abschnitts- und Hauptreserven, sowie die Ausführung kurzer Gegenstöße."[298]

Über die Dringlichkeit des Angriffes auf Nancy kam es nun aber zu Meinungsverschiedenheiten im Stab. Krafft ging alles nicht schnell genug, Ia-Offizier Mertz und Ib-Offizier Xylander wollten dagegen eine gründlichere Artillerievorbereitung abwarten. Am Nachmittag des 1. September kam es zu einem denkwürdigen Treffen: Vier der zum Angriff bestimmten Armeekorps entsandten hochrangige Vertreter nach Dieuze, um händeringend gegen einen übereilten Angriff zu insistieren. Der Kommandierende General des I. bayerischen AK sprach sich sogar völlig gegen einen Angriff auf Nancy aus. Im AOK beugte man sich und verschob diesen.[299]

Die Truppen der 6. und 7. Armee hatten zuvor „einige recht harte und verlustreiche Tage" erlebt und waren zermürbt. Verlustreich wurden die deutschen Angriffe namentlich „durch das Feuer der französischen schweren Artillerie, die in Mengen aus den Festungen gezogen" worden waren. Kronprinz Rupprecht hoffte trotzdem „zum Gegenangriffe schreiten zu können, sowie [die] inzwischen gleichfalls aus Festungen herangezogene schwere [deutsche] Artillerie" ihre Wirkung entfalten konnte. Ernüchtert stellte er fest, dass die letzten Tage für „die Truppe, die jeden Tag fast ins Artilleriefeuer kam, [...] eine schlimme und überaus anstrengende Zeit" gewesen seien.[300]

Generalstabschef Krafft von Dellmensingen tat vermutlich das einzig Richtige, indem er nach Luxemburg fuhr, um sich direkt mit der OHL zu beraten. Man kam überein, dass ein Abzug der Armee und ein Abbruch der Operation vor

---

298 BayHStA, GHA: NL Kronprinz Rupprecht, A 699, Eintrag vom 29. August 1914.
299 Storz: Stellungs- und Festungskrieg. S. 189-191.
300 BayHStA, GHA: NL König Ludwig III., Nr. 59, Rupprecht an Ludwig III. vom 1. September 1914.

Nancy nicht mehr in Frage kämen, da sie dadurch hinter die Front geraten und für einige Zeit ausfallen würde. Nur solle kein übergroßes Risiko mehr eingegangen werden, um keinen Rückschlag zu riskieren.[301] Das große Hauptquartier, so vermerkte es das Kriegstagebuch des AOK 6, war schließlich mit „der Absicht der 6. Armee, den Angriff auf die stark befestigten franz[ösischen] Stellungen planmäßig und nach gehöriger Artillerievorbereitung zu führen, [...] durchaus einverstanden."[302]

Der Angriff auf Nancy rollte an und blieb alsbald wieder stecken.[303] Auch gelang es offensichtlich nicht, die französischen Truppen am Abzug zu hindern. Die Deutschen verschossen riesige Mengen an Artilleriemunition, was letztlich auch nötig war, um überhaupt einen Angriff vorzubereiten. Meldungen über bevorstehende Landungen englischer Truppen an der Küste führten zur Forderung der OHL an die 6. und 7. Armee, je ein Armeekorps abzugeben, um es an anderer Stelle einzusetzen.

Als am 5. September erstmals eine Ermahnung zum Munitionssparen einging, wies dies schon in die Richtung der kommenden Ereignisse: Der Angriff der 6. und 7. Armee in Lothringen wurde zu einem Kampf gegen rapide schwindende Ressourcen sowie gegen die Zeit.[304] Der Chef des Feldmunitionswesens, Generalleutnant Sieger, erschien im Armee-Oberkommando und teilte dem erstaunten bayerischen Kronprinzen mit, „dass man für die Belagerung von Antwerpen die bei der 6. Armee eingesetzten 15cm Schirmlafetten-Kanonen benötige. Außerdem dürfe keine 13cm Kanonenmunition mehr verfeuert werden [...]. Zur Wegnahme der Forts des Paroches, Camp des Romains und Troyon durch die 5. Armee brauche man ferner einen großen Teil der Mörsermunition, die [der 6. Armee] zugewiesen worden" war. Rupprecht war sich völlig darüber im Klaren, dass nach dieser Weisung nicht nur der „Angriff auf Nancy unausführbar werde, sondern dass [die 6. Armee] sogar genötigt" werden würde, auf der ganzen Linie hinter die Meurthe zurückzugehen. Ohne Artillerieunterstützung wollte er seine „ohnehin schon stark mitgenommene

301 Storz: Stellungs- und Festungskrieg. S. 191.
302 BayHStA, KA: AOK 6, Bund 1, Eintrag im Kriegstagebuch vom 2. September 1914.
303 Reichsarchiv: Der Weltkrieg. Dritter Band. S. 276-301.
304 Storz: Stellungs- und Festungskrieg. S. 193.

Infanterie nicht nutzlos dem Feuer der Festungsgeschütze" der Gegner aussetzen. Zuerst hatte Major Bauer die Zuweisung schwerer Artillerie bewilligt, dann nahm Generalleutnant Sieger dieser die Munition – für die bayerische Führung war das nicht mehr nachvollziehbar.

Kronprinz Rupprecht brachte es auf den Punkt: „Bei der OHL mangelte es offenbar an einem richtigen Zusammenarbeiten der einzelnen Ressorts, sonst hätte der verhängnisvolle Befehl zum Angriff auf Nancy schon im Hinblick auf die ungenügenden Munitionsbestände nicht erteilt werden können."[305] Nachdem am 8. September eine erneute Instruktion Siegers einging, weitere Munition und Artillerie von der 6. zur 5. Armee, vom bayerischen zum deutschen Kronprinzen zu verschieben, stand Kronprinz Rupprecht kurz davor sein Kommando niederzulegen. Krafft notierte: „Der Prinz war sehr erzürnt über diesen Streich und erklärte, dass, wenn dieser Befehl käme [...], er dann die letzte Konsequenz ziehen werde."[306] Der Chef des Stabes vermochte es gerade noch, Rupprecht mit Verweis auf den fatalen Eindruck, den ein derartiger Schritt im In- und Ausland hervorrufen würde, vom Rücktritt abzuhalten.[307]

Abbruch der Durchbruchsangriffe

Der bayerische Kronprinz fühlte sich veranlasst, zusammen mit seinem Ib-Offizier Rudolf von Xylander nach Luxemburg zu fahren, um mit Moltke persönlich die Lage zu klären. Dies war ein starkes Signal, denn Kronprinz Rupprecht hatte als Thronfolger des zweitgrößten deutschen Bundesstaats natürlich ein Gewicht inne, das weit über seinen militärischen Rang hinaus reichte. Zur gleichen Zeit trafen in Dieuze – in Rupprechts Abwesenheit – durch Major Erich von Redern neue Weisungen der OHL ein. Eine Entscheidung schien gefallen, denn es wurde seitens von Redern empfohlen, sich vom Feind loszumachen, die Armee zurückzunehmen und etwa in der Linie Metz-Straßburg die Verteidigung zu organisieren. Der Großteil der Armeekorps solle daraufhin an anderer Stelle Verwendung finden. Kronprinz Rupprecht jedoch wurde in

---

305 BayHStA, GHA: NL Kronprinz Rupprecht, A 699, Eintrag vom 6. September 1914.
306 BayHStA, KA: NL Krafft, Nr. 145, Tagebucheintrag vom 8. September 1914.
307 Vgl. Storz: Stellungs- und Festungskrieg. S. 196; Müller: Krafft von Dellmensingen. S. 368.

Luxemburg von Moltke etwas ganz anderes zugesichert – nämlich die Fortsetzung der Offensive vor Nancy.

So musste am nächsten Tag erneut im Großen Hauptquartier nachgefragt werden, was denn nun zu gelten habe: Moltkes Anweisung, alle Anstrengungen außer dem Angriff auf Nancy einzustellen, oder von Rederns Direktive, sich bis an die Grenze zurückzuziehen und die Truppen für eine Verwendung andernorts frei zu machen.[308] Luxemburg schob den schwarzen Peter daraufhin wieder dem AOK in Dieuze zu, denn der Angriff auf Nancy sei nur „unter sparsamster Verwendung der hiezu [sic] benötigten Munition" fortzuführen. Nun wurde doch noch ein „Kriegsrat", bestehend aus Rupprecht, Krafft sowie „sämtlichen Generalstabschefs der Korps oder deren Vertreter" für den Vormittag des 9. September in Dieuze einberufen. Rupprecht fasste nach Anhörung mehrerer skeptischer Meinungen über den Angriff auf Nancy endlich „den Entschluss, […] von [dessen] Fortsetzung Abstand zu nehmen."[309] Weitere Angriffe hätten nach Meinung der Generalstabschefs der Armeekorps zwar die eventuelle Aussicht auf Erfolg gebracht, dazu hätte die 6. Armee aber „noch sehr viel Zeit [benötigt] und große Opfer" zu bringen gehabt.[310] Überhaupt ging es jetzt mehr und mehr darum, wer die Verantwortung für den Fehlschlag tragen sollte. Im Armeehauptquartier in Dieuze gab man vorwiegend den eigenen Armeekorps und der OHL die Schuld daran, dass der Angriff keinen Fußbreit vorankam, während die Heeresleitung die Schuldigen beim AOK des bayerischen Kronprinzen suchte.[311] Nicht nur für diesen war mit Moltke der Schuldige schnell gefunden: „Man hat bei der O[bersten] H[eeres] L[eitung] offenbar völlig die Herrschaft über die Nerven verloren, seit man von dem Plane Schlieffens abwich und die 6. Armee über die Meurthe vorschickte, anstatt sie über Metz nach Norden heranzuziehen."[312] Rupprecht

---

308 Storz: Stellungs- und Festungskrieg. S. 196f.
309 BayHStA, GHA: NL Kronprinz Rupprecht, A 699, Eintrag vom 9. September 1914.
310 BayHStA, KA: AOK 6, Bund 1, Eintrag im Kriegstagebuch vom 9. September 1914.
311 Storz: Stellungs- und Festungskrieg. S. 194.
312 BayHStA, GHA: NL Kronprinz Rupprecht, A 699, Eintrag vom 9. September 1914;
Der Schlieffenschüler Groener kam zum Schluss, der „Lothringer Plan Moltkes [bedeutete] eine *Extratour*, die sich an der Marne rächte." Seiner Meinung nach hätte man, dem vermeintlich genialen Schlieffenplan folgend, nicht zögern dürfen,

hielt das Befehlschaos der OHL für die Ursache der Krise: „Ein jeder der von mir erlassenen Befehle wird mitten in der Ausführung durch neue Anordnungen der O[bersten] H[eeres] L[eitung] über den Haufen geworfen. Die nun entstandene Situation ist eine äußerst fatale."[313]

Vor allem Krafft von Dellmensingen hatte sich im Zuge der später entbrannten publizistischen Kontroverse über gegenseitige Schuldzuweisungen am Scheitern des deutschen Westfeldzuges immer wieder bemüßigt gesehen, Anschuldigungen zu kontern und Moltke als alleinigen Verantwortlichen darzustellen: „Das Oberkommando 6 bestreitet nicht, manchen Fehler begangen zu haben, letzten Endes kann aber auch das einsichtigste AOK nur nach den bei ihm möglichen Gesichtspunkten handeln. Es kann niemals den Mangel einer mit Sicherheit begabten entschlossenen Oberführung ersetzen."[314]

Kraffts Aussage impliziert, dass der tatsächliche Fehler Moltkes keineswegs in seiner Nichtbeachtung des Schlieffenplans lag, sondern vielmehr in der Tatsache, dass er im Laufe der Operationen unentschlossen die Entscheidung mal hier, mal dort zu suchen schien. Die Oberkommandos vor Ort waren zwar besser informiert über die Feindlage, das Gesamtbild über die großen Operationen hätte allerdings nur die OHL zu überblicken vermocht. So führten Kommunikations- und Aufklärungsprobleme sowie die mangelnde Führung durch die Heeresleitung dazu, dass die ihrem Grundgedanken nach einheitliche „Gesamtschlacht" bereits nach nur wenigen Wochen in mehrere Einzeloperationen zerbrochen schien. Der Effekt war, dass die deutschen Truppen an keiner Stelle der Westfront über die notwendige Stärke verfügten, um die Entscheidung herbeizuführen.[315]

„Elsass-Lothringen zu sakrifizieren." Moltke habe dagegen mit der 6. und 7. Armee bedeutende „Kräfte in einer unfruchtbaren Operation [vergeudet] und der Hauptentscheidung" entzogen. Vgl. Groener: Testament des Grafen Schlieffen. S. 54.

313 BayHStA, GHA: NL Kronprinz Rupprecht, A 699, Eintrag vom 6. September 1914.

314 BayHStA, GHA: NL Kronprinz Rupprecht, A 720, Abschrift eines Aufsatz von Krafft: Der Marnefeldzug 1914 und der linke Heeresflügel vom 15. August 1926 als Antwort auf „Der Marnefeldzug 1914" von Kronprinz Wilhelm.

315 Kielmannsegg: Deutschland und der Erste Weltkrieg. S. 46f; Müller: Krafft von Dellmensingen. S. 333.

Nach dem Scheitern des französischen Plans XVII – der „offensive à outrance"
in Lothringen – und dem anschließenden französischen Rückzug Ende August,
hatte Joffre es durch geschicktes Manövrieren fertig gebracht, seine stark
mitgenommenen Truppen sehr rasch wieder zu ordnen und sie mit einer
großen Anzahl an Reservisten wieder aufzufüllen. Zugleich war der französische linke Flügel noch intakt und mit einer neuaufgestellten VI. französischen
Armee sowie dem britischen Expeditionskorps noch verstärkt worden. Joffre
hatte es sogar bewerkstelligt, mittels einer neuaufgestellten IX. französischen
Armee seine Heeresmitte zu verstärken. Für Frankreich ging es nun, Anfang
September 1914, nur noch um den richtigen Zeitpunkt, eine Gegenoffensive
zu starten.[316]

Am 9. September erzielte der französische Oberbefehlshaber Joffre den er-
hofften Erfolg: Die Schlacht an der Marne wurde von deutscher Seite abgebrochen und die deutschen Armeen des „Schlagflügels" zogen sich zurück. Die
Gesamtlage an der Westfront hatte sich mit dem Rückzug der deutschen
Armeen an der Marne dramatisch geändert. Im Norden waren die Angriffe
vorerst gestoppt, im Süden wurde ein Durchbruch nicht mehr erreicht.[317]
Ironie des Schicksals: Schlieffen hatte einst in seinem Feldzugsplan den deutschen Sieg für den 40. Mobilmachungstag prophezeit. Dies wäre exakt der 9.
September gewesen.[318] Mit dem Abbruch der Operationen vor Nancy ging der
erste große Durchbruchsangriff des Ersten Weltkriegs zu Ende. Unter gewaltigen Anstrengungen war es der 6. und 7. Armee des bayerischen Kronprinzen
nicht gelungen, auch nur in die Nähe der eigentlichen französischen Festungsfront zu kommen.[319]

---

316 Becker: La Grande Guerre. S. 30.
317 Müller: Krafft von Dellmensingen. S. 365; Es mag nicht überraschen, dass sich in
     Frankreich die Nachricht vom Sieg wie ein Lauffeuer verbreitete und man schon
     bald von einem Wunder an der Marne sprach. Das ‚Wunder' war dabei sicherlich
     Joffres Verdienst, nämlich dass die französischen Armeen nach ihrem Rückzug
     nicht auseinandergebrochen waren. Vgl. Becker: La Grande Guerre. S. 33; Stra-
     chan: The First World War. S. 230.
318 Keegan: Der Erste Weltkrieg. S. 172.
319 Storz: Stellungs- und Festungskrieg. S. 186.

Entgegen der mancherorts geäußerten Ansicht, die Gefechte des linken Heeresflügels hätten zum generellen Scheitern geführt, muss man doch feststellen, dass in Lothringen der deutsche Feldzug letzten Endes weder verdorben wurde, noch kriegsentscheidende Chancen ungenutzt blieben. Um tatsächlich aktiv in die Kriegsentscheidung einzugreifen, war der fortgesetzte Durchbruchsangriff auf Nancy und die Moselstrecke angesichts der Langsamkeit einer möglichen Truppenverschiebung nach Norden die einzig zweckmäßige Option. Die blutige Stagnation, welche die Operationen der 6. und 7. Armee in Lothringen und den Vogesen erfuhr, war jedoch den Ereignissen an der restlichen Front um Wochen voraus. Nirgendwo sonst war der Bewegungskrieg in einer derart beispiellosen Radikalität in den Stellungskrieg übergegangen und hatte schließlich vor Nancy am Rande der Materialschlacht geendet.[320] Nahezu zeitgleich waren indes die deutschen Angriffe vor Nancy und an der Marne abgebrochen worden.[321]

Die deutschen Militärs dachten traditionell vorrangig an die Offensive und folgten damit einer Praxis, die über Jahrzehnte in vielen Generalstabsreisen, Kriegsspielen und Manövern eingeübt worden war. Daher sahen sie den Rückzug nur als rein taktisches Manöver an, das den Zweck haben sollte, die Verbände wieder zu organisieren und für einen erneuten Angriff bereitzustellen. Zu diesem Zweck befahl Moltke, nach der 7. Armee nun auch den Großteil der 6. Armee vom linken an den rechten Flügel zu verlegen. Der Bahntransport war allerdings zeitaufwändig, womit für einige Tage etwa ein Viertel der Gefechtskraft der deutschen Truppen nicht mehr einsetzbar war.[322]

Dies sanktionierte die eigenmächtige Entscheidung zum Abbruch der Operation vor Nancy, welche das bayerische Oberkommando zuvor in Dieuze getroffen hatte. Nur wenige Truppen blieben in den Reichslanden zurück und sicherten unter dem Oberbefehl des preußischen Generals von Falkenhausen eine Linie, die von Metz an der Landesgrenze und den Vogesen entlang bis zur Schweizer Grenze reichte. Schon ab dem 11. September wurden das II.

---

320 Storz: Stellungs- und Festungskrieg. S. 203.
321 Müller: Krafft von Dellmensingen. S. 373; Reichsarchiv: Der Weltkrieg. Vierter Band. S. 145-159.
322 Wallach: Dogma der Vernichtungsschlacht. S. 183f.

bayerische, III. bayerische sowie XXI. preußische AK planmäßig in Richtung Metz abgezogen, um von dort aus weiter befördert zu werden. Das I. bayerische AK war schon einige Tage eher zum Abtransport befohlen worden. Am 14. September folgte schließlich auch das AOK des bayerischen Kronprinzen nach Metz und schloss den reibungslosen Truppenabzug ab. Unklar waren jedoch das genaue Zielgebiet sowie der neue Auftrag der 6. Armee.[323]

Exkurs: Zeitgenössische Kontroverse

Die Operationen der bayerischen Armee am linken Heeresflügel bekamen nach dem Krieg – neben der großen Marnestreitfrage – ihre eigene Kontroverse. Dieser vermeintliche Nebenstreit stand der Heftigkeit des Hauptstreits dabei in nichts nach. Im Mittelpunkt der publizistischen und historiografischen Kontroverse, die sich durch eineinhalb Jahrzehnte fortsetzte, stand der ehemalige bayerische Stabschef, Konrad Krafft von Dellmensingen[324]. Die kriegsgeschichtliche Debatte um die Operationen in Lothringen fand auf zwei Ebenen statt. Einerseits war sie Teil der großen Auseinandersetzung um den deutschen Operationsplan und dessen Durchführung durch die OHL. Auf der anderen Seite drehte sie sich um die Leistung der bayerischen Führung vor Ort. Beide Ebenen bedingten sich dabei und standen in Abhängigkeit zueinander. Im Wesentlichen handelte es sich bei der Bewertung der bayerischen Führung um folgende Streitpunkte: Inhalt und Interpretation der Aufmarschanweisung, Durchführung und Zeitpunkt der Schlacht in Lothringen und Entscheidung zum anschließenden Durchbruchsplan.

Bezüglich der weiteren Operationen der Armee des bayerischen Kronprinzen in Nordfrankreich und Flandern bis zum Jahresende 1914 konzentrierte sich die zeitgenössische Kritik dagegen auf die OHL und deren Leiter Erich von

---

323 Müller: Krafft von Dellmensingen. S. 374f; Reichsarchiv: Der Weltkrieg. Vierter Band. S. 421-480.

324 Zur Person: Konrad Krafft von Dellmensingen (*1862 †1953): General der Artillerie; 1914-1915 Chef des Generalstabs der 6. Armee; 1915-1917 Kommandierender General des Alpenkorps; 1917 Chef des Generalstabs der Heeresgruppe Herzog Albrecht und der 14. Armee; 1918 Chef des Generalstabs der 17. Armee und Kommandierender General des II. bayerischen Armeekorps.

Falkenhayn.[325] Die Operationsführung der bayerischen Armee wurde dagegen kaum diskutiert.[326] In der Zwischenkriegszeit wurde die Existenz der bayerischen Eigenständigkeit zu Kriegsbeginn noch deutlich betont. Indes mischten sich apologetische, heroisierende und revisionistische Tendenzen in die „Kriegsgeschichtsschreibung" der 1920er und 1930er Jahre. Diese, als reine Operationsgeschichte verstanden, stellte die Ereignisse als chronologische Abfolge einzelner Schlachten dar – verbunden mit detaillierten Schilderungen von Kriegsgliederungen – und klammerte politische und soziale Fragen völlig aus.[327]

---

325 Zur Person: Erich von Falkenhayn (*1861 †1922): 1913-1915 preußischer Kriegsminister; 1914-1916 Generaloberst und an September Generalquartiermeister, ab November Chef des Generalstabs des Feldheeres; 1916-1918 OB der 9. Armee; 1918 OB der 10. Armee.

326 Pöhlmann, Markus: Kriegsgeschichte und Geschichtspolitik: Der Erste Weltkrieg. Die amtliche deutsche Militärgeschichtsschreibung 1914-1956. Paderborn, 2002. S. 181 sowie S. 295-321; künftig: Pöhlmann: Kriegsgeschichte und Geschichtspolitik; Storz: Stellungs- und Festungskrieg. S. 161-163.

327 Generell hervorzuheben für diese Art von Geschichtsschreibung sind dabei die offiziellen, aber keinesfalls objektiven Darstellungen des Reichsarchivs. Die 6. Armee im Zeitraum August bis November 1914 betreffen dabei: Reichsarchiv (Hrsg.): Der Weltkrieg 1914-1918. Die militärischen Operationen zu Lande. Erster Band: Die Grenzschlachten im Westen. Berlin, 1925; künftig: Reichsarchiv: Der Weltkrieg. Erster Band; Reichsarchiv (Hrsg.): Der Weltkrieg 1914-1918. Die militärischen Operationen zu Lande. Dritter Band: Der Marne-Feldzug. Von der Sambre zur Marne. Berlin, 1926; künftig: Reichsarchiv: Der Weltkrieg. Dritter Band; Reichsarchiv (Hrsg.): Der Weltkrieg 1914-1918. Die militärischen Operationen zu Lande. Vierter Band: Der Marne-Feldzug. Die Schlacht. Berlin, 1926; künftig: Reichsarchiv: Der Weltkrieg. Vierter Band; Reichsarchiv (Hrsg.): Der Weltkrieg 1914-1918. Die militärischen Operationen zu Lande. Fünfter Band: Der Herbst-Feldzug 1914. Im Westen bis zum Stellungskrieg. Im Osten bis zum Rückzug. Berlin, 1929; künftig: Reichsarchiv: Der Weltkrieg. Fünfter Band; Reichsarchiv (Hrsg.): Der Weltkrieg 1914-1918. Die militärischen Operationen zu Lande. Sechster Band: Der Herbst-Feldzug 1914. Der Abschluss der Operationen im Westen und Osten. Berlin, 1929; künftig: Reichsarchiv: Der Weltkrieg. Sechster Band. Speziell zur Operationsgeschichte der bayerischen Armee sind erschienen: Bayerisches Kriegsarchiv (Hrsg.): Die Bayern im Großen Kriege 1914-1918. 2 Bände. München, 1923; künftig: Bayer. Kriegsarchiv: Die Bayern im Großen Kriege; Deuringer, Karl: Die Schlacht in Lothringen und den Vogesen 1914. Hrsg. vom Bayerisches Kriegsarchiv. 2 Bände. München, 1929; Deuringer, Karl: Der Wettlauf um die Flanke in Nordfrankreich 1914. Hrsg. vom Bayerisches Kriegsarchiv. 2 Bände. München, 1936; Krafft von Dellmensingen, Konrad: Das Bayernbuch vom Weltkriege. 2 Bände. Stuttgart 1930; künftig: Krafft: Bayernbuch; Alckens, Au-

Bereits kurz nach Kriegsende wurde die Rolle der bayerischen Armeeführung kritisch beleuchtet. In apologetischer Weise und ohne tatsächliche Sachkenntnis trat dabei etwa Max Bauer auf, ein ehemaliges Mitglied der OHL, der in eigener Sache Stellung zu den Ereignissen nahm.[328] Erst mit der Veröffentlichung des ersten Bandes des Weltkriegswerkes des Reichsarchivs im Jahr 1925 nahm die Kritik an Fahrt auf, da für die weitere Diskussion ab diesem Zeitpunkt ein amtlicher und aktenmäßig abgestützter Fixpunkt existierte, auf dem man sich berufen konnte. Generell kritisierte das Reichsarchivswerk ausgesprochen personenbezogen die Fehler Moltkes und Falkenhayns als Hauptgrund für das Scheitern der deutschen Operationen des Jahres 1914, doch wollten sich nicht alle Rezensenten der Militärpublizistik mit dieser Diagnose abfinden. Georg Wetzell nutzte eine Rezension[329], um die unbedingte Richtigkeit des Moltke'schen Feldzugsplanes zu verteidigen, welcher die Kriegsentscheidung nicht nur am rechten, sondern gleichzeitig am linken Heeresflügel suchte.

Ferner schob er die Schuld am Scheitern des Feldzuges dem bayerischen Oberkommando vor Ort zu, welches seiner Meinung nach verfrüht angegriffen und damit die Möglichkeit auf ein „doppeltes Cannae" vergeben habe. Die Vorwürfe Wetzells wogen derart schwer, dass Krafft von Dellmensingen ihm entrüstet antwortete.[330] Auch die Veröffentlichung des Kriegstagebuchs des bayerischen Kronprinzen Rupprecht im Jahr 1928 ist im Zusammenhang mit der anhaltenden Kritik am bayerischen Oberkommando zu sehen.[331]

---

gust: Die Schlacht in Lothringen (20. bis 28. August 1914) und vor Nancy-Épinal (22. August bis 14. September 1914). München, ca. 1920.

328 Bauer, Max: Der große Krieg in Feld und Heimat. Tübingen, 1921².

329 Wetzell, [Georg]: Das Kriegswerk des Reichsarchivs: „Der Weltkrieg 1914/18". Kritische Betrachtungen zum I. Band: Die Grenzschlachten im Westen. In: Wissen und Wehr, 6 (1925). S. 1-43. Hier: S. 17.

330 Krafft von Dellmensingen, Konrad: Die Führung des Kronprinzen Rupprecht von Bayern auf dem linken deutschen Heeresflügel bis zur Schlacht in Lothringen im August 1914. Berlin, 1925.

331 Rupprecht: Kriegstagebuch.

Kurz darauf trat Wilhelm Groener[332] in zwei Büchern als Gralshüter des Schlieffen'schen Erbes auf den Plan.[333] Den Operationsplan Moltkes interpretierte er als wertlose „Verwässerung" des Schlieffenplanes, Moltke selbst sprach er zugleich jede Führungsfähigkeit ab. Nur der ursprüngliche Schlieffenplan habe Erfolg versprochen. Die Kapitelüberschriften „Die Extratour in Lothringen" und „Die Kette der Irrtümer in Lothringen" veranschaulichen Groeners Kritik. Er stellte sowohl grundsätzlich den Zweck der Kämpfe auf dem linken Flügel in Frage als auch die Befähigung der bayerischen Führung und gab dieser dabei erhebliche Schuld am Scheitern des Gesamtplans. Er meinte, die Notwendigkeit, die französischen Truppen viel weiter ins eigene Land zu locken und dann vernichtend zu schlagen, „dürften wohl alle Kommandeure der 6. Armee eingesehen haben, wenn ihnen von ihrem hohen Armeeführer dies vor Augen gebracht worden wäre."[334]

Auf Groeners Veröffentlichungen antwortete Krafft erneut in aller publizistischen Schärfe.[335] Im Abstand von fast zwei Jahrzehnten stellte Kronprinz Rupprecht selbstkritisch zumindest den Zeitpunkt des bayerischen Angriffs in Lothringen in Frage.[336]

Besonders schwer wog der Vorwurf des Schweizer Militärschriftstellers Eugen Bircher: Bei der Schlacht in Lothringen habe es sich um eine „dynastische

---

332 Zur Person: Wilhelm Groener (*1867 †1939); 1914 Chef des Feldeisenbahnwesens; 1916 Chef des Kriegsamtes im preußischen Kriegsministerium und stellvertretender Kriegsminister; ab Oktober 1918 als Nachfolger Ludendorffs Generalquartiermeister der OHL.

333 Groener, Wilhelm: Das Testament des Grafen Schlieffen. Operative Studien über den Weltkrieg. Berlin, 1927; künftig: Groener: Testament des Grafen Schlieffen; Groener, Wilhelm: Der Feldherr wider Willen. Berlin, 1930.

334 Groener: Testament des Grafen Schlieffen. S. 43.

335 Krafft von Dellmensingen, Konrad: Kritischer Streifzug durch die Studien des Generalleutnants a. D. Wilhelm Groener über den Weltkrieg. Das Oberkommando in den Reichslanden im Sommer 1914. München, 1931.

336 „Von der Ferne betrachtet – nach 17 Jahren! – erscheinen die Dinge manchmal anders, als man sie im Augenblicke empfand. So mag es – bei nun voller Kenntnis der Vorgänge – eine Frage bleiben, ob der Zeitpunkt, in welchem wir zum Angriff schritten, nicht verfrüht war und es nicht besser gewesen wäre, noch weiter vor dem Gegner auszuweichen und ihn hierdurch auch von seinen Befestigungen weiter fortzulocken." BayHStA, KA: NL Krafft, Nr. 195, Rupprecht an Krafft vom 8. Juni 1931; vgl. auch Pöhlmann: Kriegsgeschichte und Geschichtspolitik. S. 309.

Luxusschlacht" gehandelt, also ein Unternehmen ohne militärische Gründe, das lediglich den Prestigegründen der bayerischen Krone dienlich gewesen sei.[337] Dies führte zu einem klärenden Gutachten des Reichsarchivs, das nach sorgfältiger Abwägung aller vorliegenden Erkenntnisse am Ende „nicht den Beweis erbracht [sah], dass [...] im August/ September 1914 irgendwie bayerisch-dynastische Rücksichten mitgesprochen" hätten.[338] Dessen ungeachtet wurde der offensichtlich haltlose Vorwurf später relativ kritiklos übernommen.[339]

Die Polemik erreichte ihren Höhepunkt, als Hermann Ritter Mertz von Quirnheim[340], ehemaliger Stabsoffizier der 6. Armee, mit einer eigenen Veröffentlichung auf den Plan trat. Die Kritik, die er 1932 gegenüber seinen früheren Vorgesetzten äußerte, war derart scharf, dass sie zum Bruch führen musste.[341] Die Veröffentlichung Rudolf Ritter von Xylanders[342] zur Führung in Lothringen[343] fiel in eine Zeit, als das öffentliche Interesse bereits erlahmt war.

---

337 Bircher, Eugen: Rezension zu „Das Testament des Grafen Schlieffen". In: Allgemeine Schweizer Militärzeitschrift, 73 (1927). S. 95-96. Hier: S. 96.

338 BayHStA, KA: NL Krafft, Nr. 188, Mertz von Quirnheim in seiner Eigenschaft als Präsident des Reichsarchivs an Krafft vom 1. Mai 1929.

339 Vgl. Wallach, Jehuda: Das Dogma der Vernichtungsschlacht. Die Lehren von Clausewitz und Schlieffen und ihre Wirkung in zwei Weltkriegen. München, 1970. S. 148f; künftig: Wallach: Dogma der Vernichtungsschlacht. Wallach wirft Moltke unentschlossene Führung vor und nennt es ein „Unglück", dass ausgerechnet der bayerische Kronprinz das Kommando am linken Heeresflügel bekommen hatte. Dieser habe aus Prestigegründen und Gründen des dynastischen Interesses vorsätzlich gegen die Anordnungen der OHL verstoßen und durch seinen verfrühten Angriff das Gelingen des Gesamtplans in Frage gestellt. Moltke habe sich gegen derartige partikularistische Interessen nicht durchzusetzen vermocht.

340 Zur Person: Hermann Ritter Mertz von Quirnheim (*1866 †1947); 1914-1916 Major und Ia-Offizier im Generalstab der 6. Armee; 1916-1918 Oberstleutnant und Chef der Abt. „Balkan" im Generalstab des Feldheeres; 1919 Präsident des neugeschaffenen Reichsarchivs.

341 Mertz von Quirnheim, Hermann: Der Führerwille in Entstehung und Durchführung. Erläutert an den Vorgängen beim Gemeinsamen Oberbefehl in den Reichslanden August bis September 1914. Oldenburg, 1932.

342 Zur Person: Rudolf Ritter von Xylander (*1872 †1946); 1914 Major und Ib-Offizier im Generalstab der 6. Armee; Überdies war der Major ein Cousin des Generals der Infanterie Oskar Ritter von Xylander, des Kommandierenden Generals des I. bayerischen Armeekorps.

343 Xylander: Führung in Lothringen.

Nichtsdestoweniger zeigt sich im Fall „Lothringen", wie sehr kriegsgeschichtliche Debatten der Zwischenkriegszeit zu publizistischen Privatfehden ausarten konnten. Die hier nur angedeutete Kontroverse um die bayerische Führung wurde von Markus Pöhlmann gründlich nachgezeichnet.[344]

---

344   Pöhlmann: Kriegsgeschichte und Geschichtspolitik. S. 295-321.

4. DIE BAYERN AM „ENTSCHEIDUNGSFLÜGEL"

Die Marne und das Ende Moltkes

Der von Moltke forcierte Durchbruchsversuch in Lothringen hatte der nördlichen Heeresflanke viele Kräfte entzogen, ebenso dessen Entscheidung zur Entsendung zweier Armeekorps an die bedrohte Ostfront. Dies alles war in seinem Umfeld so lange toleriert worden, wie die militärischen Erfolge sichtbar blieben. Auch die OHL hatte sich während der Marneschlacht aufgrund der schlechten Nachrichtenverbindungen kein vollständiges Bild von der tatsächlichen Lage an der Front machen können, daher war Oberstleutnant Hentsch, Chef der Nachrichtenabteilung der OHL, zur 1. und 2. Armee entsandt worden. Er war es schließlich auch, der die vieldiskutierte Rückzugsorder hinter die Marne gab, die den deutschen Feldzug endgültig in eine ernste Krise beförderte.

Tatsächlich hatten sich während des gesamten August und auch noch Anfang September die Erfolgsmeldungen der Oberkommandos an der Westfront überschlagen – umso drastischer fiel die Wirkung der Meldung vom unerwarteten Rückschlag im Großen Hauptquartier aus. Nichts lag näher, als die Schuld dem überfordert scheinenden Moltke zuzuschreiben. Mitte September 1914 war man sich im Großen Hauptquartier einig, die Krise an der Westfront sei allein durch dessen Versagen bei der Führung der Operationen verschuldet und könne durch eine kurze Ruhepause und eine Umgruppierung der Kräfte bald überstanden werden.

Die Moral der Truppen hatte zwar durch den Rückzug einen herben Schlag erhalten, dennoch hielt die Oberste Heeresleitung weiterhin am Feldzugsplan fest. Am 13. September standen die Armeen des rechten deutschen Flügels an der Aisne und behaupteten ihre Stellungen, um später wieder zum Angriff übergehen zu können. Der Wechsel an der Spitze der OHL erfolgte indes unvorhersehbar schnell, nachdem Moltke am frühen Abend des 14. September einen Nervenzusammenbruch erlitten hatte. Der Kaiser drängte ihn daraufhin, sich krank zu melden.

Formell und nach außen hin blieb Moltke zunächst im Amt, wenngleich er seiner Vollmachten benommen wurde. Faktisch jedoch übernahm an diesem 14. September 1914 der preußische Kriegsminister Erich von Falkenhayn als Generalquartiermeister mit unbeschränkter Vollmacht die Führung der OHL. Das sonderbare Zusammenspiel zwischen dem abgesetzten und dem an seiner Stelle eingesetzten Leiter der OHL fand am 1. November 1914 sein Ende. Moltke verließ das Große Hauptquartier und ging nach Berlin, während Falkenhayn zwei Tage darauf offiziell als neuer Chef des Generalstabs des Feldheeres eingesetzt wurde.[345]

Unterschiedliche Meinungen existieren bezüglich des Zeitpunktes, an dem eine Durchführung des deutschen Feldzugsplans unmöglich geworden ist.[346] Dennoch beweisen die Schlachten der deutschen Armeen unter der Leitung Falkenhayns bis zum Ende des Jahres, dass die deutschen Armeeführer, die OHL und vor allem Falkenhayn die Hoffnung noch nicht aufgegeben hatten, die kriegsentscheidende, überflügelnde Flankenbewegung am rechten deutschen Heeresflügel wieder aufnehmen zu können. Die grundlegende deutsche Strategie, im Westen eine rasche Entscheidung herbeizuführen, blieb für die Handelnden bestimmend. Reichskanzler Bethmann-Hollweg notierte am 19. September über eine Besprechung mit Falkenhayn, dass die ersten Erfolge wohl überschätzt worden seien, zog aber das Fazit: „Gesamtlage, solange Entscheidung nicht gefallen, natürlich ernst, aber durchaus nicht pessimistisch zu beurteilen."

---

345 Vgl. Afflerbach: Falkenhayn, S. 180-189; Mombauer: Helmuth von Moltke. S. 269-282; Strachan: The First World War: S. 262-265; Wallach: Dogma der Vernichtungsschlacht. S. 184-189; Kielmannsegg: Deutschland und der Erste Weltkrieg. S. 62; Stevenson: Der Erste Weltkrieg. S. 83f.

346 Teils wird angeführt, bereits vor der Marneschlacht sei der Operationsplan in die Brüche gegangen, da unzureichende Kräfte zur Verfügung gestanden hätten. Andernorts findet sich die Feststellung, der deutsche Rückzug an der Marne hätte das Ende des Feldzugsplans bedeutet und es hätte danach keine Möglichkeit bestanden, zu diesem zurückzukehren. Letztlich wurde aber die grundlegende deutsche Strategie auch unter Falkenhayn bis zu ihrem endgültigen Scheitern Ende Oktober/ Anfang November 1914 weiterverfolgt. Vgl. Strachan: The First World War. S. 263-265.

Weder Falkenhayn noch Bethmann-Hollweg hatten den Eindruck gewonnen, dass die Kriegsentscheidung nach dem Abbruch der Schlachten an der Marne und vor Nancy mehr als eine kleine Verzögerung erhalten habe. Dass die Ereignisse gar einen echten Wendepunkt des Feldzuges bedeuten könnten, glaubte zu diesem Zeitpunkt noch fast niemand. Bethmann-Hollweg fuhr in seinen Notizen fort: „Von einer Wendung zum ungünstigen oder schlimmen ist also überhaupt nicht die Rede."[347]

Als Kronprinz Rupprecht am 14. September in Metz eingetroffen war, das zu diesem Zeitpunkt „ein großes Heerlager" darstellte, wusste er bezüglich der Ereignisse an der Marne noch „so gut wie Nichts".[348] Nach und nach kam Licht ins Dunkel. Rupprecht brachte in Erfahrung, „dass General von Kluck mit der 1. Armee trotz Mahnung der OHL nach vorne durchgegangen sei und die OHL ihn schließlich nicht mehr anhalten konnte, da die Funkenverbindung versagte." Als dann „die Engländer sich in die Lücke zwischen die 1. und 2. Armee drängten, wurde ihnen erst durch hier eingesetzte Kavalleriedivisionen Aufenthalt bereitet", die entstandene „Lücke [wurde] nach dem Rückzuge hinter die Aisne durch das VII. Reservekorps und das halbe XV. A[rmee] K[orps] geschlossen." Mittlerweile galt zwar am rechten Heeresflügel „die Krisis als überwunden", die Lage war von Metz aus allerdings nicht zu überblicken: „In welcher Linie die einzelnen Armeen stehen, wissen wir nicht."[349]

Das tatsächliche Ausmaß der Krise an der Marne blieb dabei nicht nur für die Öffentlichkeit unklar. Erst Wochen später schwante auch Rupprecht, „wie kritisch die Lage [...] gewesen war, [als] die bei Rebais entstandene Lücke in der Front der 1. Armee" den Rückzug verursacht hatte.[350] Am Nachmittag des 15. September besuchte der bayerische Bevollmächtigte im Großen Hauptquartier General von Wenninger den bayerischen Kronprinzen in Metz und

---

347 Protokoll Bethmann-Hollwegs vom 19. September 1914, zit. nach: Zechlin, Egmont: Friedensbestrebungen und Revolutionierungsversuche. Deutsche Bemühungen zur Ausschaltung Russlands im Ersten Weltkrieg. In: Das Parlament. Beilage aus Politik und Zeitgeschichte. 20/1961. S. 273, Anm. 23; Vgl. Afflerbach: Falkenhayn. S. 191.

348 BayHStA, GHA: NL Kronprinz Rupprecht, A 699, Eintrag vom 14. September 1914.

349 Ebd., Eintrag vom 15. September 1914.

350 BayHStA, GHA: NL Kronprinz Rupprecht, A 700, Eintrag vom 20. September 1914.

brachte die streng geheime Neuigkeit von der Entmachtung Moltkes. Rupprecht erfuhr, dass „der Kaiser, unzufrieden mit Moltkes Leistungen, bestimmt habe, dass dieser [...] zwar dem Namen nach an der Spitze der O[bersten] H[eeres] L[eitung] verbleiben, die eigentliche Leitung der Operationen aber der ihm als Generalquartiermeister mit unbeschränkter Vollmacht zugeteilte bisherige Kriegsminister General von Falkenhayn übernehmen solle." Dieser wolle, im Hinblick auf ständige Einmischungen von Nicht-Militärs, „um möglichst unabhängig und unbehindert zu sein, die O[berste] H[eeres] L[eitung] vom Großen Hauptquartier trennen." Außerdem behalte Falkenhayn „Major Tappen und Major Redern als Gehilfen in der Operationsabteilung."[351]

Falkenhayns neue, alte Konzeption

Erst nach und nach wurde deutlich, was Falkenhayn beabsichtigte, um wieder Schwung in die deutschen Operationen zu bringen. Am 16. September drang der schon durch Moltke betriebene Plan durch, die 6. Armee solle „über Maubeuge befördert werden, um entweder am äußersten rechten Heeresflügel Verwendung zu finden oder zwischen der 1. und 2. Armee."[352] Falkenhayn hielt weiterhin am Grundgedanken des deutschen Operationsplans fest, zunächst so rasch wie möglich den Gegner an der Westfront zu besiegen, um dann den Blick nach Russland zu wenden. Dabei wischte er Bedenken wegen der operativ ungünstigen Lage der deutschen Armeen nach der Marne-Schlacht einfach weg, ebenso die Tatsache, dass diese rein zahlenmäßig sogar unterlegen waren.[353]

Außerdem erforderte jeder neue deutsche Angriff in Nordfrankreich zeitraubende Truppenverschiebungen, bei denen die Deutschen auf einige wenige, mangelhaft wiederhergestellte Bahnlinien angewiesen waren, während die französischen Truppen über ein voll betriebsfähiges und intaktes heimisches Eisenbahnnetz zurückgreifen konnten. Dennoch hielten die Planer der OHL fast sklavisch am Überflügelungsgedanken fest. Falkenhayn hatte konkret den

---

351 BayHStA, GHA: NL Kronprinz Rupprecht, A 699, Eintrag vom 15. September 1914.
352 Ebd., Eintrag vom 16. September 1914.
353 Deist: Strategy and Unlimited Warfare. S. 271; Müller: Krafft von Dellmensingen. S. 374f; Strachan: The First World War. S. 280.

Entschluss gefasst, den Angriff mit der 1. und 2. Armee wiederaufzunehmen und zu deren Verstärkung die 6. Armee an den Rand des „Schlagflügels" zu verschieben. Zeitgleich sollte in der deutschen Heeresmitte der Durchbruch in der Festungsfront zwischen Toul und Verdun angestrebt werden, um französische Truppen zu binden und zu verhindern, dass diese an anderer Stelle eingesetzt würden. Sobald die 6. Armee am äußersten rechten Heeresflügel eingetroffen sein würde, sollte von ihr eine neue, weiträumige Umfassungsoperation gegen das französische Heer begonnen werden.[354]

Dieser Plan erforderte vor allem Manövrierfähigkeit, zudem musste die 6. Armee möglichst schnell in ihr neues Operationsgebiet gebracht werden. Dies gestaltete sich zu einem logistischen Abenteuer, denn für die Kräfteverschiebung von Metz zum rechten Flügel stand nur eine einzige doppelgleisige Bahnlinie zur Verfügung, welche über Aachen, Brüssel, Mons und Cambrai nach St. Quentin führte. Genau diese Strecke bildete auch den Nachschubweg für die 1., 7., 2. und 3. Armee. Die einzige Ausweichstrecke über Diedenhofen und Luxemburg war bei Namur durch eine gesprengte Brücke unterbrochen. Daher wurde die Masse der 6. Armee in der Gegend des belgischen Namur ausgeladen, um von dort aus per Fußmarsch ihr Zielgebiet zu erreichen.[355]

Auf der Fahrt von Metz nach Namur machte Kronprinz Rupprecht mit seinem Stab Halt in Luxemburg bei der OHL. Dort erläutere Falkenhayn die zukünftige Zusammensetzung der 6. Armee sowie das geplante weitere Vorgehen. Zunächst würden das „I. und II. b[ayerische] A[rmee] K[orps] sowie das XXI. A[rmee] K[orps] [...] dem A[rmee] O[ber] K[ommando] 6 unterstellt, später nach dem 23.9. [solle diesem] auch das XIV. A[rmee] K[orps] zugeführt werden und vielleicht auch die b[ayerische] Kavalleriedivision." Die neue Bestimmung der 6. Armee sei es, „die Entscheidung am Westflügel des Heeres herbeizuführen und dessen rechte Flanke zu sichern." Falkenhayn versicherte

---

354 Damit führte Falkenhayn die Doppelstrategie Moltkes fort, einerseits am rechten Flügel die Umfassung zu suchen, andererseits in der Heeresmitte den Durchbruch zu forcieren. Vgl. Afflerbach: Falkenhayn. S. 192f; Kielmannsegg: Deutschland und der Erste Weltkrieg. S. 62; Krafft: Bayernbuch. S. 14f; Strachan: The First World War. S. 267.
355 Wallach: Dogma der Vernichtungsschlacht. S. 187f.

dem Oberbefehlshaber der 6. Armee sogar, er ließe diesem „völlig freie Hand bei der Lösung dieser Aufgabe."[356] Außerdem „solle die 6. Armee zunächst die Versammlung ihrer Kräfte abwarten", bevor sie ins Geschehen eingreife, damit ihre maximale Schlagkraft ausgenützt werden könne.[357]

Dieser Auftrag bedeutete nichts weniger, als dass dem bayerischen Kronprinzen samt seiner 6. Armee nunmehr die Rolle der kriegsentscheidenden Kraft zugewiesen wurde. Für Rupprecht kam nun die lang ersehnte Möglichkeit in Betracht, frei operieren und manövrieren zu können. Kein Wunder also, dass man im AOK 6 dem Wechsel in der OHL sowie dem Falkenhayn'schen Operationsplan weit aufgeschlossener gegenüberstand als andernorts.[358] Krafft empfand zwar „die Lage Moltkes in Luxemburg [...] jetzt sehr bedauerlich." In seinem Tagebuch vermerkte er: „So wie Falkenhayn jetzt über ihn hinweggeht, alles bespricht und entscheidet, kann es eigentlich auf die Dauer nicht gehen."[359]

Rupprecht war jedenfalls mehr als erfreut über den neuen Auftrag, nicht zuletzt weil er die in Lothringen „der 6. Armee gestellte Aufgabe [als] unerfüllbar" empfand. Allerdings war auch die neue Rolle der 6. Armee am rechten Heeresflügel kein Selbstläufer, was mithin nicht jeder im Großen Hauptquartier begriffen hatte. Der Deutsche Kaiser nämlich gab Rupprecht zum Abschied aus Luxemburg vorfreudig mit auf dem Weg, dieser solle „alles bis zur See hin vom Feind säubern!" Erstaunt über so viel Naivität stellte Rupprecht später ganz richtig fest: „Als ob dies so leicht ginge, noch dazu mit so geringen Kräften!"[360]

Wiedereingreifen der 6. Armee an der Somme

In Namur angekommen, dem neuen Armeehauptquartier, wurde schnell klar, dass das AOK völlig in der Luft hing und „mit allen Stellen so ziemlich außer

356 BayHStA, GHA: NL Kronprinz Rupprecht, A 699, Eintrag vom 18. September 1914.
357 BayHStA, KA: NL Krafft, Nr. 183, Tagebucheintrag vom 18. September 1914.
358 Müller: Krafft von Dellmensingen. S. 374-377
359 BayHStA, KA: NL Krafft, Nr. 183, Tagebucheintrag vom 18. September 1914.
360 BayHStA, GHA: NL Kronprinz Rupprecht, A 699, Eintrag vom 18. September 1914.

Verbindung" geraten war.[361] Man überblickte vorerst nicht, „wo und wann die eigenen Truppen ankommen und wo sie sich bereits befinden." Angeblich sollten „die Transporte mit einer Zugfolge von 20 Minuten stattfinden", allerdings war „der ganze Bahnbetrieb [...] bei der Überlastung der Bahnen größeren Störungen ausgesetzt." Im AOK 6 wurde nun für die Armeekorps „eine Direktive mit einer Schilderung der allgemeinen Lage und einer Angabe der Vormarschrichtungen" vorbereitet. Ob aber die „Grundlagen bezüglich der Ankunftszeiten und Orte" überhaupt zutrafen, wusste zu diesem Zeitpunkt niemand.[362] Bis zum 20. September traf nach und nach erst das Gepäck der Stabsmitglieder in Namur ein, „was wegen des darin enthaltenen Bureau-Materials misslich" war.[363] Noch ärgerlicher aber war es, dass die „Funkerstation [...] noch nicht ausgeladen" war und man ohne Nachrichten in Namur festsaß.[364] Seit dem 15. September hatten die 1. und 2. Armee ihre Offensiven wieder aufgenommen. Dies führte zur Schlacht an der Aisne und bei Reims, die bis zum 22. September allerdings wieder ins Stocken geraten war.[365]

Selbst im von der Außenwelt fast abgeschlossenen Namur erfuhr man, dass bei „der 1. Armee [...] die Lage nicht günstig" sei.[366] Generalstabschef Krafft zürnte unterdessen über die unzureichende Materialversorgung: Es zeige sich, „dass unsere Kriegsrüstung für einen so gewaltigen Krieg nicht die genügenden Kräfte in den aktiven Truppen bereitgestellt hat. Sonst hätte die Operation nicht so versumpfen können, wie es jetzt der Fall ist."[367] In der Tat war seit einigen Tagen vor „der ganzen Heeresfront [...] das Gefecht zum Stehen gekommen."[368] Um wenigstens wieder Verbindung zu den eigenen Armee-

---

361   BayHStA, KA: NL Krafft, Nr. 146, Tagebucheintrag vom 18. September 1914.
362   BayHStA, GHA: NL Kronprinz Rupprecht, A 699, Eintrag vom 18. September 1914.
363   Ebd., Eintrag vom 19. September 1914.
364   BayHStA, GHA: NL Kronprinz Rupprecht, A 700, Eintrag vom 20. September 1914.
365   Müller: Krafft von Dellmensingen. S. 377f; Stevenson: Der Erste Weltkrieg. S. 84.
366   BayHStA, GHA: NL Kronprinz Rupprecht, A 700, Eintrag vom 20. September 1914.
367   BayHStA, KA: NL Krafft, Nr. 146, Tagebucheintrag vom 20. September 1914.
368   BayHStA, GHA: NL Kronprinz Rupprecht, A 699, Eintrag vom 17. September 1914.

korps zu bekommen, beabsichtigte das AOK 6, das Armeehauptquartier bald-möglichst nach St. Quentin vorzuverlegen.[369]

Kaum war man dort am 21. September angekommen, kündigte sich General von Falkenhayn an, mit Oberst Tappen in seinem Gefolge. Als die beiden am späten Abend beim AOK 6 eintrafen, hatten sie zuvor „sämtliche Armeen bereist." Man hatte Falkenhayn und Tappen während diesen Truppenbesuchen darauf hingewiesen, „dass die Lage nicht so ungünstig sei, wie die O[berste] H[eeres] L[eitung] angenommen hatte" und zudem vor „einem tropfenweisen Einsatz der 6. Armee" am rechten Heeresflügel gewarnt. Die ersehnte Verstärkung solle „einheitlich zu einem großen Schlage eingesetzt werden" um ihre volle Wirkung zu entfalten.[370] Endlich, nach einer wahren Odyssee auf den Bahnstrecken, waren die Truppen der 6. Armee fast vollständig am äußersten rechten Heeresflügel eingetroffen und konnten bald verwendet werden.[371]

Am 23. September griff die 6. Armee schließlich wieder in das Geschehen ein, indem sie in der Gegend von Noyon ihre Offensive aufnahm. Die Last der Entscheidung sollte nun, wie Falkenhayn es bestimmt hatte, auf ihr allein liegen. Aus einigen anfänglichen Scharmützeln in der französischen Picardie entwickelte sich am 24. September ein heftiges Gefecht in einer Linie von Noyon bis Albert. Die Truppen der 5. deutschen Armee griffen in den Ardennen massiv an, mit dem Ziel, die gegnerischen Truppen in der Heeresmitte zu zertrennen. Gleichzeitig versuchten sich die deutsche 6. Armee und die französische 2. Armee in der nördlichen Flanke gegenseitig zu überflügeln. Dies gelang nach heftigen Kämpfen keiner der beiden Armeen, auch wurde der deutsche Durchbruchsversuch unter großen Verlusten auf beiden Seiten zu-

---

369 Vgl. ebd., Eintrag vom 19. September 1914.
370 BayHStA, GHA: NL Kronprinz Rupprecht, A 700, Eintrag vom 21. September 1914.
371 Am 22. September war das XXI. preußische Armeekorps in St. Quentin ausgeladen worden. Das I. bayerische AK stand in der Gegend nördlich dieser Stadt, dass II. bayerische AK befand sich allerdings noch drei Tagesmärsche entfernt an der belgisch-französischen Grenze. Die 4. Kavalleriedivision deckte zunächst den Anmarsch des I. bayerischen AK, machte sich dann aber zum Schutz der rechten Flanke nach Cambrai auf. Vgl. Bayer. Kriegsarchiv: Die Bayern im Großen Kriege. S. 111f.

rückgewiesen. Bis zum 27. September wurde auf deutscher Seite deutlich, dass diese Operation am äußersten rechten Heeresflügel keinen Fortschritt bringen würde.[372]

Immer wieder tauchten unerwartet neue französische Armeekorps vor der Front der 6. Armee auf und verhinderten eine wirksame Umfassung.[373] Wenn man die wochenlangen gegenseitigen Überflügelungsversuche in Nordfrankreich und Flandern bis Mitte November 1914 auf der Karte verfolgt, wird schnell klar, wieso diese Kämpfe später als „Wettlauf zum Meer" betitelt wurden. Diese verharmlosende Bezeichnung führt allerdings völlig in die Irre. Nicht die Kanalküste war das Ziel dieser großangelegten Operationen, sondern die Umfassung und Vernichtung der gegnerischen Truppen.[374]

Zudem erfuhr Rupprecht die belastende Nachricht, dass sein „Bruder Franz durch einen Granatsplitter leicht verwundet worden" sei.[375] Der Armee-Oberbefehlshaber begann indessen die Geduld sowohl mit seinen Truppen als auch mit der OHL zu verlieren. Für ihn war es „höchste Zeit zu einem energischen Anpacken des Gegners, sonst verlängert sich dieser schließlich bis zum

---

372 Strachan: The First World War. S. 267f; Kielmannsegg: Deutschland und der Erste Weltkrieg. 64; Reichsarchiv: Der Weltkrieg. Fünfter Band. S. 84-91.

373 „Vortrag des Generalstabes zeigt, dass unsere 6. Armee auf unserem äußersten rechten Flügel, unter Führung des Kronprinzen von Bayern abermals auf zwei französische Armeekorps gestoßen ist, sodass eine Umfassung des französischen linken Flügels nicht erfolgt ist. Diese zwei Armeekorps haben nach bei Offizieren aufgefundenen Papieren die Bezeichnung ‚l'armée de Poursuite!' Na, wir wollen mal sehen, wer der Verfolgte ist." Zit. nach: Das Plessen-Tagebuch Juli 1914 – November 1918 sowie ausgewählte Korrespondenz Plessens. Abgedruckt in: Afflerbach, Holger: Kaiser Wilhelm II. als Oberster Kriegsherr im Ersten Weltkrieg. Quellen aus der militärischen Umgebung des Kaisers 1914-1918. München, 2005. S. 639-954. Hier: S. 669.

374 Es kann allenfalls als Hintergedanke Falkenhayns gelten, im Fall des Scheiterns einer Umfassung wenigstens die Kanalküste mit Calais und Dünkirchen zu besetzen, um dadurch die englischen Truppentransporte über den Ärmelkanal zu erschweren und zugleich Basen für einen zukünftigen Seekrieg gegen England zu schaffen. Vgl. Strachan: The First World War. S. 270; vgl. ebenso: Afflerbach: Falkenhayn. S. 193f; Stevenson: Der Erste Weltkrieg. S. 101f.

375 BayHStA, GHA: NL Kronprinz Rupprecht, A 700, Eintrag vom 27. September 1914. Zur Verwundung von Prinz Franz existiert eine kleine handschriftliche Notiz: „Granatsplitter aus meiner Wunde vom 26.9.1914 bei Vermant [unleserlich], in München herausgeschnitten. Franz", BayHStA, GHA: NL Prinz Franz, Nr. 195.

Meere! Alles muss rücksichtslos vor!"[376] Als die Truppen der 6. Armee Lothringen verlassen hatten, hatte für sie die vage Aussicht auf entscheidende Schlachten im Norden Frankreichs bestanden. Nach einer beschwerlichen Bahnfahrt, sowie tagelangen Eilmärschen von insgesamt 150 Kilometern in nicht einmal einer Woche, waren die frisch aufgefüllten Armeekorps allerdings nicht mehr in der Lage, dem Gegner große Geländegewinne abzutrotzen. Nach erbitterten Kämpfen in der Picardie verharrte man auch hier in einem Patt.[377]

Im Armeehauptquartier der 6. Armee gab man den Truppen und Unterführern die Schuld. General von Krafft empfand es „wirklich lächerlich", als immer neue Meldungen über „von langer Hand vorbereitete Stellungen" von den Armeekorps eingingen. Er spottete, die Truppen sähen jetzt schon „überall, hinter jedem Schützengraben „Forts" oder „Festungen."[378] Tatsache war, wie Krafft notierte, dass man nun „fast zwei Monate im Felde [war] und noch so wenig Entscheidendes erzielt [hatte]! Und so schwache Aussichten vorläufig für gründliche Besserung!"[379]

Umfassungsversuche

Sowohl Falkenhayn auf deutscher Seite als auch der französische Oberbefehlshaber Joffre hatten nunmehr begonnen, alle verfügbaren Kräfte an die äußerste Flanke zu verschieben. Bis zum 1. Oktober bestand die französische 2. Armee aus nicht weniger als acht Armeekorps, die sich über eine Front von 100 Kilometern erstreckten. Die 6. Armee, ebenfalls gewaltig angewachsen, bekam am 28. September die Aufgabe, die Entscheidung weiter westlich zu suchen.[380] Eile war jedenfalls geboten „bei dem Wettrennen um den äußersten Flügel", denn Rupprecht war überzeugt, wenn die Truppen der 6. Armee „nicht oberhalb Amiens über die Somme [übersetzten], [so kämen sie] über-

---

376 BayHStA, GHA: NL Kronprinz Rupprecht, A 700, Eintrag vom 26. September 1914.
377 Bayer. Kriegsarchiv: Die Bayern im Großen Kriege. S. 121.
378 BayHStA, KA: NL Krafft, Nr. 146, Tagebucheintrag vom 27. September 1914.
379 Ebd., Nr. 147, Tagebucheintrag vom 1. Oktober 1914.
380 Strachan: The First World War. S. 268.

haupt nicht mehr hinüber, denn unterhalb von Amiens wird sie sehr sumpfig und breit."[381]

Allerdings hatte Falkenhayn, obwohl er Rupprechts 6. Armee für die kommenden Aufgaben verstärkt hatte, noch immer nicht die Hoffnung auf einen Durchbruch in der französischen Heeresmitte aufgegeben. Daher war er zum Unmut Rupprechts nicht bereit gewesen, das deutsche Zentrum zu Lasten des rechten Flügels zu schwächen.[382] Überhaupt konnte der Oberbefehlshaber der 6. Armee mit „dem Gange der Ereignisse recht wenig zufrieden" sein.[383] Infolge des „allzu großen Anwachsens der 6. Armee" war man in der OHL zum Schluss gekommen, „dass eine Neueinteilung der Armeen notwendig sei." Als sich abzeichnete, dass die 6. Armee in zwei Gruppen unterteilt würde, bat Rupprecht darum, dass ihm „die Gruppe nördlich der Somme [...] übertragen" werde, wenngleich er bedauerte, dass er sich ungern „von [seinem] alten Korps, dem I. b[ayerischen], trenne." Frustriert notierte der Armee-Oberbefehlshaber erneut, er sei „mit der Lage wenig zufrieden und habe den Eindruck, dass in der letzten Zeit [am] rechten Flügel günstige Augenblicke zum Handeln verpasst wurden."[384]

Bei aller Verstimmung übersah er nicht, dass die blutigen Verluste unter seinen Truppen mittlerweile entsetzliche Ausmaße angenommen hatten.[385] Folgendes Bild der Lage zeichnete sich laut Kriegstagebuch des AOK 6 am 29. September ab: „Nördlich der Somme halten sich die Kräfte die Waage. Eine

---

381 BayHStA, GHA: NL Kronprinz Rupprecht, A 700, Eintrag vom 27. September 1914.
382 Strachan: The First World War. S. 268.
383 BayHStA, GHA: NL Kronprinz Rupprecht, A 700, Eintrag vom 2. Oktober 1914.
384 Ebd., Eintrag vom 29. September 1914.
385 Ebd., Eintrag vom 2. Oktober 1914; Kronprinz Rupprecht berichtete seinem Vater von den erbitterten Kämpfen der 6. Armee am rechten Heeresflügel, „in denen es [...] nur schrittweise unter großen Opfern" gelungen war, Boden zu gewinnen. Die Angriffe begegneten „großen Schwierigkeiten wegen des eingetretenen Mangels an Offizieren." Weiter meinte er zu wissen, dass „die Novemberschlachten des Jahres 1870 [...] lange nicht so aufreibend und mörderisch" gewesen seien. Noch nie sei „ein Krieg mit ähnlicher Heftigkeit geführt" worden. Vgl. BayHStA, GHA: NL König Ludwig III., Nr. 59, Rupprecht an Ludwig III. vom 29. September 1914.

Entscheidung ist bisher nicht gefallen. [...] Absicht: Angriff nördlich der Somme fortzuführen unter Festhaltung an dem Umfassungsgedanken."[386]

Das Ringen um die Flanke ging weiter nordwestlich in die nächste Runde. Zunächst entwickelte sich ein kleines Gefecht bei Douai, ab dem 2. Oktober die Schlacht bei Arras.[387] Das AOK 6 plante, in „Zusammenwirkung mit dem rechten Flügel der 1. Armee [...], den feindl[ichen] linken Heeresflügel durch Umfassung bei Arras von Norden und nach Durchbruch in der Gegend von Roye durch Umfassung von Süden her in Richtung Amiens zusammenzudrängen."[388] Wenn man die Kräfteverteilung in der Schlacht von Arras betrachtet, erscheinen Rupprechts Pläne zumindest ausgesprochen ehrgeizig. Tatsächlich war die Operation einige Tage lang erfolgreich, denn bis zum 4. Oktober war Arras von der Einkreisung bedroht. Kurz war sogar ein französischer Rückzug ins Auge gefasst worden, dann aber konnten die deutschen Angriffe doch angehalten werden.[389]

Die verfahrene Lage spiegeln folgende Bemerkungen Rupprechts in einem Brief an seinen Vater wider: „Tag um Tag machen wir Fortschritte, leider keine erheblichen, denn der Gegner ist äußerst zäh." Rupprecht hoffte jedoch noch „immer auf einen plötzlichen Zusammenbruch der Franzosen". Weiter berichtete er, seine Truppen hätten in den letzten Tagen „etwa 30 km nach vorne gewonnen in ununterbrochenen Kämpfen."[390]

---

386 BayHStA, KA: AOK 6, Bund 1, Eintrag im Kriegstagebuch vom 29. September 1914.

387 Bayer. Kriegsarchiv: Die Bayern im Großen Kriege. S. 121.

388 BayHStA, KA: AOK 6, Bund 1, Eintrag im Kriegstagebuch vom 4. Oktober 1914; In der Umfassung des Gegners bei Arras sah Kronprinz Rupprecht die Chance zur Entscheidungsschlacht. Seinem Vater schrieb er: „Morgen Angriff der ganzen Armee. Bis übermorgen muss die Entscheidung fallen über den zweiten Teil des Feldzuges." Der Angriff kam zwar nicht ganz so gut voran wie geplant, dennoch war sich Rupprecht sicher: „Die Krisis ist indessen überwunden: seit heute Morgen sind wir auf dem entscheidenden Flügel in ununterbrochen erfolgreichem Vordringen und ich hoffe bestimmt demnächst einen Sieg melden zu können." Vgl. BayHStA, GHA: NL König Ludwig III., Nr. 59, Rupprecht an Ludwig III. vom 29. Oktober 1914.

389 Strachan: The First World War. S. 268; Reichsarchiv: Der Weltkrieg. Fünfter Band. S. 146-221.

390 BayHStA, GHA: NL König Ludwig III., Nr. 59, Rupprecht an Ludwig III. vom 9. Oktober 1914.

Da die Oberste Heeresleitung sowohl eine Umfassung des Gegners am äußersten rechten Flügel als auch den Durchbruch in der Heeresmitte zwischen Toul und Verdun erstrebte, stießen die deutschen Truppen bald erneut an die Grenzen ihres physischen Vermögens.[391] Die überzogenen Vorstellungen der OHL führten zu einer deutlichen Verschlechterung der Beziehungen zum AOK 6. Krafft hielt eine „interessante telefonische Auseinandersetzung zwischen Hentsch und Tappen" fest. Letzterer, im neuen Hauptquartier der OHL in Charleville-Mezières, wollte es „absolut nicht glauben und verstehen [...], dass es auf dem rechten Flügel so langsam geht." Krafft berichtete, „Hentsch wurde schließlich ziemlich deutlich. Am Willen fehle es ja hier nicht. Aber man unterschätzt die Schwierigkeiten dieses Angriffes in Mezières ebenso, wie wir zuerst nicht daran glauben wollten."[392]

Als am folgenden Tag, dem 4. Oktober, General von Falkenhayn mit Oberst Tappen im Gefolge das AOK 6 aufsuchte, hatte Krafft für sie in seinem Tagebuch nur Spott und Hohn übrig.[393] Kronprinz Rupprecht wurde eine Woche später durch den Stabschef der 2. Armee, Generalleutnant von Lauenstein, zugetragen, der „Plan einer doppelten Umfassung des Gegners sei Falkenhayn persönlich entsprungen." Ein derartiges Vorhaben hätte sich seiner Ansicht nach aber „nur im Falle großer eigener Überlegenheit" verwirklichen lassen. Von Lauenstein berichtete, „Oberstleutnant von Tappen sei [...] für eine Umfassung des Gegners von unserem rechten Flügel aus eingetreten und die jetzige Operation sei ein unglücklicher Kompromiss zwischen diesen beiden Anschauungen." Das eigentliche Problem dabei sei, dass „Falkenhayn [...] immer erst neue Kräfte nach dem äußeren Flügel entsendet [habe], wenn ein neuer Gegner dort aufgetaucht sei." Falkenhayn habe „dem Gegner stets die Vorhand gelassen und sei daher mit seinen Gegenmitteln stets zu spät ge-

---

391 Müller: Krafft von Dellmensingen. S. 378.
392 BayHStA, KA: NL Krafft, Nr. 183, Eintrag vom 3. Oktober 1914.
393 „Was die Leute in der Welt herumfahren! Sie genieren uns nur in der Arbeit, bleiben ohne Nachrichten und versäumen die Zeit für ihre eigene Arbeit. Man glaubt nicht, wie sehr ein solcher Besuch aufhält." Ebd., Eintrag vom 4. Oktober 1914.

kommen." Diesem Urteil über die vergangenen Tage stimmte Kronprinz Rupprecht verärgert zu.[394]

Am 12. Oktober fiel Lille beinahe kampflos in die Hände der 6. Armee, wobei Major Rudolf von Xylander eine entscheidende Rolle spielte. Rupprecht schrieb ihm gar „das ganze Verdienst der Einnahme" zu. Xylander befahl den zögernden Truppen „auf eigene Verantwortung im Namen des Oberkommandos und ganz in dessen Sinne" den Angriff und stürmte zusammen mit „den zunächst stehenden Bataillonen [...] das vorderste Tor." Dies veranlasste Rupprecht, seinem Vater mitzuteilen, er werde Xylander „für den Max-Josephsorden vorschlagen."[395] Nachdem der französische Kommandant des nunmehr umstellten Lille zunächst die Aufforderung zur Übergabe zurückgewiesen hatte, ließ der deutsche Divisionskommandant „die Stadt mit sämtlichen Geschützen beschießen." Dabei entstanden „sehr viele Brände, die zur Folge hatten, dass gegen Abend eine weiße Flagge zum Zeichen der Übergabe gehisst wurde."[396]

Nur langsam war klar geworden, dass die 6. Armee die Entscheidung am rechten Flügel nicht alleine erzwingen konnte. Die erstarrende Front hatte sich durch die wochenlangen Kämpfe lediglich immer weiter nach Norden verlagert. Der schmale Landstreifen zwischen Lille und der Kanalküste war zum letzten freien Operationsraum an der Westfront geworden, hier sollte nun auch die Kriegsentscheidung fallen.[397] Falkenhayn kam zugute, dass, nachdem Lille durch die 6. Armee besetzt worden war und auch weitere deutsche Erfolge in Gent, Brügge, Ostende und Antwerpen sich aneinander reihten,

---

394 Kurioserweise würde dieses Urteil ebenso gut auf Moltkes Operationsführung vier Wochen zuvor passen. Falkenhayn suchte wie dieser eine doppelte Umfassung und versäumte es, an irgendeiner Stelle eine tatsächliche Überlegenheit herzustellen. Auch herrschten offenbar weiterhin unterschiedliche Strömungen innerhalb der OHL. Vgl. BayHStA, GHA: NL Kronprinz Rupprecht, A 700, Eintrag vom 11. Oktober 1914.

395 BayHStA, GHA: NL König Ludwig III., Nr. 59, Rupprecht an Ludwig III. vom 15. Oktober 1914.

396 BayHStA, GHA: NL Kronprinz Rupprecht, A 700, Eintrag vom 12. Oktober 1914.

397 Kielmannsegg: Deutschland und der Erste Weltkrieg. S. 65; Strachan: S. 274f.

erhebliche deutsche Kräfte zu einer anderweitigen Verwendung frei wurden.[398]

Durchbruchsangriff in Flandern

Falkenhayn hatte noch einen vermeintlichen Trumpf in der Hinterhand: Die neugeschaffene 4. Armee unter Herzog Albrecht von Württemberg, welche durch die Masse der schweren Artillerie verstärkt wurde.[399] Der Großteil dieser fünf Reservekorps war seit August hastig ausgebildet und fristgerecht einsatzbereit gemacht worden. Obgleich einerseits erhebliche Zweifel darüber bestanden, ob diese neuen Truppen schon für den Einsatz an vorderster Front geeignet waren und andererseits die freigewordenen Truppenteile dringend einige Tage Ruhepause benötigt hätten, setzte man sich in der Obersten Heeresleitung über alle Bedenken hinweg. An der Ostfront wurde die Lage immer kritischer, daher war es nun unbedingt notwendig, an der Westfront endlich den ersehnten Erfolg zu erzielen.[400]

Die Oberste Heeresleitung hatte erkannt, dass nördlich von Lille noch freier Raum zum Manövrieren vorhanden war und nur dort der Gegner entscheidend geschlagen werden konnte. Nebenbei würde eine Anlehnung der rechten deutschen Flanke an den Ärmelkanal die Gefahr einer Umfassung durch den Gegner beenden; Gründe genug also, um die Kanalküste mit ihren wichtigen Städten wie Calais und Dünkirchen als neuen Operationsraum ins Auge zu fassen. Natürlich war auch den englischen und französischen Armeeführern die Chance zur Kriegsentscheidung in diesem Raum durchaus bewusst. Auf des Gegners Seite beabsichtigte man nunmehr, von diesem Raum aus tief

398 Müller: Krafft von Dellmensingen. S. 379.
399 Wallach: Dogma der Vernichtungsschlacht. S. 190.
400 Afflerbach: Falkenhayn. S. 194; Die Erfolge der 8. deutschen Armee in den Schlachten bei Tannenberg und an den Masurischen Seen im August/ September 1914 wurden in der deutschen Propaganda überschwänglich gefeiert. Während die erste der beiden Schlachten tatsächlich einen strategischen Sieg darstellte, war in der zweiten nur ein taktischer Erfolg erzielt worden. Dies zeigte sich in den nachfolgenden Wochen. Eine russische Gegenoffensive trieb die deutschen Truppen bis zum 25. September wieder auf die Grenze zurück und besetzte sogar wieder kleinere Teile Ostpreußens. Die fortdauernde Bedrohung jener deutschen Provinz konnte erst Monate später abgewendet werden.

nach Belgien einzudringen, Antwerpen von der deutschen Belagerung zu entsetzen sowie Brüssel zurückzuerobern.[401]

Major von Mertz, der Ia-Offizier des Oberkommandos der 6. Armee wurde am Abend des 13. Oktober „nach Mezières zur O[bersten] H[eeres] L[eitung] berufen" und brachte am folgenden Tag von „dort einen Auftrag, der [Rupprecht] sehr wenig erfreute." Falkenhayn plante eine erneute Falle für die französischen Truppen. Dazu sollte sich die „6. Armee strikt defensiv [...] verhalten", um den Gegner zu einer Umfassung zu verleiten. Währenddessen sollte die „4. Armee den Boden eines Sackes bilden, von dem man hofft, dass der Gegner in ihn hineingerät."

Beim bayerischen Kronprinzen stieß dies auf ausgesprochen wenig Gegenliebe, denn seiner Ansicht nach war diese „Aufgabe jener analog, die [...] zu Anfang des Feldzuges gestellt war." Er meinte, es sei dabei „ebenso fraglich wie damals, ob der Gegner in den geöffneten Sack auch wirklich hineinläuft." Die Operation sei „höchst bedenklich", denn man überlasse damit „dem Gegner völlig die Initiative." Bleibe die 6. Armee defensiv, sei es wahrscheinlich, dass die Franzosen „in einer starken Stellung sich eingraben [...] und in aller Ruhe das Herankommen weiterer Verstärkungen abwarten [um die] Front bis zum Meere [zu] verlängern." Kronprinz Rupprecht plädierte daher nach wie vor „für die Zerhauung des gordischen Knotens, das heißt für einen Angriff [des] rechten Flügels [der 6. Armee] mit den frischen Truppen", um den Gegner in einer Umfassungsschlacht doch noch zu besiegen.[402] Jede weitere Verzögerung bedeutete für die 6. Armee nichts anderes als verlorene Zeit, in welcher der Gegner weitere Armeekorps an die bedrohte Flanke verschieben konnte. Obgleich Kronprinz Rupprecht nicht nachgab und „drei Mal Offiziere zu Falkenhayn schickte, um die Genehmigung zum Vorgehen zu erwirken", hielt ihn die OHL zurück.[403]

---

401 Müller: Krafft von Dellmensingen. S. 378f; Kielmannsegg: Deutschland und der Erste Weltkrieg. S. 65.

402 BayHStA, GHA: NL Kronprinz Rupprecht, A 700, Eintrag vom 14. Oktober 1914.

403 Zwei Wochen später notierte sich der bayerische Kronprinz im Rückblick auf diese Situation, er habe sich hilfesuchend an den gerade anwesenden Kaiser gewandt, doch „zitierte dieser als Antwort die Verse von Kleist, in denen der große Kurfürst den Prinzen von Homburg vom Angriff zurückhält." Währenddessen teilte Falken-

Schließlich gab man dort dem beständigen Drängen des bayerischen Oberkommandos doch nach und gewährte diesem unerwartet eine „völlige Hand-
lungsfreiheit", mit der Begründung, dass „man die Verhältnisse vom Großen
Hauptquartier aus doch nicht so völlig überblicken könne." Man „gestatte [der
6. Armee] sogar, offensiv zu werden." Verbittert musste Rupprecht feststellen: „Hätte die O[berste] H[eeres] L[eitung] dies nur schon früher getan,
denn so ist kostbare Zeit unnütz vergeudet worden."[404] Die 6. Armee solle, so
fasste Rupprecht Falkenhayns neue Weisung zusammen, „über Arras hinaus
die feindliche Front [...] durchbrechen[...], um womöglich den Gegner nach
Norden abzudrängen, der gleichzeitig von Brügge aus gefasst werden würde.
Also wiederum die Idee einer doppelten Umfassung!"[405]

Am Nachmittag des 16. Oktober besuchte General von Falkenhayn zusammen
mit Oberstleutnant Tappen das AOK 6 erneut, diesmal in dessen neuen
Hauptquartier in Douai. Sie teilten dort dem bayerischen Kronprinzen mit, die
„4. Armee würde spätestens bis zum Abend des 18. mit ihrem linken Flügel
Menin erreichen." Die 6. Armee solle „bis dahin einen Durchbruch vorbereiten,
am besten in Richtung auf Béthune", um so möglicherweise die Franzosen
von den Engländern zu trennen. Rupprecht machte die beiden Besucher von
der OHL darauf aufmerksam, dass die 6. Armee in diesem Fall „wegen man-
gelnder Kräfte auf die Wegnahme von Arras [...] verzichten" müsse. Außerdem wandte er ein, dass „ein Durchbruch in der Richtung auf Béthune großen
Schwierigkeiten begegnen und sich [...] sehr zeitraubend gestalten würde."
Nachdem Rupprecht am Abend mit Falkenhayn gespeist hatte, konnte er
diesen „endlich für ein Vorgehen der 6. Armee zwischen der Lys und dem
Kanal von La Bassée" gewinnen, indem er ihm erneut die Schwierigkeiten
eines weiter südlich angesetzten Durchbruchsversuchs darlegte. Damit war

---

hayn dem bayerischen Militärbevollmächtigten im Großen Hauptquartier General
von Wenninger großspurig mit, selbst „wenn der Kronprinz von Bayern sich auf
den Kopf stellt, angreifen darf er jetzt nicht." Vgl. ebd., Eintrag vom 30. Oktober
1914.

404 Ebd., Eintrag vom 15. Oktober 1914.
405 Ebd., Eintrag vom 14. Oktober 1914.

der Angriff auf Arras endgültig aufgegeben und der Weg für eine Durchbruchsoffensive bereitet.[406]

Ab dem 20. Oktober entsprang hieraus die später so genannte „Erste Flandernschlacht". Die neuaufgestellte 4. Armee des Herzogs Albrecht von Württemberg griff mit Hilfe der frischen, aber schlecht ausgebildeten und unzureichend bewaffneten Ersatztruppen die feindlichen Stellungen entlang der Yser an, während die 6. Armee des Kronprinzen von Bayern von Lille aus nach Westen vordrang, in Richtung auf die flämische Küste.[407] Mit Ausnahme des III. Reservekorps bestand die 4. Armee ausschließlich aus unerfahrenen Truppen.[408] Die 6. Armee hatte ebenfalls zur Verstärkung „von der Obersten Heeresleitung wieder mehr bayerische Truppen zugewiesen [bekommen], nämlich die neugebildeten."[409]

Rupprecht notierte hoffnungsvoll, „die Situation [sei] sehr günstig." Es bestand die „Aussicht, dass die 4. Armee [...] die englische Nordgruppe von Osten frontal anfasst und von Norden her mit ihren übrigen Kräften sie aufrollt", während die Truppen der 6. Armee weiter südlich versuchen würden, „zwischen dem III. und II. englischen A[rmee] K[orps] durchzubrechen." Schon am Abend jenes Tages schien sich diese Hoffnung teilweise wieder zu zerstreuen. Zwar ließ „sich die Lage noch nicht völlig übersehen, doch scheinen die erzielten Fortschritte gering zu sein. Die Kämpfe waren sehr heftig gewesen."[410]

Nach wenigen Tagen wurde offensichtlich, dass der Durchbruch der 6. Armee in dem schwierigen Sumpfgelände Flanderns zum Scheitern verurteilt war.

---

406 Ebd., Eintrag vom 16. Oktober 1914; Vgl. Reichsarchiv: Der Weltkrieg. Fünfter Band. S. 291-295.

407 Müller: Krafft von Dellmensingen. S. 380; Strachan: The First World War. S. 276f.

408 Bayer. Kriegsarchiv: Die Bayern im Großen Kriege. S. 137.

409 Seit dem 10. September war in München und Nürnberg damit begonnen worden, die 6. bayerische Reservedivision zu mobilisieren. Die Infanterie dieser Division bestand aus einem Drittel Kriegsfreiwilliger sowie zwei Dritteln Ersatzreservisten, die Offiziere waren überwiegend inaktiv und nicht mehr dienstpflichtig. Nachdem die notdürftigste Ausbildung beendet war, wurden diese völlig unerfahrenen Truppen am 20. Oktober an die Front zur 6. Armee befördert. Vgl. Bayer. Kriegsarchiv: Die Bayern im Großen Kriege. S. 137; BayHStA, GHA: NL König Ludwig III., Nr. 59, Rupprecht an Ludwig III. vom 19. Oktober 1914.

410 BayHStA, GHA: NL Kronprinz Rupprecht, A 700, Eintrag vom 20. Oktober 1914.

Unter immensen Verlusten brachen die Angriffe immer wieder zusammen.[411]
Bereits am 21. Oktober vermerkte das Kriegstagebuch des AOK 6: „Der Angriff ist zum Stehen gekommen. Auch linker Flügel der 4. Armee ist nicht vorwärts gekommen. Bei den Korps der 4. Armee scheinen alle Mängel, die improvisierten Truppen anhaften, sich fühlbar zu machen. Man hat geringes Zutrauen in die Angriffskraft der 4. Armee. [...] Die 6. Armee will am 22. den Angriff fortsetzen und setzt zu dem Zwecke ihre letzte Reserve [...] ein."[412]
Während sich die 4. Armee in schweren Gefechten bis zum 27. Oktober unter blutigsten Verlusten von Sieg zu Sieg schleppte, sollte es nunmehr Aufgabe der 6. Armee sein, durch fortgesetzte Angriffe zumindest jede Kräfteverschiebung des Gegners in Richtung der 4. Armee zu verhindern.[413]
Immer ärgerlicher empfand man im Armeehauptquartier der 6. Armee die nunmehr ständigen Einmischungen durch die OHL. Die Angriffe steckten auf der gesamten Front fest, dennoch wies man das AOK 6 erneut auf seine Bedeutung hin: „Von der rücksichtslosesten Offensive der 6. Armee hängt die Entscheidung des Feldzuges ab." Obwohl dies auch einige Zeit lang die Überzeugung des bayerischen Kronprinzen gewesen war, klang diese Forderung mittlerweile für ihn „wie ein Hohn". Wie sollte die 6. Armee denn „eine rücksichtslose Offensive führen, wenn es [ihr] an der hierzu benötigten Munition gebricht?" Rupprecht hatte längst erkannt, dass „die verfügbaren Kräfte so gering bemessen [waren], dass es [...] fraglich erscheint, ob [die 6. Armee] den Angriff lange [...] fortsetzen" könne.[414]
Einige weitere Tage des Blutvergießens vergingen, ohne dass „nennenswerte Fortschritte erzielt" worden wären und es machte sich „deutlich ein allmähliches Erlahmen der Angriffskraft" der Truppen der 6. Armee bemerkbar.[415]
Auch Krafft verfiel zunehmend in Ratlosigkeit. Er vermerkte, es sei „ein Kreuz, dass [man] nicht mehr zu einer frischen Bewegung" gelange und rätselte: „Es

411 Afflerbach: Falkenhayn. S. 194.
412 BayHStA, KA: AOK 6, Bund 1, Eintrag im Kriegstagebuch vom 21. Oktober 1914.
413 Bayer. Kriegsarchiv: Die Bayern im Großen Kriege. S. 138; Reichsarchiv: Der Weltkrieg. Fünfter Band. S. 304-326.
414 BayHStA, GHA: NL Kronprinz Rupprecht, A 700, Eintrag vom 21. Oktober 1914.
415 Ebd., Eintrag vom 22. Oktober 1914.

ging doch im Anfang des Feldzuges. Warum geht es jetzt nicht mehr?" Der Gegner, so schloss Krafft, sei „sich leider der Stärke der eingegrabenen Defensive mehr bewusst geworden und die Leute, die darauf los und drüber weg stürmen, liegen zumeist unter dem Rasen."[416]

Rupprecht und Krafft waren trotzdem nach wie vor überzeugt, dass die Kriegsentscheidung an ihrer Front noch zu erreichen war. Um neuen Schwung in die Angriffe zu bekommen, sollten dem bayerischen Kronprinzen weitere Truppen zugewiesen werden, unter anderem das II. bayerische AK sowie das XV. AK. Dies führte allerdings zu erneuten Meinungsverschiedenheiten des AOK 6 mit der Obersten Heeresleitung. Am Nachmittag des 25. Oktober fuhr General von Krafft „nach Mezières, wohin er von Gen[eral] v[on] Falkenhayn berufen war, um die Frage des Einsatzes der neu eintreffenden Korps zu besprechen."[417]

Die OHL drängte auf einen Angriff in nordwestlicher Richtung, um die 4. Armee besser zu unterstützen. Die letzten Tage hatten bewiesen, dass eine Fortführung des bisherigen Angriffs östlich von Ypern keine Aussicht auf Erfolg hatte, sondern nur weiteres ergebnisloses Blutvergießen mit sich bringen würde. Daher entschloss sich die OHL, einen neuen Angriffsversuch zu starten. Um die schwache Stelle des Gegners zu treffen, wurde aus den Truppen

---

416 BayHStA, KA: NL Krafft, Nr. 183, Eintrag vom 20. Oktober 1914.

417 BayHStA, GHA: NL Kronprinz Rupprecht, A 700, Eintrag vom 25. Oktober 1914; In Kraffts Aufzeichnungen findet sich, dass die Besprechung mit General von Falkenhayn [...] sehr lange" gedauert hatte, was an heftigen Auseinandersetzungen des bayerischen Generals mit dem Generalquartiermeister gelegen hatte. Falkenhayn warf dem Chef des Stabes der 6. Armee abermals „das Nichtdurchdringen der Angriffe und das Versagen der schweren Artillerie" vor, dieser wies im Gegenzug darauf hin, „dass die Anweisungen nicht bestimmter gegeben werden konnten. Wenn es aber die Truppe nicht macht, kann es die Führung jetzt schwer erzwingen." Falkenhayn stellte Krafft die zugegebenermaßen befremdliche Frage: „Ist schon ein General gefallen? Warum setzen die sich nicht an die Spitze? Ich, wenn ich könnte, würde das tun!" Für den bayerischen Generalstabschef war dies ein „unerhörter Zweifel an der Pflichttreue und dem Opfermut der höheren Führer, der ganz unangebracht ist." Daraufhin wurde Krafft vom sichtlich zornigen Falkenhayn „vorgehalten, die 6. Armee habe ein Vielfaches der Munition anderer Armeen verschossen." Krafft entgegnete: „Gewiss! Sie ist aber auch dreimal so stark als die anderen, sie ist ununterbrochen in harten Kämpfen gestanden!"; Vgl. BayHStA, KA: NL Krafft, Nr. 183, Eintrag vom 25. Oktober 1914.

eine neue „Stoßtruppe" geschaffen, die zwischen der 4. und 6. Armee durchbrechen sollte. Diese „Armeegruppe Fabeck" wurde aus dem II. bayerischen sowie dem XV. AK gebildet, dazu kamen noch die 6. bayerische Reservedivision sowie die 26. Infanteriedivision.[418]

Nach wie vor hielt Rupprecht allerdings am „Gedanken fest, im Höhengelände nördlich von Bailleul in Richtung auf Cassel vorzugehen, in der Absicht, die Hauptmasse der Engländer vom Meer abzudrängen." Er war sich sicher, mit dem Vordringen der Armeegruppe Fabeck „auf Ypern und Poperinghe [würde] wegen der Ablösung des XIII. A[rmee] K[orps] nur kostbare Zeit" verloren gehen.[419] Um seinen Forderungen gegenüber der OHL Nachdruck zu verleihen, erließ er einen Armeetagesbefehl, „der zum energischen Angriff anspornte."[420]

Der Angriff der jungen Regimenter der 4. Armee war unter großen Verlusten bis zum 29. Oktober vorangeschritten. Die Truppen hatten den gut verteidigten Yserabschnitt südlich von Nieuport überwunden, die Stadt daher von Süden eingeschlossen und waren dabei, Ramscapelle zu erobern, doch in der Nacht auf den 30. Oktober sprengten Belgier die Kanalschleusen und überschwemmten damit weite Teile des Schlachtfeldes. Der Angriff der 4. Armee musste aufgegeben werden, an einen Durchbruch war nicht mehr zu denken.[421]

Dagegen war das Vorgehen der Armeegruppe Fabeck am 30. Oktober zunächst mehr als vielversprechend. Bis zum späten Nachmittag war das Dorf Hollebeke mitsamt dem dazugehörigen Schloss erobert, auch Zaandvoorde und Wambeke waren von den deutschen Truppen genommen worden. Auch am folgenden Tag waren die deutschen Geländegewinne beträchtlich. Die gegnerischen Truppen waren weiter in Richtung Ypern zurückgedrängt worden, dennoch mussten aufgrund der zähen Gegenwehr der letzten Tage Bedenken aufkommen, ob der Durchbruch durch die feindlichen Linien tatsäch-

---

418   Bayer. Kriegsarchiv: Die Bayern im Großen Kriege. S. 139.
419   BayHStA, GHA: NL Kronprinz Rupprecht, A 700, Eintrag vom 26. Oktober 1914.
420   Ebd., Eintrag vom 27. Oktober 1914.
421   Bayer. Kriegsarchiv: Die Bayern im Großen Kriege. S. 138; Krafft: Bayernbuch. S. 42f.

lich möglich sei. Vor allem wurde offensichtlich, dass auf des Gegners Seite ständig Verstärkungen in die bedrohten Linien eingefügt wurden. Auch die Besonderheiten des flandrischen Geländes mit seinen vielen Waldstücken, dichten Hecken und ausgedehnten Ortschaften kamen einer defensiven Gefechtsweise weit mehr entgegen als einem Angriff. Seit dem 1. November hatten sich die deutschen Verluste gehäuft und die Angriffe waren in einem englischen Gegenangriff stecken geblieben.[422]

Auf Nachfrage der OHL, ob der Angriff noch für wenigstens drei weitere Tage fortgesetzt werden könne, entgegnete Kronprinz Rupprecht, er müsse „nach [seinen] bisherigen Erfahrungen […] bezweifeln, dass die Truppe hierzu noch im Stande" sei. Dennoch versprach er, „es würde aber das Menschenmögliche getan, um den Angriff im Flusse zu erhalten."[423] Währenddessen hatte sich auf dem gesamten „übrigen Teil der Armeefront […] nichts Wesentliches ereignet." Das AOK 6 setzte das „Heranarbeiten an den Feind mit Schützengräben" fort. Damit hatte der Stellungskrieg auch am letzten Abschnitt der Westfront begonnen. Das Kriegstagebuch der 6. Armee vermerkte: „Man liegt sich überall auf nahen und nächsten Entfernungen gegenüber."[424] Die Kämpfe kamen trotzdem nicht zum Stehen. Blutige Verluste begleiteten die kleinen Geländegewinne der deutschen Truppen, auch wurden immer wieder feindliche Gegenangriffe abgewiesen.[425] Schockiert wurde am 3. November im AOK 6 festgestellt, dass der „Gesamtverlust der Armeegruppe Fabeck […] bis gestern Abend 10.000 Mann [betrug], ein Siebtel ihrer Stärke."[426]

Ypern und das Zerwürfnis mit Falkenhayn

Kronprinz Rupprecht hatte nach anfänglich positiven Eindrücken von General von Falkenhayn eine immer skeptischere Haltung diesem gegenüber einge-

---

422 Bayer. Kriegsarchiv: Die Bayern im Großen Kriege. S. 140-143.
423 BayHStA, GHA: NL Kronprinz Rupprecht, A 701, Eintrag vom 1. November 1914.
424 BayHStA, KA: AOK 6, Bund 1, Eintrag im Kriegstagebuch vom 1. November 1914.
425 Bayer. Kriegsarchiv: Die Bayern im Großen Kriege. S. 144.
426 BayHStA, GHA: NL Kronprinz Rupprecht, A 701, Eintrag vom 3. November 1914.

nommen. So hatte er schon Anfang Oktober bemerkt, „General von Falkenhayn [sei] von sehr lebhaftem, fast hastigem Wesen."[427]
Aus der Skepsis wurde im Laufe der Zeit offene Feindschaft. Gut drei Wochen
später kam es beinahe zum Rücktritt des bayerischen Kronprinzen von seinem
Kommando. Als die Heeresleitung sich erlaubte, unter Umgehung des AOK 6
einen Befehl direkt an das diesem unterstellte XIII. AK zuzuleiten, platzte dem
bayerischen Kronprinzen endgültig der Kragen. Da der betreffende Verband
auf Befehl der OHL „seine Linien um 600 M[eter] zurücknahm und damit nicht
nur die Errungenschaften von zwei Tagen preisgab, sondern auch den Erfolg"
der benachbarten Armeekorps in Frage stellte, war Rupprecht tief verärgert.
Er notierte am 27. Oktober, die „ganze bisher Erfolg versprechende Offensive"
seiner Armee sei dadurch gehemmt worden. Außerdem erfuhr Rupprecht am
selben Tag von Falkenhayns abschätzigen Kommentaren über seine Armeeführung. Dieser hatte getönt: „Drei deutsche Armeekorps unter Führung des
Kronprinzen von Bayern müssen den Gegner nicht bloß fesseln, sondern
schlagen!" Tief erbost über diese Äußerungen war Rupprecht kurz davor,
„zum Kaiser nach Mezières zu fahren um seine Entscheidung herbeizuführen."
Er vermerkte in seinem Tagebuch: „Entweder führe ich die Armee oder ich
trete zurück. So geht es nicht weiter."
Kronprinz Rupprecht war sich sicher, dass Falkenhayn mit ihm unzufrieden
war, hatte dieser doch kürzlich geäußert, dass allein auf dem rechten „Flügel
die Entscheidung des Krieges läge und [Rupprecht] dadurch anzufeuern versucht, dass er [ihm] für den Fall des Gelingens das Großkreuz des Eisernen
Kreuzes in Aussicht" stellte. Wenngleich der bayerische Kronprinz hervorhob,
dass er „gegen derartige Lockmittel unempfänglich" sei, so wusste auch er,
dass alles Erdenkliche getan werden musste, um den Gegner doch noch
schnell zu bezwingen. Umso ärgerlicher empfand es Rupprecht, dass die OHL
seine „Armee anhielt und [...] in ihrem Angriff sie hemmte", denn man musste
„den Gegner zurückdrängen, ehe es ihm gelingt, bis zur Küste hin uns eine
geschlossene feste Front entgegen zu stellen."[428]Der einzige Ausweg aus

---

427 BayHStA, GHA: NL Kronprinz Rupprecht, A 700, Eintrag vom 1. Oktober 1914.
428 BayHStA, GHA: NL Kronprinz Rupprecht, A 701, Eintrag vom 27. Oktober 1914.

dieser schweren Vertrauenskrise war ein persönliches Gespräch. Dort muss Klartext gesprochen worden sein, denn „nach längeren Verhandlungen mit der O[bersten] H[eeres] L[eitung] wurde [dem bayerischen Kronprinzen] die Leitung der Gruppe Fabeck [...] übertragen."

Trotzdem vermerkte der Oberbefehlshaber der 6. Armee später immer noch aufgebracht, General von Falkenhayn habe „wenig sachlich, um nicht zu sagen dilettantisch [gesprochen] und Oberstleutnant Tappen, der Chef der Operationsabteilung, fiel [...] durch sein hastiges und unruhiges Wesen unangenehm auf." Der Kronprinz warf der Heeresleitung vor, dass sie nicht begreifen wollte, dass es „so langsam vorwärts" ging. Diese übersehe, dass die 6. Armee „gegen befestigte Stellungen im Kampfe [stand], die von einem der Kopfzahl nach in etwa gleich starkem Gegner verteidigt" wurden. Sonderbar erschien Rupprecht vor allem aber Falkenhayns schon zuvor gegenüber Krafft geäußertes „Bedauern, dass bisher erst wenige Generale gefallen seien." Der Chef der OHL hatte gefordert, die „Generäle müssten die Truppe mit sich vor reißen und wenn einige fielen, würde das nur den günstigsten Eindruck bei der Truppe hervorrufen."

Schockiert erwiderte Rupprecht, „dass die Generale bei der neuzeitlichen Fechtweise [...] ganz vorne keinen Einfluss auf die Gefechtsführung mehr hätten, dass ferner an Generalen kein Überfluss bestehe und der Ausfall vieler Generale im In- wie Auslande als ein Zeichen für einen schlechten Stand der Dinge aufgefasst werden würde." Das Resultat der Besprechung mit Falkenhayn am 27. Oktober war laut Rupprecht lediglich, dass das AOK 6 „in der Arbeit wesentlich gestört" wurde, denn letzten Endes geschah doch, was Rupprecht und Krafft gefordert hatten.[429] Nachdem die Flandernschlacht dazu geführt hatte, dass die 4. Armee nördlich von Ypern an der Lys stecken geblieben war und sich die 6. Armee befestigten Stellungen der British Expeditionary Force (BEF) gegenüber sah, blieb nur eine Möglichkeit: Der Durchbruch zwischen den beiden deutschen Armeen durch den so genannten „Ypern-Bogen", eine Frontausbuchtung östlich der Stadt.

---

429 Ebd., Eintrag vom 27. Oktober 1914.

Was den Durchbruch erschwerte, war der Munitionsmangel, der keine ausrei-
chende Artillerievorbereitung für die Sturmangriffe der deutschen Infanterie
mehr zuließ.[430] Nachdem Kronprinz Rupprecht am 28. Oktober die neuange-
kommenen Truppen inspiziert hatte, „meist Hessen, [die] keinen üblen Eindruck" machten, wies er an, diese „möglichst auf verschiedene Truppenteile
[zu] verteilen." Diese Weisung galt den größtenteils kriegsfreiwilligen Studen-
ten, da „dieses kostbare, für den Offiziersersatz wichtige Menschenmaterial
möglichst geschont werden müsse."[431]

Jedenfalls hatte der bayerische Kronprinz nach ereignisreichen Tagen wieder
neuen Mut gewonnen, hoffte er doch auf den Angriff der Armeegruppe
Fabeck. Die Chancen für einen Durchbruch durch die feindlichen Linien schienen für die 6. Armee gestiegen zu sein, „denn endlich einmal ist es jetzt möglich, mit entsprechender Tiefengliederung einen nachhaltigen Angriff auszuführen, freilich auf etwas schmalem Raume, und mit frischen Reserven einen
Anfangserfolg ausnützen zu können." Allerdings wusste Rupprecht um die
Bedeutung dieses Angriffs – es konnte die endgültig letzte Chance auf einen
raschen Sieg an der Westfront sein. Eine Zeit lang hatte man „einen Vor-
sprung vor dem Gegner bei dem Wettrennen um das Abgewinnen der Flanke"
gehabt, was letzten Endes nicht genutzt werden konnte. Wenn es daher mit
dem neuerlichen Durchbruchsversuch nicht gelingen sollte, „die feindliche
Front zu zersprengen, ehe sie völlig geschlossen und gefestigt ist", würde es
mit der Operationsfreiheit an der Westfront zu Ende gehen und der Weg
zurück in den Bewegungskrieg wäre für lange Zeit verbaut.[432]

Es gab in diesen Tagen für den Oberbefehlshaber der 6. Armee „viel zu tun
und noch mehr zu überlegen." Zwar immer noch verdrießlich wegen der Auseinandersetzung mit Falkenhayn, aber schon wieder optimistisch, berichtete
Rupprecht seinem Vater, er denke dass er sich „nicht umsonst abmühte, da
nun endlich das geschieht, worauf [er] seit Langem drängte." Am folgenden
Tag kämen „die Würfel ins Rollen", die Zeit sei reif für den „entscheidenden
Schlage." Er teilte seinem Vater mit, die letzten Tage hätten „eine Reihe klein-

---

430   Stevenson: Der Erste Weltkrieg. S. 103f.
431   BayHStA, GHA: NL Kronprinz Rupprecht, A 701, Eintrag vom 28. Oktober 1914.
432   Ebd., Eintrag vom 29. Oktober 1914.

ster und kleiner Erfolge" mit sich gebracht, „aber selbstverständlich [sei] ein einmaliger großer Erfolg viel wertvoller." Was Rupprecht außerdem mit Zuversicht erfüllte, war die Tatsache, dass er nun endlich „wieder nahezu die Hälfte [der bayerischen] Truppen" unter seinem Befehl vereinigt hatte.[433]

Was für die anhaltend große deutsche Siegeszuversicht spricht, ist auch die Tatsache, dass das Große Hauptquartier plante, zum AOK 6 nach Douai zu kommen, „damit S.M. der Kaiser als Sieger an der entscheidenden Stelle erschiene." Dies wiederum rief dort wenig Begeisterung hervor, denn „abgesehen davon, dass Douai durchaus nicht der geeignete Platz für das Große Hauptquartier [sei], würde dessen Verlegung nach Douai für [das AOK 6] eine bedeutende Erschwerung [des] ganzen Dienstbetriebes bedeuten, der ohnehin durch die ständigen abändernden Eingriffe der O[bersten] H[eeres] L[eitung] sehr erschwert" wurde.[434] Der Optimismus bezüglich einer baldigen Kriegsentscheidung erwies sich jedoch als unbegründet.

Denn obwohl das II. bayerische AK „nicht mehr im Stande [war] anzugreifen", drängte die OHL fortwährend auf weitere Fortschritte.[435] Bereits am 4. November war Oberstleutnant Tappen im Armeehauptquartier Rupprechts mit der Weisung eingetroffen, die 6. Armee habe fortan in nördlicher Richtung vorzugehen, „um der 4. Armee ihr Vorgehen zu erleichtern und den östlich von Ypern stehenden Feinden möglichst den Rückzug zu verlegen." Am Abend des 7. November war es nun Major von Redern, der dem AOK 6 seine Aufwartung machte. Dieser teilte Rupprecht unverblümt mit, „Falkenhayn sei erstaunt, dass es […] nicht vorwärts ginge." Fassungslos über diese Bemerkung erwiderte der bayerische Kronprinz, Falkenhayn habe am 1. November verlangt, „den Angriff noch drei weitere Tage" fortzusetzen. Barsch fügte er hinzu, die 6. Armee führe nun „schon seit acht Tagen, aller Schwierigkeiten und Verluste ungeachtet, den Angriff rücksichtslos [fort], obgleich die Mitwirkung der 4. Armee nicht nennenswert" sei.[436]

---

433 BayHStA, GHA: NL König Ludwig III., Nr. 59, Rupprecht an Ludwig III. vom 29. Oktober 1914.

434 BayHStA, GHA: NL Kronprinz Rupprecht, A 701, Eintrag vom 27. Oktober 1914.

435 Ebd., Eintrag vom 6. November 1914.

436 Ebd., Eintrag vom 7. November 1914.

Der nächste Tag brachte einen neuerlichen Quartierwechsel des „Hauptquartiers der 6. Armee von Douai nach La Madeleine bei Lille" sowie einen abermaligen anfeuernden Befehl Falkenhayns. In Rücksicht „auf die entstehende Munitionsknappheit sowie die zunehmende Verstärkung der feindlichen Stellungen" drängte dieser nochmals auf „eine energische Fortsetzung des Angriffs [...] ohne die neuankommenden Truppen und das Vorschreiten der 4. Armee abzuwarten."[437]

Die Abkehr von der grundlegenden Strategie

Am Abend des 12. November kam General Krafft von der OHL zurück, „wohin er mit den Stabschefs der übrigen Armeen zu einer Besprechung befohlen worden war." Falkenhayn hatte dort verkündet, die „Lage im Westen sei so, dass schnelle Fortschritte ausgeschlossen seien, da der Gegner eine Verteidigungslinie hinter der anderen baue und bei uns die Artilleriemunition sehr knapp sei." Daher müsse auch die Absicht, durchzubrechen und „an der Küste bis Calais vorzudringen [...] aufgegeben werden."[438]

Falkenhayn beschränkte sein Ziel nunmehr auf eine rein operative Frontbegradigung, was durch die Eroberung Yperns erreicht werden sollte.[439] Er drängte stark auf diesen zumindest symbolischen Erfolg zum Abschluss des Kriegsjahres 1914, „da die Augen der ganzen Welt auf die dortigen Kämpfe gerichtet seien." Sobald aber die „Unternehmung gegen Ypern abgeschlossen [sei], solle das ganze Westheer sich in den gewonnenen Stellungen defensiv behaupten, während mehrere Kavalleriedivisionen und Korps nach dem Osten überführt werden sollten, wo ein schnellerer Erfolg möglich und der Einsatz stärkerer Kräfte nach der augenblicklichen Kriegslage erforderlich sei." Auf dem Kriegsschauplatz in Frankreich solle daher „während des Winters der Krieg rein defensiv geführt werden." Rupprecht sah die Falkenhayn'schen Pläne mit Skepsis und bezweifelte, „ob sich bei Ypern noch ein großer Erfolg [...] erzielen lassen" würde.[440]

---

437 Ebd., Eintrag vom 8. November 1914.
438 Ebd., Eintrag vom 12. November 1914.
439 Müller: Krafft von Dellmensingen. S. 380.
440 BayHStA, GHA: NL Kronprinz Rupprecht, A 701, Eintrag vom 12. November 1914.

Mürbe berichtete er dem Vater, überall stehe man „in engster Fühlung mit dem Gegner, der stark verschanzte Stellungen innehat, [...]. Der Kampf nimmt immer mehr die Formen des Festungskrieges an und dehnt sich daher sehr in die Länge."[441] In der Tat lagen sich die Soldaten an der gesamten Westfront nunmehr auf kürzeste Entfernungen gegenüber, etwa in einer Linie von der Schweizer Grenze über Verdun, Reims, Soissons, südlich von Noyon entlang, dann weiter über Péronne und Arras bis zur Kanalküste nördlich von Ypern.[442] Unter der Verteidigung des Erreichten im Westen verlagerte die Heeresleitung nun starke Kräfte nach Osten. So teilte die OHL der 6. Armee am 18. November mit, „im Osten stehe es gut und Hindenburg sei im Stande, die Entscheidung zu erkämpfen." Dies gelte allerdings nur „unter der Voraussetzung, dass er mehr Kräfte überwiesen erhielte." Die Armee des bayerischen Kronprinzen „solle daher – unter Fortsetzung des Angriffs auf Ypern – allmählich mehrere Armeekorps zum Abtransporte" bereit stellen. Jedoch erschien es Rupprecht rätselhaft, wie „die 6. Armee den Angriff auf Ypern fortsetzen" sollte, „waren doch schon bisher die hierfür verfügbaren Kräfte unzureichend."[443]

Er registrierte zwar, dass englische Zeitungen ein „großes Lob der deutschen Tapferkeit" aussprachen. Denn dort war geschrieben worden, die Deutschen trieben „eine Ermattungsstrategie." Rupprecht fragte sich allerdings: „Tun wir dies freiwillig?"[444] Falkenhayn versicherte dem zweifelnden bayerischen Kronprinzen aber am Telefon, „er rechne damit, dass wir höchstens 3-4 Monate in der Defensive verharren müssten." In Anspielung auf Goethes Faust vermerkte Rupprecht in seinem Tagebuch: „Die Worte hör ich wohl – allein mir fehlt der Glaube."[445] In einem Brief an seinen Vertrauten Adolf von Hildebrand stellte Kronprinz Rupprecht fest: „In den letzten Wochen hatten wir einige sehr hitzige Kämpfe, augenblicklich ist es wieder etwas ruhiger und vollzieht

---

441 BayHStA, GHA: NL König Ludwig III., Nr. 59, Rupprecht an Ludwig III. vom 18. November 1914.
442 Krafft: Bayernbuch. S. 15.
443 BayHStA, GHA: NL Kronprinz Rupprecht, A 701, Eintrag vom 18. November 1914.
444 Ebd., Eintrag vom 23. November 1914.
445 Ebd., Eintrag vom 19. November 1914.

sich der Kampf in den schleppenden Formen des Festungskrieges." Trotzdem blieb ihm Ende November zumindest die vage Hoffnung: „Nun, es wird auch hierin eine Wandlung schon wieder eintreten."[446]

Die Einsicht in die Sinnlosigkeit der Durchbruchsversuche kam Mitte November freilich spät. Nicht nur die lange Dauer der erfolglosen Offensiven, sondern auch die Verwendung der unerfahrenen und schlecht ausgerüsteten Einheiten war mehr als kritikwürdig. Die Quellen von Anfang November zeichnen das erschreckende Bild, dass die deutsche Führungsspitze bis zu diesem Zeitpunkt noch immer beabsichtigte, die sofortige Entscheidung im Westen zu erzwingen. Nur langsam war erfasst worden, dass die Widerstandskraft der Franzosen und Engländer stark unterschätzt worden war, auch begriff man den Schützengrabenkrieg zunächst nur als vorübergehendes Phänomen. Die wochenlangen zähen und blutigen Kämpfe in Flandern sowie der zunehmende russische Druck an der Ostfront veränderten das Bild dramatisch. Mitte November 1914 war vermutlich dem Letzten in der OHL klar geworden, dass an der Westfront kein schneller Sieg mehr erzielt werden konnte.[447]

Am 18. November war „Oberst Tappen vom gr[oßen] H[aupt]-Qu[artier] mit geheimer Weisung" beim AOK 6 erschienen, um den „Abtransport von Truppen nach dem Osten" anzuordnen.[448] „Die Entscheidung des Krieges wird nun im Osten gesucht", berichtete auch Rupprecht seinem Vater. Er hoffte dabei, dies würde bald geschehen, „denn wenn wir auch hier auszuhalten vermögen, sind wir doch bis auf Weiteres nicht in der Lage, irgendwelche bedeutendere Erfolge zu erzielen, da eine wesentliche Umgruppierung der Kräfte vorgenommen wurde."[449]

Zusammenfassend muss festgehalten werden, dass die ohnehin fundamentalen Schwierigkeiten des deutschen Feldzugs im Laufe der Operationen von August bis November noch verstärkt worden waren. Denn Geschwindigkeit

---

446   BSB, Abt. Handschriften und Alte Drucke: NL Adolf von Hildebrand, Ana 550, Rupprecht an Hildebrand vom 24. November 1914.
447   Afflerbach: Falkenhayn. S. 195f.
448   BayHStA, KA: AOK 6, Bund 1, Eintrag im Kriegstagebuch vom 18. November 1914.
449   BayHStA, GHA: NL König Ludwig III., Nr. 59, Rupprecht an Ludwig III. vom 1. Dezember 1914.

und Ausdehnung des Vorstoßes hatten den Armeen der Westfront, ohne dass ihnen motorisierte Fahrzeuge zur Verfügung gestanden hätten, ungeheuerliche Anstrengungen abverlangt. Versorgungsprobleme aufgrund der Entfernungen und verstopften Nachschublinien waren dabei nur ein Teilaspekt. Der einsetzende Mangel an Kriegsgerät – vor allem an Munition – nahm den Armeen die Möglichkeit, Durchbruchsversuche zum Erfolg zu führen.

Kommunikation und Aufklärung versagten fast völlig, damit fehlten der Heeresleitung sowie den Armeeführern wesentliche Werkzeuge der Kriegsführung. Auch wurden die tatsächlichen Stärken der gegnerischen Armeen völlig unterschätzt. Letztlich konnten die völlig übermüdeten und stark dezimierten deutschen Truppen den Schützengrabenbefestigungen auf einer geschlossenen Front von 700 Kilometern Länge durch frontale Angriffe nichts mehr entgegensetzen.

Allerdings hatten die deutschen Truppen zwei Errungenschaften zu verzeichnen: Fast ganz Belgien und das nordfranzösische Industriegebiet waren besetzt worden, wo vierundsiebzig Prozent der Kohle des Landes gefördert und einundachtzig Prozent des Roheisens produziert wurden. Zudem eigneten sich auch die deutschen Stellungen hervorragend für die Verteidigung, so dass weiterhin die Option einer späteren Offensivstrategie gewahrt blieb. Die Ententemächte dagegen mussten angreifen, um ihr eigenes Gebiet zurückzugewinnen.[450]

Die Schlacht bei Ypern war indes der letzte Versuch, die Grundidee des deutschen Feldzugsplanes zu verfolgen, nämlich den Westgegner zu umfassen und in dessen linke Flanke zu stoßen. Der Versuch, auf dem rechten deutschen Heeresflügel zum Bewegungskrieg zurückzukehren, hatte die erbitterten Kämpfe allmählich von der Aisne durch die Picardie in die französische Provinz Artois verlagert und war in Flandern endgültig zum Stillstand gekommen. Die Deutschen hatten fest daran geglaubt, die Offensive wieder aufnehmen zu können, fürchteten aber stets einen feindlichen Durchbruch durch ihre eigenen, dünn gewordenen Linien. Dies führte zum verbissenen Festhalten am bis

---

450 Vgl. Chickering: Das Deutsche Reich und der Erste Weltkrieg. S. 36-43; Strachan: Der Erste Weltkrieg. S. 84.

dahin gewonnenen Gelände, ohne irgendeine Rücksicht darauf zu nehmen, ob es zur Verteidigung überhaupt geeignet war, also zur Errichtung von Schützengräben und befestigten Stellungen. Tatsächlich hatte mit der Ersten Ypernschlacht eine neue Ära in der Kriegsführung begonnen, die des Stellungskrieges.[451]

---

451 Wallach: Dogma der Vernichtungsschlacht. S. 192f.

5. KRIEGSWIRKLICHKEIT ZWISCHEN FRONT UND ETAPPE

„Kriegsalltag" der bayerischen Soldaten

Viel ist zum „Alltag" in den Schützengraben des Ersten Weltkrieges geschrieben worden. Dabei darf nicht übersehen werden, dass dieser für den Konflikt zwar prägend, aber nicht völlig repräsentativ ist. Dies wurde bedingt durch die Nachkriegsapologetik sowie unzählige, den Krieg heroisierende und ästhetisierende Buchveröffentlichungen der 1920er Jahre. Das bekannteste unter diesen ist sicher Ernst Jüngers „In Stahlgewittern". Vor allem die ersten Monate des Krieges boten ein völlig anderes, hektischeres Bild. Abseits des in der Nachkriegszeit entstandenen Zerrbilds einer heldenhaften Kriegsrealität soll im Folgenden ein Querschnitt des Kriegsalltags der Soldaten beschrieben werden.[452]

Wohl nur aufgrund der Einfachheit der Darstellung wurde in der neueren Militärgeschichtsschreibung eine derart klare Abgrenzung zwischen „Front" und „Etappe" vorgenommen. In Wahrheit waren diese Welten untrennbar miteinander verknüpft. Sowohl Front als auch Etappe befanden sich, vor allem im Sommer und Herbst 1914, in ständiger Bewegung, beeinflussten und bedingten einander und glichen sich dabei gegenseitig unablässig aus. Allerdings darf man konstatieren, dass es dabei kein einheitliches soldatisches Erlebnis gegeben hat. Die Situationen, welche Mannschaftssoldaten, Offiziere und auch die militärischen Führer erlebten oder durchlitten, waren derart vielfältig, dass das „Kriegserlebnis" nicht zu verallgemeinern ist.

Unterschiede hängen dabei vom Zeitraum und dem jeweiligen Frontabschnitt ab, wesentlich aber von der Waffengattung. Soldaten, die bei der schweren Artillerie mehrere Kilometer hinter der Front eingeteilt waren, konnten selbstverständlich nicht denselben Krieg erlebt haben wie Infanteristen, die ihren Gegnern auf nur wenige hundert Meter – manchmal weniger – gegenüberstanden. Weder waren die Erfahrungen des Leidens noch die eingegangen

---

452   Vgl. Mommsen: Der Erste Weltkrieg. S. 151-153.

Risiken identisch. Je nachdem ob man Infanterist in vorderster Linie, Chauffeur eines Generals, Stabsarzt, Fliegeroffizier oder gar Oberbefehlshaber einer Armee war variierten diese.[453]

Der Bewegungskrieg des Jahres 1914, das ist aus zahlreichen zeitgenössischen Quellen ersichtlich, verlangte den Mannschaftssoldaten ein hohes Maß an Leidensfähigkeit ab. Die Infanteristen litten unter dem enormen Gewicht ihrer Ausrüstung. Zu einem rund zehn Pfund schweren Gewehr kamen üblicherweise ein Bajonett, Schanzwerkzeug, Patronentaschen, eine Feldflasche, ein Tornister mit Ersatzwäsche, eine Proviantasche und Verbandszeug. Die ersten Transporte hatten die Soldaten weitestgehend per Zug erlebt, doch ab dem Eintreffen in den Aufmarschgebieten wurde beinahe nur noch marschiert.[454]

Lange, erschöpfende Tagesmärsche von 30, 40 oder mehr Kilometern unter gleißender Sonne stellten die Regel dar. Die Versorgung versagte regelmäßig, was sich am Beispiel weit hinter der Front gebliebener Feldküchen bemerkbar machte. So sahen sich die Soldaten häufig gezwungen, im Feindesland Lebensmittel zu requirieren oder zu plündern. Charakteristisch für den Kriegsalltag der größten Gruppe von Soldaten, derjenigen der Infanteristen, ist der Tagesablauf, den der bayerische Gefreite Georg Schenk für den 16. August 1914 im lothringischen Tettingen beschrieb: „Morgens wurden wir alarmiert zu einem Kriegsmarsch [...] von 3 Uhr früh bis ½ 7 Uhr abends bis Tettingen. Das Essen war an diesem Tag so versalzen, dass man es kaum essen konnte. Am Tage vorher war es fast verdorben und so war alle Tage etwas anderes." Als am Abend des 16. August „viele schon drei Tage kein Brot mehr erhalten [hatten] und Krach [machten], was der Oberleutnant hörte", bedeutete dieser, „für uns Schweine sei alles gut. Wir wurden in unserer Kompanie behandelt wie Schweine, sonst wo war es vielleicht besser. Hoffentlich nimmt der Krieg bald ein Ende."[455] Bei der Kavallerie waren die Verhältnisse ähnlich. Um

---

453 Rousseau: La Grande Guerre. S. 47f; vgl. Mommsen: Der Erste Weltkrieg. S. 146.
454 Keegan: Der Erste Weltkrieg. S. 120f
455 Kramer: Greueltaten. S. 102.

die völlig übermüdeten Pferde zu schonen, gingen die Reiter häufig zu Fuß bis zur Erschöpfung neben diesen her.[456]

Wichtig für das Verständnis des Alltags der Soldaten ist auch ihr sehr begrenzter Informationshorizont. In militärischer Hinsicht verfügten die allermeisten nur über unmittelbare Informationen über den eigenen Frontabschnitt, in die größeren Zusammenhänge hingegen hatten sie keinen Einblick. Dabei waren die konkreten Verhältnisse von Frontabschnitt zu Frontabschnitt, von Ort zu Ort völlig unterschiedlich. Nur in geringem Umfang erreichten Zeitungen und Zeitschriften aus der Heimat die Frontsoldaten, ohnehin war vieles von dem, was letztlich zu ihnen gelangte, propagandistisch verfälscht oder manipuliert.[457]

Soziale Konflikte prägten die militärische Hierarchie. Die krassen gesellschaftlichen Gegensätze zwischen Offizieren und Mannschaften gingen mit der subjektiven Erfahrung eines klassenübergreifenden nationalen Aufbruchs nicht überein. Der traditionell herausgehobene Status der Offizierskaste gegenüber Unteroffizieren und Mannschaften wurde im Stil der Zeit als notwendiges Attribut der Autorität gesehen. So konnten sich völlig unterschiedliche Mentalitäten herausbilden. Selbst hinter der Front stellten Fälle von Soldatenmisshandlungen keine Ausnahme dar, zumeist wegen eigentlich unbedeutender Verfehlungen. Offensichtlich glaubten die beteiligten Offiziere, nur so sei absolute Disziplin zu garantieren.[458]

Nicht nur in Bezug auf die Befehlsgewalt, sondern vor allem in Hinblick auf die vergleichsweise luxuriösen Lebensumstände, der Bevorzugung bei Ordensverleihungen und weiterer Sonderrechten und Vergünstigungen war das Offizierskorps gegenüber den Frontsoldaten privilegiert. Im Verlauf des Krieges gewann die Wahrnehmung dieser sozialen Ungleichheiten zunehmend an Schärfe [459]

Der Alltag der bayerischen Führung im Armeehauptquartier unterschied sich wesentlich von jenem der kämpfenden Truppe. Dabei war diese nicht minder

---

456 Keegan: Der Erste Weltkrieg. S. 162.
457 Mommsen: Der Erste Weltkrieg. S. 146.
458 Ebd. S. 140.
459 Ziemann: Front und Heimat. S. 140-144.

am Kriegsgeschehen beteiligt: Die dort gefällten Entscheidungen beeinflussten in hohem Maße das Schicksal hunderttausender Soldaten. Zweifelsohne lastete große Verantwortung auf den Schultern der militärischen Führer. Ihre Befehle entschieden über Leben und Tod von zahllosen Soldaten, ihre strategischen und taktischen Manöver beeinflussten in erheblichem Umfang den Ausgang einzelner Schlachten oder gar Feldzüge insgesamt. Der Erste Weltkrieg stellte die Generalität angesichts der Millionenheere und der industrialisierten Kriegsführung vor ungeahnte Probleme. Gerade die Verwischung der Trennlinie zwischen Soldaten und Zivilisten und die enormen Verlustzahlen des Maschinenkrieges, also der immer totaler werdende Krieg, lag jenseits des Erfahrungshorizonts der militärischen Führer. Dies musste gerade in den hektischen Monaten des Bewegungskrieges im Sommer und Herbst 1914 unabwendbar zu Fehlurteilen und Fehlern mit fatalen Folgen führen.[460]

Der bayerischen Führung war die strapaziöse Kriegsrealität ihrer Soldaten durchaus bewusst. Kronprinz Rupprecht vermerkte mehrfach in den ersten Kriegswochen die Überanstrengung der bayerischen Kavalleriedivision. Dort schliefen sogar „viele Leute beim Reiten ein, da sie auch bei Nacht keine Ruhe" gehabt hätten.[461] Ruhepausen konnten aber aufgrund der andauernden Kämpfe nicht gewährt werden. Nach dem Abbruch der Operationen in Lothringen Mitte September resümierte der bayerische Kronprinz: „So fortdauernde Kämpfe, wie wir hatten, waren in der Geschichte noch nicht da: gestern der erste Tag ohne Gefecht seit dem 20. August, für manche Truppenteile sogar seit dem 10.8. [...] So viele Gefechte wir bisher hatten, hatten wir doch nur eine große Schlacht, die vom 20."[462]

Die Auseinandersetzungen sollten auch weiterhin nicht abreißen. Ende Oktober stellte Rupprecht in einem Brief an Adolf von Hildebrand lakonisch fest, dass die Strapazen und Bedrohungen des Krieges zur Normalität geworden waren: „Während ich schreibe, dröhnt draußen ab und zu ein Kanonenschuss. Man ist jetzt schon so daran gewöhnt, dass man es kaum mehr beachtet.

---

460 Berghahn, Volker: Der Erste Weltkrieg. München, 2003. S. 38.
461 BayHStA, GHA: NL Kronprinz Rupprecht, A 699, Eintrag vom 24. August 1914.
462 BSB, Abt. Handschriften und Alte Drucke: NL Adolf von Hildebrand, Ana 550, Rupprecht an Hildebrand vom 13. September 1914.

Jeden Tag irgendein Gefecht – oft wird um einen oder den anderen Ort sogar tagelang gekämpft. So dringen wir langsam vorwärts."[463] Kronprinz Rupprecht verbrachte die meiste Zeit der ersten drei Kriegsmonate tief in der Etappe, wo sich die jeweiligen Hauptquartiere der 6. Armee befanden. Den Alltag stellte für den Oberbefehlshaber die strategisch-taktische Planung und Beratung mit seinem Generalstab dar. Erst Anfang September berichtete Rupprecht an seinen Vater, er habe vor zwei Tagen „die ersten Granaten platzen [sehen] und zwar in ziemlicher Nähe." Für gewöhnlich aber sehe er „eigentlich wenig vom kriegerischen Treiben, da [er] an den Kartentisch und das Telefon gefesselt" sei.[464]

Es war auch nicht die Aufgabe eines Oberbefehlshabers, sich in die Gefahr der unmittelbaren Kampfzone zu begeben. Höchstens ging es darum, gelegentliche Eindrücke aus erster Hand zu bekommen. Der ab November 1915 für den Rest des Krieges zum Generalstabschef der 6. Armee bestimmte Hermann von Kuhl erinnerte sich rückblickend an einen typischen Arbeitstag im Armeehauptquartier des bayerischen Kronprinzen. Es ist anzunehmen, dass diese allgemeine Schilderung auch für den Zeitraum des Bewegungskrieges des Jahres 1914 Gültigkeit besitzt. Demnach pflegte Kronprinz Rupprecht „jeden Morgen die eingegangen Meldungen, Berichte, Anordnungen der Obersten Heeresleitung und sonstigen Schriftstücke eingehend zu prüfen und sich anhand der Einzeichnungen auf seiner Karte ein genaues Bild der Lage zu machen."

Dabei stellte er „seine Erwägungen über die zu ergreifenden Maßnahmen an und kam, gründlich vorbereitet, vormittags [...] zum Vortrag. [...] Leicht und schnell gelang es infolgedessen über die zu fassenden Entschlüsse und zu erteilenden Befehle eine Einigung herbeizuführen. Ebenso wurde abends verfahren." Kuhl bemerkte, dass der bayerische Kronprinz auch „in den schwersten Schlachttagen [...] trotz seines starken Temperaments nie in den Fehler nervöser Führer [verfiel], die dauernd am Fernsprecher horchen, jede Einzelheit wissen und regeln wollen."

---

463 Ebd., Rupprecht an Hildebrand vom 26. Oktober 1914.
464 BayHStA, GHA: NL König Ludwig III., Nr. 59, Rupprecht an Ludwig III. vom 1. September 1914.

Lobende Worte fand Kuhl für die Arbeitsatmosphäre im Armeehauptquartier. Im Generalstab „herrschte die größte Ruhe, so dass es für jeden eine Freude war, unter diesem Oberbefehlshaber zu arbeiten. Die Selbstständigkeit, die er für sich in Anspruch nahm, gewährte er auch allen anderen."[465] Anzufügen ist, dass Kronprinz Rupprecht zu seinen Mahlzeiten neben seinen engsten Mitarbeitern abwechselnd zu seinem Hauptquartier zugehörige Offiziere einlud. Außerdem hatte er fortwährend Offiziere aus der Truppe, aus anderen Armeen und Generalstäben, sowie Staatsmänner und Besucher aus aller Welt zu Gast.[466]

Der Blutzoll des Bewegungskriegs

Kronprinz Rupprecht erließ am 19. September einen Tagesbefehl, in dem er von seinen Soldaten das Gebot „edler Menschlichkeit" abverlangte. Natürlich hatte der industrialisierte Maschinenkrieg des Ersten Weltkrieges von der traditionellen Kampfführung nicht mehr viel übrig gelassen. Dennoch wollte der bayerische Kronprinz nicht nur bei sich persönlich eine ritterliche Geisteshaltung gewahrt wissen, sondern vielmehr verlangte er diese auch von seinen Soldaten und erwartete sie gleichsam vom Gegner. Die Maßgabe der Ritterlichkeit beeinflusste die Härte der Kämpfe aber keineswegs.[467]

Einen ersten, quantitativen Eindruck von der Brutalität der beschriebenen Kämpfe vermitteln bereits die reinen Verlustzahlen. Die prozentual höchsten monatlichen Verluste im Gesamtzeitraum des Ersten Weltkriegs erlitten die deutschen Truppen während den drei Monaten des Bewegungskrieges im Sommer und Herbst 1914. Auf französischer Seite war ebenfalls der September 1914 der verlustreichste Monat des gesamten Krieges. Die Verlustrate betrug nach dem französischen Gegenangriff an der Marne etwa 238.000 Mann.[468]

---

465 Kuhl, Hermann von: Der Feldherr. In: Süddeutsche Monatshefte. 30. Jahrgang. Januar 1933. Zit. nach Sendtner: Rupprecht von Wittelsbach. S. 251f.
466 Ebd. S. 252.
467 Ebd. S. 312.
468 Strachan: Der Erste Weltkrieg. S. 202f; Strachan: The First World War: S. 278; Stevenson: Der Erste Weltkrieg. S. 124.

Selbst die Materialschlachten vor Verdun oder an der Somme im Jahr 1916 fügten den Truppen an diesen Frontbereichen keine annähernd so hohen durchschnittlichen Verluste bei. Der prozentuale Gesamtausfall der Armeen an der Westfront betrug erschreckende 12,4% im August und 16,8% im September 1914, während die Verlustrate für den folgenden Zeitraum bis Mitte des Jahres 1918 etwa bei 3,5% lag. Erst die alliierte Frühjahrsoffensive 1918 brachte ähnlich hohe Opferzahlen wie zu Kriegsbeginn. Tod und Verwundung wurden in der Mehrzahl aller Fälle durch Artilleriebeschuss verursacht, vor allem mit zunehmender Dauer des Krieges. Während des Bewegungskrieges der ersten Kriegsmonate trugen dagegen in erhöhtem Maß auch Treffer durch Infanteriemunition zu den hohen Verlustzahlen bei.[469]

In der Tat stellten die neuartigen Feuerwaffen die bayerischen Truppen zunächst vor ungeahnte Probleme. Kronprinz Rupprecht schien es, dass einige Regimenter in ihrer „Kampfbegeisterung nach vorne [durchgingen], ohne das Feuer der eigenen Art[illerie] abzuwarten."[470] Eine Ursache der hohen bayerischen Verluste findet sich, neben Disziplinlosigkeiten, auch im unverantwortlichen Verhalten der Kommandeure unterer Ebenen. Rudolf Ritter von Xylander notierte am 25. August in sein Tagebuch: „Bei den Ersatzdivisionen schon gestern Schweinestall [...]. Heute nun diese Divisionen in schweres Feuer gekommen, das mörderisch war, desgleichen dann das III. [bayerische] Armeekorps, das trotz Verbots in den Feuerbereich der Nancyer schweren Geschütze hineinlief, bloß weil Gebsattel, der bisher noch keine Erfolge gehabt hat, seine Schlacht haben wollte. Auch die ihm unterstellte 5. Reservedivision bei Lunéville hetzt er in dieses Feuer."[471]

Der bayerische Offizier Eugen von Frauenholz schrieb im Zusammenhang mit Gefechten in der Gegend von Blâmont Mitte August: „Es ist kein Zweifel, dass wir in Bezug auf Details am Anfang den Franzosen unterlegen waren. Wir hatten eine sozusagen vornehmere, ritterlichere Art des Gefechts angenom-

---

469 Ziemann: Front und Heimat. S. 60; Ziemann: Soldaten. In: Hirschfeld, Gerhard u. a. (Hrsg.): Enzyklopädie Erster Weltkrieg. Paderborn, 2002. S. 155-168. Hier: S. 156f.
470 BayHStA, GHA: NL Kronprinz Rupprecht, A 699, Eintrag vom 13. August 1914.
471 Kramer: Greueltaten. S. 90f.

men. Fremd waren uns die Verwendung der Maschinengewehre auf Kirchtürmen, auf Bäumen, das Verstecken einzelner Schützen in Häusern und deren Nachschiessen in den Rücken durchmarschierender Truppen, der intensive Gebrauch flankierenden Feuers auf kleinste Abteilungen aus allen möglichen Hecken etc." Auch wenn diese Beschreibung der Realität entsprechen mag, ist kaum anzunehmen, dass diese als hinterlistig betrachteten Taktiken auf französischer Seite die Regel darstellten. Ebenfalls ist mehr als zweifelhaft, ob sich die deutschen Truppen in jenen Tagen tatsächlich "vornehmer" und „ritterlicher" als ihre Gegner verhielten.[472]

Der Grund für die enormen Verlustzahlen in der Schlacht in Lothringen lag vor allem darin, dass die meisten der dort massenhaft kämpfenden Soldaten zum ersten Mal mit der verheerenden Wirkung der modernen Feuerwaffen Bekanntschaft machte.[473] Die bayerischen Infanterietruppen hatten „in ihrer Begeisterung mit fliegenden Fahnen angegriffen" und die französischen Linien überrannt. Dies aber führte im Maschinengewehrfeuer zu immer bedenklicheren Meldungen gewaltiger eigener Verluste, die im Gefechtsstand des bayerischen Kronprinzen eintrafen.

Unter anderem erlebte der damalige Leutnant Ernst Röhm und spätere Führer der nationalsozialistischen „Sturmabteilung" (SA) während der Schlacht in Lothringen seine Feuertaufe. Dieser berichtete später, der Gegner sei nicht zu sehen gewesen. Als von seiner eigenen Einheit kein Schuss mehr fiel, sprang er auf und forderte von seinen Kameraden das Gleiche. Er wollte sehen, wie viele noch kampffähig sind. Röhm erinnerte sich: „Wehmütig sagt mir der Hornist, der wie ein Schatten an meiner Seite geblieben ist: ‚Herr Leutnant, es ist niemand mehr da!' Und wirklich steht auf der ganzen Frontlinie niemand mehr auf. Nur drei Mann sind noch heil geblieben, alles andere ist tot oder verwundet."[474]

---

472 Kramer: Greueltaten. S. 107.
473 Strachan: Der Erste Weltkrieg. S. 76.
474 Röhm, Ernst: Die Geschichte eines Hochverräters. München, 1933. S. 33. Zit. nach Michalka, Wolfgang (Hrsg.): Der Erste Weltkrieg. Wirkung, Wahrnehmung, Analyse. München u. a., 1994. S. 252.

Als verantwortlich für den Offensivdrang der Offiziere unterer Ebenen darf man deren Kampfverständnis ansehen: „Krieg ist, wenn man aufeinander losdrischt." Daneben gab es auch nüchternere Einschätzungen über den Charakter und Verlauf der kommenden Kämpfe. Die Realität sah schmucklos feldgrau eingekleidete Massenheere aufmarschieren, die gegen die Feuerkraft moderner Waffensysteme ankämpfen sollten. „Menschen gegen Maschinengewehre" war der Kern einer Doktrin, die das Geschehen der kommenden Jahre beherrschen würde. Die Soldaten sollten, idealerweise ausgestattet mit unbändigem Angriffswillen, nicht vor dem Feuer weglaufen oder Deckung vor ihm suchen, sondern es unterlaufen. Durch die Feuerzone hindurch zum Sieg, lautete die Devise. Hohe Verlustraten wurden dabei billigend in Kauf genommen.[475]

Die exakten Verluste der erbitterten Kämpfe in Lothringen und den Vogesen im August und September 1914 konnten nie genau ermittelt werden, was hauptsächlich an der mangelhaften Erfassung und Aufschlüsselung der Verlustzahlen in Gefallene, Verletzte, Vermisste und Kriegsgefangene während der Zeit des Bewegungskriegs liegt. Nach Schätzungen erlitt allein die deutsche Infanterie, die zahlenmäßig größte Waffengattung, die zugleich der feindlichen Waffenwirkung am stärksten ausgesetzt war, Verluste im Bereich von bis zu 60 Prozent ihres Bestandes. Da auf dem Frontabschnitt der 6. und 7. Armee ungefähr 50 bayerische und preußische Infanteriebrigaden – etwa 300.000 Mann – eingesetzt waren, entspräche dies allein auf deutscher Seite Verlusten von mehr als 180.000 Mann.

Kavallerie sowie Artillerie waren stets in erheblich geringerem Maß von Verlusten betroffen, daher verändern deren Verlustzahlen die Gesamtzahl nicht

---

475 Ulrich, Bernd/ Ziemann, Benjamin: Das soldatische Kriegserlebnis. In: Kruse, Wolfgang (Hrsg.): Eine Welt von Feinden. Der Große Krieg 1914-1918. Frankfurt am Main, 1997. S. 127-158. Hier: S. 132-137; künftig: Ulrich/ Ziemann: Das soldatische Kriegserlebnis; Zur so genannten „Illusion des kurzen Krieges" im Jahr 1914 vgl. Farrar, Lancelot L.: The Short-war illusion: German policy, strategy and domestic affairs. aug. - dec. 1914. Santa Barbara, 1973; Auf höchsten Kommandoebenen schien man sich der Machbarkeit einer raschen Zerschlagung der französischen Armee dagegen nicht ganz so sicher zu sein, wie jüngst nachgewiesen wurde. Vgl. Förster: Illusion des kurzen Krieges.

essentiell. Auf französischer Seite kann man die Verluste mit einiger Wahrscheinlichkeit etwa ebenso hoch einschätzen. Es ist daher zu konstatieren, dass insgesamt etwa 350.000 bis 400.000 Mann auf beiden Seiten in den Gefechten in Lothringen und den Vogesen verwundet wurden oder ihr Leben ließen. Der Anteil an Gefallenen macht empirisch gesehen ein knappes Viertel der gesamten Verlustrate aus, reicht also hier bis zu 100.000 Mann.[476] Für die zweite Phase des Feldzugs von September bis November 1914 können ebenfalls keine nachprüfbaren Verlustangaben im Bereich der 6. Armee gemacht werden. Bis Anfang Oktober hatte nach Informationen des bayerischen Kronprinzen bereits jedes der kurz zuvor wieder aufgefüllten „bayerischen Armeekorps [...] zwischen 7.000 und 9.000 Mann verloren. Die bayerischen Verluste betrugen im Ganzen bei der letzten Zählung 33.618 Mann und 978 Offiziere.[477]

Für die weiteren Kämpfe bleiben die Verlustzahlen unklar. So führten beispielsweise die Durchbruchsversuche der 4. und 6. Armee im Oktober und November zu katastrophalen Ausfällen, die je nach Angabe zwischen einer Höhe von etwa 80.000 bis 100.000 Mann schwanken.[478] Nach dem endgültigen Scheitern der Angriffe in Flandern Mitte November bilanzierte der bayerische Kronprinz für seine eigenen Kontingentstruppen: „Die Gesamtsumme der blutigen Verluste seit Beginn des Krieges sind mir nicht bekannt: für Bayern allein beziffert sich der Anteil hieran auf 200.000 Mann."[479]

Soldaten gegen Zivilisten

Generell ist der erste Weltkrieg über weite Strecken nicht als Konflikt zwischen Soldaten und der Zivilbevölkerung anzusehen. Trotzdem kam es gerade während den Perioden des Bewegungskriegs – vor allem zu Kriegsbeginn – zu zahlreichen Vorfällen zwischen Militär und Zivilbevölkerung. Die Verwischung

---

476 Storz: Stellungs- und Festungskrieg. S. 204.
477 BayHStA, GHA: NL Kronprinz Rupprecht, A 700, Eintrag vom 2. Oktober 1914.
478 Afflerbach: Falkenhayn. S. 195; Kielmannsegg: Deutschland und der Erste Weltkrieg. S. 68.
479 Diese Zahl muss nur als Schätzung angesehen werden, da das AOK 6 ebenfalls über keine verlässlichen Verlustangaben verfügte. BayHStA, GHA: NL Kronprinz Rupprecht, A 701, Eintrag vom 12. November 1914.

der Trennlinie zwischen Kombattanten und Zivilisten deutet darauf hin, dass die Heeresleitung und auch die Führungsstäbe vor Ort keineswegs immer Herr der Lage waren.[480]

Der Kontakt deutscher Soldaten mit französischen und belgischen Zivilisten äußerte sich vielfach in Form von Proviantbeschlagnahmungen, Diebstählen und Plünderungen. Auch Berichte über Vergewaltigungen sind zu lesen.[481] Meist handelte es sich bei den Betroffenen um Zivilisten, die sich zwar aufgrund ihres zivilen Status rein technisch außerhalb des Konflikts befanden, aber allein durch ihre geografische Situation mitten in diesen hinein gerieten, großteils ohne dabei bewaffneten Widerstand geleistet zu haben.[482]

Zwar waren Kriegsverbrechen schon bald nach Ausbruch des Krieges ein bevorzugter Gegenstand der Propaganda auf beiden Seiten – die Reichsregierung wies etwa kategorisch die alliierten Anschuldigungen zurück, dass deutsche Soldaten die Haager Konvention von 1907 verletzt und "Gräueltaten" begangen hätten. Dennoch können durch Heranziehung neuer, über jeden Verdacht der Verfälschung erhabenen Quellen – etwa private Kriegstagebücher – viele der Beschuldigungen gegen die deutschen Truppen bestätigt werden.

Insgesamt wird die Zahl der durch deutsche Soldaten im Jahr 1914 getöteten Zivilisten in Belgien und Frankreich auf über 6.000 bilanziert. Die Einwohner der betroffenen Regionen waren daher regelrecht bestürzt, als die deutsche Invasion im Herbst 1914 zur dauerhaften Besatzung wurde. Allerdings ist diese Angabe den amtlichen Schätzungen der französischen und belgischen Untersuchungskommissionen aus dem Jahr 1915 entnommen und daher mit großer Vorsicht zu genießen.[483]

Obgleich die Haager Landkriegsordnung von 1907 ausdrücklich die Beteiligung von Zivilisten an der Landesverteidigung gestattete und obwohl die tatsächlich

480 Mommsen: Der Erste Weltkrieg. S 81.
481 Horne/ Kramer: Deutsche Kriegsgreuel. S. 136; Horne/ Kramer: War Between Soldiers And Enemy Civilians. S. 163.
482 Becker, Annette: Oubliés de la Grande Guerre. Humanitaire et culture de guerre 1914-1918. Populations occupées, déportés civils, prisonniers de guerre. Paris, 1998. S. 23f ; künftig: Becker : Oubliés de la Grande Guerre.
483 Vgl. Kramer: Greueltaten. S. 86; Horne: Der Weg zur Somme. S. 14.

nachweisbaren Fälle der aktiven Beteiligung von Zivilpersonen an Kampfhand-lungen sich verschwindend gering bemaßen, grassierte im deutschen Heer die Vorstellung von koordiniertem und unzulässigem Widerstand der Bevölkerung gegen die deutsche Invasion. Dies hatte seine Ursache in den angeblichen Übergriffen auf deutsche Soldaten seitens französischer Zivilisten, so genann-ten Franktireurs, im deutsch-französischen Krieg von 1870/71. Auch über vier Jahrzehnte später war diese Vorstellung im deutschen Heer noch immer un-gebrochen.[484]

Gewaltmärsche von 30, 40 Kilometern zu Fuß unter gleißender Sonne und das gleichzeitige Versagen der Versorgung durch die weit zurückgebliebenen Feldküchen führten zu Situationen, in denen das Requirieren von Lebensmit-teln, respektive das Plündern, für die Mannschaftssoldaten zur Notwendigkeit wurde. Auch wurde der gemeine Soldat durch seine direkten Vorgesetzten häufig menschenunwürdig behandelt, ohne dagegen rebellieren zu können. Dies mag sicherlich auch einen Gutteil zu den Übergriffen gegen die Zivilbe-völkerung beigetragen haben.[485]

Generell folgte die Mehrzahl der Übergriffe gegen die Zivilbevölkerung einem Muster. In der Mehrzahl der Fälle standen diese in einem direkten Zusam-menhang mit Kampfhandlungen. Es ist dabei unerheblich, ob es in diesem oder jenem Fall zu einer tatsächlichen Beteiligung von Zivilisten an den Ge-fechten gekommen ist. Die Furcht der Soldaten vor derartigen ‚Einmischun-gen' gab jedenfalls den Ausschlag. Häufig waren auch Paniken die Ursache der Übergriffe, hysterische Reaktionen der Truppen also, die durch Offiziere nur mit Mühe unter Kontrolle gebracht wurden. Einigen der schwersten Über-griffe lag dies zugrunde.[486]

Schon in den ersten Tagen nach dem Aufmarsch der 6. Armee in Lothringen kam es zu Übergriffen gegen Zivilisten, die vor allem durch die katastrophale Truppendisziplin hervorgerufen worden waren. Ein Mitglied des Generalstabes des I. bayerischen AK notierte am 10. August, dass in Blâmont einquartierte

484 Kramer: Greueltaten. S. 87.
485 Zit. nach: Ebd. S. 102.
486 Horne/ Kramer: Deutsche Kriegsgreuel. S. 120-125; Horne/ Kramer: War Between Soldiers And Enemy Civilians. S. 157f.

deutsche Soldaten reiche Weinvorräte entdeckt und geplündert hätten. Er beschrieb, wie Trunkenheit und Disziplinlosigkeit der deutschen Truppen zu Ausschreitungen gegen die Zivilbevölkerung führten: „Es kam dabei zu einer recht unerfreulichen besoffenen Mette, die in einer allgemeinen Schießerei im Ort endete. Angeblich sollen auch Einwohner aus den Häusern geschossen haben. Ein Mann wurde auch verhaftet und sollte am nächsten Tag standrechtlich erschossen werden."

Der Generalstabsoffizier war aber „der Überzeugung, dass [dieser] ganz unschuldig war und [seine eigenen] Leute in der Betrunkenheit und Aufregung aufeinander geschossen hatten." Es ist auch wenig wahrscheinlich, dass sich so genannte Franktireurs in einem von deutschen Soldaten bevölkerten und von der französischen Bevölkerung weitgehend verlassenen Ort wie Blâmont aufhielten. Die Gefahr entdeckt zu werden, war einfach zu groß, außerdem liegt in diesem Fall ein Kausalzusammenhang mit dem mehrtägigen Sauf- und Plündergelage nahe.[487]

Auch andernorts kam es zu Übergriffen der bayerischen Truppen gegen die Zivilbevölkerung. Im nahe der Grenze gelegenen No-mény beispielsweise wurde ein 17jähriger Bauernjunge erschossen, der gezögert hatte, als ihn die bayerischen Soldaten, in Erwartung der französischen Offensive, nach dem Standort des Feindes befragten. Danach zogen sich die bayerischen Truppen zurück und die Franzosen rückten nach. Als Nomény nach der Schlacht in Lothringen erneut in bayerische Hände fiel, war die Zivilbevölkerung feindseligem Verhalten ausgesetzt.

Französische Quellen berichten, Wut und Brutalität habe die Bayern angetrieben, nachdem diese Gerüchte über angebliche Verstümmelungen ihrer Kameraden gehört hatten: „Die deutschen Soldaten befanden sich in einem Zustand hochgradiger Erregung. Ihre Augen waren blutunterlaufen. Sie erklärten, die Franzosen hätten ihren Verwundeten die Augen ausgestochen." Der Wahrheitsgehalt des französischen Berichts darf dabei zwar in Frage gestellt werden, möglicherweise spielten bei der Schilderung Übertreibungen eine Rolle. Dennoch geht deutlich aus ihr hervor, dass es Gerüchte über Verstüm-

---

487 Kramer: Greueltaten. S. 94f.

melungen deutscher Soldaten durch „Franktireurs" waren, die dazu geführt hatten, dass ein großer Teil von Nomény in Brand gesteckt und viele Einwohner erschossen worden waren. Alles in allem verloren offenbar 55 Bewohner des Ortes ihr Leben.[488]

Im oberelsässischen Dorf St. Moritz hörten bayerische Soldaten am Abend des 18. August Schüsse, welche sie versteckten französischen Soldaten oder Einwohnern des Ortes zuschrieben. Tatsächlich aber rührten die Schüsse von eigenen, nervös gewordenen Kameraden. Sämtliche Bewohner des Dorfes wurden daraufhin aus den Häusern auf die Straße getrieben. Einige von ihnen zogen es jedoch vor, über die Wiesen hinter den Häusern zu fliehen. Wer dabei gesehen wurde, wurde von den Soldaten niedergeschossen – viele Zivilisten ließen dabei ihr Leben.[489]

Der vielleicht heftigste Zwischenfall, in den die bayerische Armee verwickelt war, ereignete sich in Lunéville. Die Stadt war am 22. August nach heftigen Kämpfen eingenommen worden. Mehrere Vorkommnisse hatten den bayerischen Kommandanten veranlasst, am 24. August die Plünderungen per Befehl zu unterbinden. Dennoch führten Gerüchte über Verstümmelungen und zivilen Widerstand, zusammen mit einer missglückten Offensive gegen Nancy und dem darauffolgenden Rückzug zu einem regelrechten Chaos. Panik breitete sich aus und führte zu Szenen äußerster Brutalität: Blindlings feuerten die Soldaten in Geschäfte und Wohnungen, sowie auf einzelne Passanten. 19 Zivilisten verloren ihr Leben, 70 Häuser wurden niedergebrannt. Es hätte sogar noch schlimmer kommen können, denn anscheinend waren bereits die Vorbereitungen für eine Massenhinrichtung im Gange, was allerdings abgewendet wurde.

In Lunéville hatte sich eine ähnliche Situation wie im belgischen Löwen ergeben: Demoralisierte Truppen zogen sich in eine Stadt zurück, die voll war von erschöpften und nervösen Soldaten. Man war in beiden Fällen zutiefst überzeugt, dass ein Aufstand durch die Zivilbevölkerung im Gange war, um die

---

488   Horne/ Kramer: Deutsche Kriegsgreuel. S. 103-105.
489   Kramer: Greueltaten. S. 108.

feindlichen Soldaten zu unterstützen.[490] Gewiss seien, so berichtete Kronprinz Rupprecht seinem Vater, „in Belgien Kämpfe mit der Bevölkerung sehr häufig gewesen, die infolge eines sehr törichten Manifestes der Regierung, das ziemlich unverblümt den Aufstand predigte, sich in vielen Orten empörte und aus dem Hinterhalte auf die einrückenden Truppen schoss." Offenbar kam es während den Kämpfen der 6. Armee in Nordfrankreich im Oktober und November seltener zu Gewaltanwendungen gegen die Zivilbevölkerung als zuvor in Belgien und Lothringen. Rupprecht vermerkte jedenfalls ab Ende September einen Rückgang der angeblichen Franktireurangriffe: „Hier in der Picardie ist die Bevölkerung viel vernünftiger, wenigstens in den Städten."[491]

Möglicherweise lag der Rückgang der Übergriffe auch am Übergang vom Bewegungs- zum Stellungskrieg. Die Fronten verhärteten sich zunehmend, daher kamen Zivilisten seltener mit vorrückenden Soldaten in Berührung.[492] Im Großen Hauptquartier in Luxemburg war, wie Kronprinz Rupprecht später erfuhr, wohl nicht zu Unrecht „die Legende verbreitet worden, die Bayern hätten in Lothringen alles niedergebrannt." Der Armeeführer gestand, dass „dort allerdings einige Orte leider in Brand gesteckt [worden waren], aber nicht nur von b[ayerischen] Truppen."[493]

Die Erfahrung des Massentodes

Kronprinz Rupprecht beschrieb nach der Schlacht in Lothringen anerkennend die Befindlichkeit seiner Soldaten: „Von der sogenannten Degeneration der heutigen Jugend, von der vor dem Kriege vielfach die Rede ging, ist nichts zu merken. Im Gegenteil wurden noch in keinem Krieg solche Leistungen vollführt. Die Stimmung der Mannschaften ist eine begeisterte, sie sind von ei-

---

490 Horne/ Kramer: Deutsche Kriegsgreuel. S. 108-110; Im belgischen Löwen wurden seitens deutscher Soldaten nach angeblichen Franktireurübergriffen zwischen dem 25. und 29. August 1914 über 200 Zivilisten getötet. Infolge von Brandschatzungen wurde ein Sechstel aller Gebäude der Stadt zerstört, darunter auch die weltbekannte Universitätsbibliothek.
491 BayHStA, GHA: NL König Ludwig III., Nr. 59, Rupprecht an Ludwig III. vom 25. September 1914.
492 Stevenson: Der Erste Weltkrieg. S. 124.
493 BayHStA, GHA: NL Kronprinz Rupprecht, A 699, Eintrag vom 18. September 1914.

nem heiligen Eifer erfasst und einem gerechten Zorne und scheuen vor keinen Anstrengungen und Opfern zurück."[494]

Was auch immer die Frontsoldaten an Kriegsbegeisterung aus der Heimat mitgebracht hatten, ging allerdings schon bald verloren. Das zuvor undenkbare Erlebnis der Fronterfahrung brachte eine neue, ungleich nüchternere Einstellung gegenüber Krieg und Tod zum Vorschein. Bereits in den ersten Kriegswochen lernten die bayerischen Soldaten die überlegene Feuerkraft der modernen Waffensysteme kennen, insbesondere der Maschinengewehre und Fernwaffen, mit deren Hilfe die wiederholten Angriffe auf beiden Seiten in einem Meer von „Blut und Tränen" erstickt wurden. Für den Fall eigener Angriffsoperationen wurde dabei vielen Soldaten schlagartig klar, dass mit hohen Verlusten zu rechnen war und der Einzelne diese mit hoher Wahrscheinlichkeit nicht überleben werde.

Einer der Kriegsfreiwilligen schrieb Ende Oktober 1914 aus Flandern nach Hause: „Man glaubt, nie wieder das Lachen erlernen zu können, nachdem man Derartiges durchgemacht hat. Schwermut, tiefe Schwermut." Das anonyme Massensterben im Feld hatte ohnehin nichts mehr gemeinsam mit dem herkömmlichen Bild vom Tod im Kampf. Das Sterben des Einzelnen verlor immer mehr seine individuelle Sinnhaftigkeit, auch weil die Körper der Gefallenen oftmals bis zur Unkenntlichkeit verstümmelt, teilweise sogar durch Granattreffer gleichsam in ein buchstäbliches Nichts aufgelöst worden wurden. Die traumatische Aussicht auf die totale physische Zerstörung der eigenen Person war eine der zentralen Befürchtungen der Soldaten, was eine Vielzahl von Feldpostbriefen belegt.[495]

Auch der bayerische Kronprinz machte die Erfahrung schrecklicher Verluste. Man erfuhr im AOK 6, dass die Verluste des bayerischen Infanterie-Leibregiments bei Badonviller am 12. August etwa 25 Prozent betrugen, was etwa 800 Mann ausmachte. Dabei waren die „Leiber" gewissermaßen die

---

494   Ebd., Eintrag vom 24. August 1914.
495   Mommsen: Der Erste Weltkrieg. S. 140f; Ulrich/ Ziemann: Das soldatische Kriegserlebnis. S. 147.

inoffizielle bayerische Garde. Auch am vorangegangen Tag hatten die bayerischen „Verluste bei Lagarde [...] 1500 Mann" betragen.[496]

Dies waren für Kronprinz Rupprecht keineswegs nur nackte Zahlen. Er hatte über Jahrzehnte Dienst in der bayerischen Armee geleistet, hatte Familienangehörige im Feld und war zudem mit vielen Armeeangehörigen persönlich befreundet. Der Kronprinz musste Verluste unter seinen Freunden und Bekannten verzeichnen, „namentlich [...] Brigade-K[omman]d[eu]r Redwitz [durch einen] Lungenschuss." Dieser habe „verwundet drei Stunden im Feuer d[er] eigenen Artillerie" gelegen, werde „jedoch hoffentlich durchkommen, ebenso [wie] Rittm[eister] Wieser." Gefallen seien allerdings „die Rittmeister Schönninger, Brig[ade]-Ad[jutant] Kiliani und[...] L[eutnan]t Graf Stauffenberg." Bei Badonviller war „Graf Armannsberg [gefallen], verwundet Major von Freyberg und die drei Falkenhausen."[497] Detailliert ließ Rupprecht sich im Hauptquartier über die Verfassung seiner Bekannten informieren. Erleichtert stellte er fest, der „totgesagte L[eutnan]t Graf Stauffenberg [sei] zwar schwerverwundet, dürfte aber aller Voraussicht nach durchkommen, General v. Redwitz befindet sich außer Gefahr."[498]

Bei Badonviller war nicht nur sein „Freund Major Euler gefallen", sein Cousin Heinrich hatte „mit seiner Schwadron feindliche Dragoner in einer Attacke [zurückgeworfen] und [wurde] hierbei durch einen Lanzenstich leicht verwundet."[499] Rupprechts Bruder Prinz Franz hatte ebenfalls „vor einigen Tagen seine Feuertaufe [erlitten]: sein Regiment schlug zwei französische Angriffe ab. Der zweite erfolgte bei Nacht und endete in wilder Flucht unter lautem Geschrei."[500] Man kann festhalten, dass die Führung der bayerische Armee einen verhältnismäßig kleinen und in sich geschlossenen Kreis bildete, und

---

496 BayHStA, GHA: NL Kronprinz Rupprecht, A 699, Eintrag vom 12. August 1914.

497 BayHStA, GHA: NL König Ludwig III., Nr. 59, Rupprecht an Ludwig III. vom 13. August 1914.

498 Ebd., Rupprecht an Ludwig III. vom 14. August 1914.

499 BayHStA, GHA: NL Kronprinz Rupprecht, A 699, Eintrag vom 13. August 1914.

500 BayHStA, GHA: NL König Ludwig III., Nr. 59, Rupprecht an Ludwig III. vom 19. August 1914.

man sich daher – vornehmlich was das Offizierskorps anbelangte – untereinander besser kannte als andernorts.[501]

Am Abend des 21. August fuhr der Oberbefehlshaber der 6. Armee erstmals über das lothringische Schlachtfeld, um sich selbst ein Bild zu machen. Je näher der bayerische Kronprinz auf seiner Besichtigungsfahrt den Hauptbrennpunkten des Kampfes kam, „desto mehr Granattrichter und umher liegende Leichen" erblickte er. Auf dem Gerichtsberg erblickte er „reihenweise niedergemäht französische Tote, weithin erkennbar an dem Rot ihrer Hosen, einem Mohnfelde vergleichbar. Eine Schützenlinie, die eine Schwenkung ausführt, und in diesem Augenblicke flankierendes Feuer erhielt, [wurde] gänzlich vernichtet." Erschüttert fuhr Rupprecht mit seinem Bericht fort, „Mann liegt an Mann. Manche halten das Gewehr noch krampfhaft im Anschlag. In Folge der großen Hitze sind die Gesichter der meisten Leichen bereits von bläulicher Schwärze." Diesen gegenüber lagen „Reihen eigener Toter, die beim Sturme der französischen schweren Artillerie erlagen."[502]

Zwar standen die Gefechte in Lothringen erst am Beginn des Krieges und stellten nicht den Höhepunkt des Blutzolls dar. Allerdings notierte Kronprinz Rupprecht seine persönliche, schon fast fatalistische Schlussfolgerung in sein Tagebuch: Unzeitige „Sparsamkeit [sei] stets die größte Verschwendung". Man müsse „jetzt alles daransetzen, [...] den Gegner entscheidend niederzuringen und so für später [...] viel höhere Verluste zu ersparen, die [...] bei einer längeren Dauer des Krieges zweifellos eintreten werden. Falsche Humanität [sei] die größte Inhumanität."[503] Arbeitswut und Verdrängung kennzeichneten ebenfalls den Umgang des Armeeführers mit Tod und Elend. Dies wird auch im Umgang mit dem schweren persönlichen Schicksalsschlag deutlich, der ihn mit dem durch Kinderlähmung bedingten Tod seines ältesten Sohnes Luitpold am 27. August ereilte.[504]

---

501 Krafft: Bayernbuch. S. 4.
502 BayHStA, GHA: NL Kronprinz Rupprecht, A 699, Eintrag vom 21. August 1914.
503 Ebd., Eintrag vom 27. August 1914.
504 BayHStA, GHA: NL König Ludwig III., Nr. 59, Telegramm Rupprechts an Ludwig III. vom 27. August 1914: „Luitpold eben sanft verschieden. Kinderlähme. Die Pflicht heischt handeln und nicht trauern. Rupprecht".

Für Rupprecht, der seine Söhne zuletzt vor seiner Abfahrt in München gesehen hatte, war es „ein arger, schrecklicher Schicksalsschlag – furchtbar plötzlich!" Er schrieb Ludwig III. nach München, vielleicht sei dieses Unglück eher für ihn zu ertragen, weil er „hier außen so viel Tod und Elend sehe und höre." Er berichtete außerdem, was ihm „am meisten über [seine] Trauer [hinweghelfe, sei] die unablässige Arbeit."[505]

Destruktionserfahrungen

„Invasion" hieß an allen Fronten Zerstörung, sei es nun in Ostpreußen, in Belgien oder Frankreich. Teils waren militärische Befestigungen Ziel des Artilleriefeuers geworden, teils zivile Gebäude. Häufig wurde als Begründung des Beschusses der letzteren angegeben, die Gegner hätten diese als Artilleriebeobachtungsposten benutzt. Die bekanntesten Beispiele von Zerstörungen ziviler Gebäude sind sicherlich der Brand der mittelalterlichen Bibliothek im belgischen Löwen oder der Beschuss der gotischen Kathedrale im französischen Reims.[506]

Diese Eskalation der Gewalt schlug sich auch in Briefen und Tagebüchern von der Front nieder. Detailliert wurden zerstörte Landschaften, Siedlungen, das Leid und Sterben von Mensch und Tier geschildert, ebenso der Vorgang der Destruktion selbst. Sicherlich, die unmittelbar Beteiligten beschrieben die Zerstörungen emotionaler als die nur mittelbar beteiligten Verantwortlichen, dennoch finden sich detaillierte Beschreibungen der Destruktionserfahrung nicht nur bei Frontsoldaten, sondern auch bei Artilleristen.[507]

Kronprinz Rupprecht machte mehrfach Bekanntschaft mit den nahezu unbeschreiblichen Verwüstungen des Maschinenkrieges, zumal wenn er die Gelegenheit wahrnahm, sich persönlich ein Bild von der Lage zu verschaffen. Vor allem das ungezügelte Artilleriefeuer führte immer wieder zu großen Zerstö-

---

505 Ebd., Rupprecht an Ludwig III. vom 1. September 1914.
506 Stevenson: Der Erste Weltkrieg. S. 124.
507 Knoch, Peter: Erleben und nacherleben: Das Kriegserlebnis im Augenzeugenbericht und im Geschichtsunterricht. In: Hirschfeld, Gerhard u. a. (Hrsg.): Keiner fühlt sich hier mehr als Mensch... Erlebnis und Wirkung des Ersten Weltkriegs. Essen, 1993. S. 199-220. Hier: S. 204f.

rungen, was Rupprecht mitunter als ausgesprochen bedauerlich empfand. Als der Kronprinz erfuhr, dass der „bei Krupp wieder in Stand gesetzte 30,5 cm Mörser [...] in einigen Tagen eintreffen und auf Wunsch der O[bersten] H[eeres] L[eitung] zur Beschießung von Arras verwendet werden" solle, konnte er nicht umhin zu fragen: „Was aber sollen wir dort beschießen?" Rupprecht gab zu bedenken, „der Einsatz solcher Geschütze [sei] nur lohnend gegen räumlich eng begrenzte Ziele, z.B. feindliche Forts." Dem Kunstliebhaber Rupprecht stieß die Zerstörung eines kunsthistorisch bedeutsamen Glockenturms übel auf: Am 23. Oktober war der „Beffroi von Arras [...] durch unser Artilleriefeuer zum Einsturze gebracht worden. Schade um diesen schönen Bau."[508]

In den folgenden Tagen beobachte der Kronprinz, wie die „französischen Zeitungen [...] ein großes Geschrei wegen der Zerstörung des schönen Beffroi von Arras" erhoben.[509] Seinem langjährigen Freund, dem Kunstprofessor und Bildhauer Adolf von Hildebrand schrieb er in diesen Tagen: „Schade, wie viel im Kriege nutzlos zu Grunde geht. Es ist oft wirklich ein Jammer, wenn man schöne Bauten beschießen muss, aber was kann man machen, wenn der Feind sich darin zur Verteidigung festsetzt oder von den Türmen herab das Feuer seiner Batterien leitet und auf uns lenkt?"[510]

Vor Ypern kam es zu einer ähnlichen Situation. Hier wird der Standpunkt des bayerischen Kronprinzen bezüglich blinder Zerstörungswut seiner Truppen abermals deutlich. Zwei Armeekorps der 6. Armee hatten „aus toller Schießwut Ypern auf viel zu große Entfernung unter ein völlig planloses Feuer genommen." Rupprecht missbilligte dies und fürchtete dabei um „die prächtigen dortigen Tuchhallen", deren Erhaltung ihm ebenso wie Falkenhayn am Herzen lag und „deren Schonung [Rupprecht] dem General von Deimling eigens befohlen hatte." Der Oberbefehlshaber der 6. Armee wollte auf gar keinen Fall „in Belgien ein gleiches auf Jahrhunderte hinaus verbitterndes Wahrzeichen

---

508 BayHStA, GHA: NL Kronprinz Rupprecht, A 700, Eintrag vom 23. Oktober 1914.
509 Ebd., Eintrag vom 26. Oktober 1914.
510 BSB, Abt. Handschriften und Alte Drucke: NL Adolf von Hildebrand, Ana 550, Rupprecht an Hildebrand vom 26. Oktober 1914.

schaffen, wie es die Franzosen in Deutschland in den Trümmern des Heidelberger Schlosses" hinterlassen hatten.[511]

Zivile Opfer und Kriegsgefangene

Die Übergriffe auf Zivilpersonen wurden seitens der bayerischen Armeeführung radikal abgelehnt. Major von Xylander musste fassungslos feststellen: „In Lunéville Mord und Totschlag, Brände, Paniken bei unseren Trains. Wilde Gerüchte. [...] Es ist unglaublich, wie eine sieghafte Armee in so kurzer Zeit durch einen einzigen Rückschlag in eine solche Verfassung gebracht werden kann. Die Nerven unserer seit vielen Tagen kämpfenden braven Truppen sind eben überreizt."[512]

Für Krafft von Dellmensingen war das Verhalten der deutschen Truppen in Lunéville jedenfalls skandalös: „Es wäre nicht wünschenswert, wenn wir uns schon jetzt solche Verwilderung der Sitten nehmen würden. Wir wollen den anderen doch zeigen, dass wir eine gesittete Nation sind im Gegensatz zu den anderen! Das darf sich nicht wiederholen! Es ist auch nicht anzunehmen, dass das nur eine französische Anschuldigung sein sollte. Sie werden doch ihre eigenen Sachen nicht so durcheinanderwerfen und ruinieren."[513]

Kronprinz Rupprecht verurteilte die Brandschatzungen und vermerkte, das „strafweise Niederbrennen von Ortschaften [sei] sehr töricht", es hemme zudem „auf Stunden den Verkehr, [beraube] später eintreffende Truppen der Unterkunft und [schädige] sie auch insoferne, als bei jedem Brande zahlreiche Lebens- und Futtermittel zu Grund gehen." In gleicher Weise seien „Schuldige wie Unschuldige" durch die Brandschatzungen betroffen. Die „betroffene Bevölkerung [werde] heimats- und arbeitslos", was überhaupt nicht im deutschen Interesse liege. Zudem wirke das „Niederbrennen der Häuser [...] verrohend" und verleite „die hiermit beauftragten Mannschaften nur allzu leicht zu Plünderungen." Aus diesem Grund erließ er einen Tagesbefehl, in dem er

511   BayHStA, GHA: NL Kronprinz Rupprecht, A 701, Eintrag vom 4. November 1914.
512   Kramer: Greueltaten. S. 91.
513   BayHStA, KA: NL Krafft, Nr. 145, Tagebucheintrag vom 24. August 1914.

das „strafweise Niederbrennen von Ortschaften [untersagte] und vor Plünderungen" warnte.[514]

Noch fast einen Monat später entrüstete sich Kronprinz Rupprecht über die „räuberischen Ausschreitungen [...] in der Gegend von Lunéville." Dennoch musste er feststellen, dass das kein Einzelfall gewesen war. Mitte September notierte er im belgischen Namur: „Diebstähle mehren sich in erschreckender Weise und die Rechtsbegriffe sind arg ins Schwanken gekommen. Nicht selten ereignet es sich, dass selbst Offiziere bestohlen werden." Die Gefechtsdisziplin sei zum Glück „noch nicht gelockert und [es] folgen die Leute im Feuer tadellos ihren Führern." Dennoch, so stellte Kronprinz Rupprecht desillusioniert fest, der „Krieg weckt ohne Zweifel nicht bloß heroische Eigenschaften, sondern auch recht üble Instinkte und wirkt überaus verrohend. Wir werden im Frieden die Folgen der eingetretenen Verwilderung lange noch spüren."[515]

Krafft von Dellmensingen ordnete daher erneut „die Ausarbeitung eines umfangreichen Tagesbefehls über Behandlung der Bevölkerung" an. Er notierte in sein Tagebuch, an verschiedenen Stellen hätten die „Truppen sich bedauerliche Ausschreitungen zu Schulden kommen lassen." Es gebe „eben immer und überall schlechte und schädliche Elemente, die zum Diebstahl, zur Zerstörung und Plünderung bereit sind." Der Chef des Stabes polterte in seiner ruppigen Art gegen diese Entwicklungen: „Das sind recht üble Zeichen. Hier muss mit aller Schärfe eingeschritten werden. Sonst haben wir in kurzer Zeit eine Räuberbande, aber keine Soldaten mehr! In der Armee stecken eben auch die Verbrechernaturen. Die treten in Lagen, nach großen Verlusten, besonders hervor."[516] Von einem generellen Vorsatz der militärischen Führung, den Widerstand der Zivilbevölkerung mit völkerrechtswidriger Gewaltanwendung zu brechen, kann also nicht gesprochen werden.[517]

An dieser Stelle sei auf die Kriegsgefangenen hingewiesen. Wie die meisten der Soldaten waren sie Zivilisten in Uniform, die nunmehr nach ihrer Gefangennahme einen Sonderstatus einnahmen. Vor allem in den ersten Wochen

---

514 BayHStA, GHA: NL Kronprinz Rupprecht, A 699, Eintrag vom 28. August 1914.
515 Ebd., Eintrag vom 19. September 1914.
516 BayHStA, KA: NL Krafft, Nr. 183, Tagebucheintrag vom 19. September 1914.
517 Kramer: Greueltaten. S. 93.

und Monaten des Krieges wurden auf beiden Seiten massenhaft Kriegsgefangene gemacht.[518] Problematisch war die Behandlung französischer Kriegsgefangener durch die bayerische Armee vor allem aufgrund der wilden Gerüchte, die das Kriegsgeschehen beherrschten. Auch Kronprinz Rupprecht kam an den Gerüchten um Verstümmelungen deutscher Verwundeter nicht vorbei. Der erste tote Landsmann, den er nach der Schlacht in Lothringen entdeckte, „war M[a]j[o]r Wirsing des 2. b[ayerischen] Feldartillerieregiments." Rupprecht schrieb nieder, dass der Major „in seinen Umhang gehüllt dicht neben der Straße [lag]. Als dieser zum Stellungswechsel vorreiten wollte, tötete ihn ein im Straßengraben liegender französischer Verwundeter durch einen Schuss in das Herz."

Man erzählte dem Kronprinzen, es ereigne „sich wiederholt, dass französische Verwundete auf Sanitätssoldaten schossen." Den Franzosen hatte man angeblich gesagt, „dass die Deutschen alle Verwundeten töten würden." Die Folge dieses „unsinnigen Verhaltens" war laut Rupprecht, dass deutsche „Sanitätssoldaten vielfach die französischen Verwundeten liegen [ließen], da sie sich nicht mehr an sie heran [wagten], wenn sie nicht zu mehreren [waren]."[519]

Der bayerische Kronprinz berichtete außerdem, dass am 26. August „ein in Civil verkleideter französischer Soldat eingebracht worden [sei], der Typus eines Apachen, der nachweislich einem verwundeten Fliegerofficier in Lunéville den Kopf abgeschnitten hatte!" Rupprecht war außer sich angesichts solcher Barbarei; als der französische Soldat „auf frischer Tat ertappt wurde, verprügelten ihn die Mannschaften, statt ihn sofort niederzuschießen. Er muss nun gerichtlich abgeurteilt werden."

Von Seiten des AOK 6 sollte es nach solchen Horrormeldungen über die Behandlung deutscher Soldaten keinen „ritterlichen Großmut" mehr gegenüber französischen Kriegsgefangenen geben. Nach der Kapitulation des Forts Manonviller wollte der mit dessen Einnahme beauftragte Pionierführer im AOK 6, General von Brug, „den ritterlichen Mann spielen und der Besatzung freien Abzug gewähren." Dies konnte laut Kronprinz Rupprecht „umso weniger be-

518   Becker: Oubliés de la Grande Guerre. S. 23f.
519   BayHStA, GHA: NL Kronprinz Rupprecht, A 699, Eintrag vom 21. August 1914.

willigt werden [...], als die Gegner uns gegenüber nichts weniger als ritterlich sich benommen hatten." Rupprecht spielte dabei unter anderem auf die wilden Straßenkämpfe in Lunéville an. Dort hatten Franzosen – wiederum angeblich – auf einem „Truppenverbandsplatze Verwundete wie Sanitätsofficiere getötet, gestern ein Sanitätskorps des III. b[ayerischen] A[rmee] K[orps] beschossen."[520]

Die völkerrechtsgemäße Behandlung Kriegsgefangener durch die eigenen Truppen machte dem bayerischen Kronprinzen allerdings grundsätzlich zu schaffen. Als er am Nachmittag des 14. Oktober im nordfranzösischen Douai ankam, wohin ab diesem Tag sein Hauptquartier verlegt wurde, musste er seine eigenen aufgebrachten Soldaten beruhigen: Die Stadt besaß „ein sehr schönes gotisches Rathaus. In seinem Hofe waren etliche französische, sowie ein paar hundert [...] englische Gefangene, deren Haltung viel soldatischer war wie jene der Franzosen."

Rupprecht musste „einschreiten, um zu verhindern, dass die zur Bewachung zugeteilten Landsturmleute und andere herbeigeeilte Soldaten [diese] nicht ihrer warmen Mäntel beraubten." Außerdem war eine „große Zahl französischer Gefangener und Wehrpflichtiger [...] in der Notre Dame Kirche eingeschlossen." Dort „herrschte [...] ein wahrhaft pestilenzialischer Gestank und die Sakristei war wegen den darin gelagerten Kotmassen einfach unbetretbar." Rupprecht setzte sich nach eigenen Angaben persönlich dafür ein, „dass diesem Missstande abgeholfen wurde."[521]

520 Ebd., Eintrag vom 27. August 1914; Vgl. Müller: Krafft von Dellmensingen. S. 348.
521 BayHStA, GHA: NL Kronprinz Rupprecht, A 700, Eintrag vom 14. Oktober 1914.

6. BAYERISCH-PREUSSISCHE KONFLIKTLINIEN

Staatsbewusstsein gegen Nationalbewusstsein

Das Staatsbewusstsein der deutschen Territorialstaaten war bis zum Ausbruch des Weltkrieges noch immer ungebrochen. Die Dynastien hielten die Traditionen und Bräuche der Einzelstaaten im Deutschen Reich hoch und wussten sich dabei von der Zustimmung ihrer Untertanen getragen. Die politischen und kulturellen Verdienste der Einzelstaaten konnten nicht nur neben jenen des vorherrschenden Staates Preußen bestehen, sondern wurden von deren Bürgern sogar noch höher eingeschätzt.[522] Die ökonomische Entwicklung verlief in Bayern und Preußen während des zweiten Kaiserreichs unterschiedlich. Während eine stürmische Industrialisierung die Entwicklung Preußens prägte, so blieb Bayern doch, trotz eines soliden wirtschaftlichen Aufschwungs, strukturell wie mental vorwiegend agrarisch geprägt.[523]

Die Prinzregentenzeit war für Bayern gleichsam eine Art Endzeit und eine Epoche des Aufbruchs in die Moderne. Viele bayerische Städte nahmen teil an den großen geistig-kulturellen Erneuerungen der Zeit. Besonders Bayerns Metropole München war zu Beginn des Jahrhunderts von deutscher und europäischer Strahlkraft. Die vielzitierte Novelle „Gladius Dei" Thomas Manns aus dem Jahr 1902 darf als Beleg für die kulturelle Blüte Münchens in jener Zeit gelten. Gleichzeitig waren diese Jahre eine Endzeit, da der Wandel von Politik, Wirtschaft, Gesellschaft und Kultur das Herannahen einer neuen Zeit ankündigte.[524]

Das Bürgertum der bayerischen Städte gab sich offen für die Politik und Bedürfnisse des Reiches, von „einem lebfrischen Liberalismus reichsfrommer Observanz", wie Thomas Mann in seinem Roman Doktor Faustus bemerkt. Diese Offenheit beinhaltete auch die Bereiche Wissenschaft und Technik und

---

522 Janßen: Macht und Verblendung. S. 39.
523 Weiß: Bayern und Preußen. S. 40f.
524 Möckl, Karl: Die Prinzregentenzeit. In: Bonk, Sigmund/ Schmid, Peter (Hrsg.): Königreich Bayern. Facetten bayerischer Geschichte 1806 - 1919, Regensburg, 2005. S. 153-174. Hier: S. 162; künftig: Möckl: Die Prinzregentenzeit.

war Ausdruck eines sozusagen „salon-bayerischen" Bewusstseins. Das bayerische Selbstbewusstsein der Vorkriegszeit drückte sich beispielsweise auch in vielerlei Hinsicht in Literatur, Architektur und Malerei aus.[525] Nicht zuletzt aufgrund des starken persönlichen Engagements des bayerischen Kronprinzen Rupprecht, der unter anderem den Anstoß zur Gründung des „Vereins für Kunstfreunde" gab, blühte das Münchner Kunstleben in den letzten Vorkriegsjahren auf.[526]

Es ist dabei nicht zu verleugnen, dass bereits vor 1914 deutliche Krisensymptome zu Tage getreten waren. Staat und Gesellschaft waren brüchig geworden, die alte Sicherheit war allenthalben bedroht, wie der Historiker Karl Alexander von Müller für das Jahr 1909 diagnostizierte. Ihm schienen die Erschütterungen allerdings noch in eine festgefügte Welt eingebettet.[527] Das Vertrauen in die bayerische Monarchie war in eine Krise geraten; die Kritik am bayerischen König Ludwig III. riss nicht ab.[528]

Konrad Krafft von Dellmensingen, eigentlich ein glühender Verehrer der bayerischen Monarchie, berichtete von einer Audienz bei Ludwig III. Anfang August 1914: „Es ist merkwürdig, der Mann hat gar nicht die Fähigkeit, einem etwas aufmunternd und erhebend zu sagen. [...] Dann sprach er so leichtherzig über den Krieg und die Siegesaussichten, als ob das so ganz selbstverständlich sei." Ihm blieb die ernüchternde Erkenntnis, dass Ludwig III. militärische Fragen „wie ein vollkommener Dilettant [behandelte], der keine Ah-

---

525 Ebd. S. 168.

526 Aretin: Kronprinz Rupprecht. S. 12f.

527 Müller, Karl Alexander von: Aus Gärten der Vergangenheit. Stuttgart, 1951. S. 402.

528 Zwar geschah in der kurzen Zeit vor dem Weltkrieg nichts, was einen größeren Einbruch in der öffentlichen Meinung verursacht hätte. Was am meisten am Monarchen enttäuschte, war seine eigentlich unaristokratische, profane Art. Der praktisch veranlagte und politisch aktive Ludwig III. passte nicht in den Rahmen des überzeichneten majestätischen Leitbilds, dem seine Untertanen nachtrauerten. Zeitgenossen verspotteten ihn als „Ochsen-, Kartoffel- oder Millibauern." In gebildeten Kreisen machte man sich über seine „Harmonikahose" lustig. Vgl. Schneider: Die populäre Kritik an Staat und Gesellschaft. S. 362-364; vgl. auch: Heydecker, Joe J.: Kronprinz Rupprecht von Bayern. Ein Lebensbild. München, 1953. S. 69f; Künftig: Heydecker: Kronprinz Rupprecht von Bayern.

nung hat von der Schwierigkeit der Sache."[529] Obgleich die bayerische Eigenständigkeit in den vierundvierzig Jahren der Reichszugehörigkeit gelitten hatte, ist deren ungebrochene Kontinuität offensichtlich. Das monarchisch orientierte bayerische Staatsbewusstsein sowie das starke kulturelle Selbstbewusstsein blieben auch unter dem wenig geliebten Ludwig III. als Bollwerk gegen preußische Machtgelüste und Schikanen bis zum Kriegsausbruch und darüber hinaus erhalten.[530]

Vornehmlich das liberal und protestantisch geprägte Bürgertum – eine Minderheit – unterstützte das Hineinwachsen Bayerns ins Reich. Dagegen war die Reichsbegeisterung bei der großteils katholisch-konservativ geprägten Bevölkerung Altbayerns, ebenso wie im Königshaus, weit zurückhaltender. Während der wilhelminischen Ära, respektive der Prinzregentenzeit, entstanden viele Klischees, die bis heute das gegenseitige Bild zwischen Bayern und Preußen prägen. München entwickelte sich zu einem internationalen Zentrum für Kunst und Kultur, in dem vielfach kritische Töne gegen Militarismus und Zentralismus laut wurden.[531]

Die bayerisch-preußische Disharmonie resultierte nicht nur aus unterschiedlichen süd- und norddeutschen Mentalitäten, sondern vor allem aus der Bedrohung der föderalen Eigenständigkeit Bayerns innerhalb des Reichs auf ökonomischem, politischem und kulturellem Gebiet. Während des Weltkrieges kam noch eine neue Komponente hinzu, nämlich die Furcht vor einem allzu einseitigen Machtzuwachs Preußens, was sich an zunehmenden militärischen Zentralisierungstendenzen sowie einseitigen preußischen Kriegszielforderungen festmachte. Es waren letztlich genau diese Tendenzen, die im Lauf des Krieges den süddeutschen Bundesstaaten gegenüber Preußen weitestgehend ihre Autonomie kosteten.[532] Nachdem ein schnelles Ende des Krieges in weite Ferne gerückt war, wurde seitens Preußens begonnen, durch massive staatli-

---

529 BayHStA, KA: NL Krafft, Nr. 145, Tagebucheintrag vom 4. August 1914; vgl. auch Müller: Krafft von Dellmensingen. S. 308.

530 Schneider: Die populäre Kritik an Staat und Gesellschaft. S. 365-372.

531 Weiß: Bayern und Preußen. S. 42-44.

532 Ay, Entstehung einer Revolution. S. 87f; zur antipreußischen Stimmung: Schneider: Die populäre Kritik an Staat und Gesellschaft. S. 366-372.

che Eingriffe und wirtschaftliche Umverteilung die Kriegsmaschinerie umzuorganisieren. Die Größenordnung dieser Zentralisierung, die alle politischen, wirtschaftlichen, militärischen und auch privaten Bereiche beeinträchtigte, wäre vor dem Krieg unvorstellbar gewesen.[533]

Es ist daher nicht als Rückzug Bayerns aus Deutschland zu verstehen oder gar als süddeutscher Separatismus, wenn sich bayerische Entscheidungsträger vermehrt gegen Preußen stellten. Im Wesentlichen war dies der Sorge um den Reichsbestand in seiner bis 1914 herrschenden föderalen Form geschuldet. Nur der Föderalismus erlaubte die Mentalität, Bayer und Deutscher zugleich zu sein, ohne deshalb Preuße werden zu müssen. Man könnte sagen, die Bayern akzeptierten zwar einerseits die Herrschaft der Reichshauptstadt Berlin, wehrten sich aber im gleichen Zug vehement, von der Hauptstadt Preußens, Berlin, regiert zu werden.[534]

Mentalitäten und Loyalitäten

Die vorherrschenden Mentalitäten innerhalb der bayerischen Bevölkerung können bei den - aufgrund der Wehrpflicht aus ihrer Mitte stammenden – bayerischen Soldaten ebenso festgestellt werden. Insgesamt kann man festhalten, dass nationalistische Sinnstiftungsversuche und Deutungsmuster bei den bayerischen Soldaten kaum bis überhaupt nicht verfingen. Auch bewirkte der gemeinsame Fronteinsatz an der Seite von Verbänden anderer deutscher Heereskontingente keine tiefere nationale Integration. Mehr noch: Schon innerhalb der bayerischen Verbände führten regionale Herkunft und Dialekt zu Verständigungsproblemen. Unverständnis belastete vor allem das Verhältnis der Soldaten aus der bayerischen Rheinpfalz zu denjenigen aus Altbayern, Schwaben und Franken. Erstere fühlten sich isoliert innerhalb der bayerischen Armee, die sich großteils aus rechtsrheinischen Truppen bildete, letztere betrachteten die Pfälzer als gewissermaßen minderwertige Landsleute.[535]

Dennoch verstanden sich die bayerischen Soldaten in weit höherem Maße als eine Einheit als andere Kontingenttruppen. Gerade für die Bayern, die viel-

533 Geyer, Michael: Deutsche Rüstungspolitik 1860-1980. Frankfurt, 1984. S. 94f.
534 Ay, Entstehung einer Revolution. S. 89.
535 Ziemann: Front und Heimat. S. 272.

fach nicht in deutsch-patriotischem Überschwang in den Krieg gezogen waren, besaß der monarchische Kult um die Wittelsbacher große Bindungskraft. Viele waren im festen Glauben an die Verteidigung von König und Heimatland ins Feld gezogen. Der im Frieden unbeliebte König Ludwig III. diente einem Großteil der bayerischen Mannschaftssoldaten nunmehr als Identifikationsfigur. Dies wurde unter anderem bei Paraden deutlich, die vom Monarchen persönlich abgenommen wurden. Der bayerische König vermittelte den Soldaten das Bild einer über den politischen und gesellschaftlichen Interessen stehenden, vermittelnden Instanz.

Auch hohe Generale boten populäre Identifikationsangebote, zumindest solange sie nicht im Ruf standen, das Leben ihrer Truppen sinnlos aufs Spiel zu setzen.[536] Gerade Kronprinz Rupprecht bot in seinen Eigenschaften als Mitglied des Hauses Wittelsbach und Armeeführer eine doppelte Identifikationskraft für die bayerischen Soldaten. Generaloberst Halder urteilte noch im Jahr 1954 über seinen ehemaligen Oberbefehlshaber, die „menschliche Kunst, Fühlung zu gewinnen und auf andere einzuwirken [habe] ihm […] zu Gebote [gestanden], wenn er mit den Männern der Truppe sprach." Rupprecht habe „immer das richtige Wort [gefunden], bald humorvoll, bald ernst, und man konnte beobachten, wie die müden und oft niedergedrückten Männer […] auflebten", wenn er zu ihnen sprach, „ohne Worte, ohne zündende Parolen, ganz einfach von Mann zu Mann mit der ganzen Wärme seines menschlich mitfühlenden Herzens und mit der ganzen Verantwortung für die ihm anvertrauten Soldaten, die ihn beherrschte, wie nur je einen Truppenführer."[537]

Da mag es nicht verwundern, dass Kronprinz Rupprecht selbst noch kurz vor Kriegsende vielen bayerischen Soldaten als heroischer Anwalt ihrer Interessen gegolten hatte. So kursierte Mitte 1918 ein Gerücht, demzufolge der bei den bayerischen Soldaten verhasste Hindenburg von Rupprecht verlangt habe, dass dieser mit seinen Truppen gegen gut ausgebaute gegnerische Stellungen

---

536 Ebd. S. 265f; Schneider: Die populäre Kritik an Staat und Gesellschaft. S. 362-364.
537 Zit. nach: Hackl: Kriegsakademie. S. 251.

vorgehen solle. Es wurde unter den Soldaten gemunkelt, Rupprecht habe dies verweigert und habe Hindenburg infolgedessen bei einem Duell erschossen![538] Unter den bayerischen Soldaten existierte schon sehr früh ein weit verbreiteter „Preußenhass". Gründe dafür waren hauptsächlich Gerüchte über Benachteiligungen bayerischer Truppenteile gegenüber preußischen durch hohe Kommandoebenen. Bereits kurz nach Kriegsausbruch notierten bayerische Soldaten, dass preußische Kameraden Erfolge stets für sich alleine beanspruchen würden. Auch kursierte die Auffassung, insbesondere bayerische Truppen würden auf preußisches Betreiben häufig zu höchst gefährlichen und verlustreichen Operationen herangezogen, was sich in auch Gerüchten über angeblich gewaltige Verlustzahlen bayerischer Einheiten widerspiegelte. Im weiteren Kriegsverlauf kam es aufgrund dieser Friktionen auf der Ebene der Mannschaftssoldaten sogar wiederholt zu handgreiflichen Auseinandersetzungen zwischen bayerischen und preußischen Soldaten im Feld.

Die Motive für den „Preußenhass" sind allerdings nicht nur durch partikularistische Identifikationsmuster oder den Gefühlen vermeintlicher Ungerechtigkeiten zu erklären. Waren die meisten bayerischen Soldaten in der Hoffnung auf eine baldige Rückkehr ins Feld gezogen, sahen sie vor allem in der von preußischen Machtinteressen beherrschten deutschen Politik einen Hauptgrund für die überflüssige Verlängerung des Krieges. Erst gegen Ende des Weltkrieges wurde aus den speziell „bayerischen" Ressentiments gegen „die Preußen" ein allgemeingültiges und populäres soldatisches Deutungsmuster, das dann auch bei Soldaten badischer, rheinischer, hannoverscher, hessischer und sogar schlesischer Herkunft zu beobachten war.[539]

Preußische Geringschätzung und bayerische Eigenständigkeit

Schon vor dem Kriegsausbruch hatte es ernste Differenzen zwischen den preußischen und bayerischen Befehlsstellen gegeben, die aus bayerischer Sicht stets die preußische Überheblichkeit gegenüber der bayerischen Armee zum Ausdruck brachten. Noch im Frühjahr 1914 hatte Moltke dem bayeri-

---

538 Ziemann: Front und Heimat. S. 266f.
539 Ebd. S. 272-274.

schen Kronprinzen unmissverständlich mitgeteilt, „dass im Kriegsfalle ein preußischer Generalstabschef zugeteilt würde." Moltke begründete „diese Zuteilung mit dem vorwiegenden Interesse Preußens an dem glücklichen Ausgange eines Krieges", worauf Rupprecht ihm entrüstet entgegnete, „dass Bayerns Interesse am glücklichen Ausgang eines Krieges nicht minder groß sei."[540]

Ebenso erinnerte sich General von Krafft, der am Ende dennoch als Bayer auf den Posten des Chefs des Generalstabs der 6. Armee gesetzt wurde, dass Moltke ihm „am 18.10.1913 in Leipzig, als [Krafft] ihm [seine] Zweifel" ausgesprochen hatte, „ob es zweckmäßig sei, dass im Ernstfalle aufgrund der Vereinbarungen zwischen Preußen u[nd] Bayern ein Führer u[nd] ein Chef zusammenkämen, die sich doch recht wenig kennen" geantwortet habe: „Halten Sie es nicht für verständlich, dass Preußen, infolge des großen Gewichtes, das es in die Waagschale wirft u[nd] des großen Anteiles, den es an der Verantwortung trägt, sich auf solche Weise seinen Einfluss auf die Operationen sichert?" Krafft hatte das schon damals „nicht so ganz verständlich gefunden." Denn, so meinte er, Preußen sicherte sich doch seinen Einfluss „vor allem durch die einheitliche Schulung des ganzen deutschen Generalstabs, [...] ferner durch die unbedingte Befehlsgewalt des Großen Hauptquartiers!"

Moltkes Standpunkt erschien Krafft „recht preußisch-engherzig", auch war er verwundert, bei ihm auf die prinzipielle preußische Auffassung zu stoßen: „Nur der Preuße taugt u[nd] versteht etwas." Krafft meinte hier Moltkes kleinliche „Auffassung der Vormachtstellung, [einen] Mangel an Vertrauen, [einen] verbohrte[n] Egoismus" zu erkennen und zeigte sich verbittert über „die brutale u[nd] taktlose Art, wie der richtige Preuße jedem Nichtpreußen seine Überlegenheit fühlen zu lassen sich berechtigt" glaube.[541]

Es mag darum auch nicht verwundern, dass derartige Äußerungen von preußischer Seite aus für Mitglieder des bayerischen AOK klingen mussten, „als sei Bayern ein durch ein lockeres Band gefesselter Bundesgenosse statt eines Bundesstaates, mit dem man schon seit über vierzig Jahren zusammen gear-

---

540 BayHStA, KA: NL Krafft, Nr. 195, Rupprecht an Krafft vom 20. August 1926.
541 BayHStA, KA: NL Krafft, Nr. 145, nachträgliche Anmerkung zum Eintrag vom 31. Juli 1914.

beitet hatte." Rudolf von Xylander, Stabsoffizier im bayerischen Oberkommando, stellte nach dem Krieg die berechtigte Frage: „Wenn schon bei dem durchaus nicht gegen Bayern eingenommenen General v. Moltke eine solche Auffassung bestand, welche Empfindungen waren dann bei anderen Stellen gegenüber dem AOK 6 zu erwarten, als dieses [...] durch einen Zufall in den höchsten Stellen ganz bayerisch geworden war?" Das bayerische Führungsduo Rupprecht und Krafft sei „von anderen preußischen Augen [...] mit besonderen Gefühlen betrachtet und beobachtet" worden, was eine „vielleicht bedauerliche, aber der geschichtlichen Wahrheit entsprechende Tatsache" bleibe. So habe sich für das AOK 6 „die Notwendigkeit [ergeben], sowohl gegenüber dem Großen Hauptquartier als auch gegenüber den Nachbarn ganz besonderen Takt walten zu lassen."[542]

Auch am Beispiel der Nachfrage nach bayerischen Auszeichnungen wird die besondere Behandlung des bayerischen Militärs durch preußische „Würdenträger" deutlich. Laut Kronprinz Rupprecht herrschte eine „oft widerwärtige Anfrage nach bayerischen Orden", vor allem seitens preußischer Offiziere. Die Ordensjagd sei „zu einer wahren Seuche geworden." Süffisant bemerkte der bayerische Kronprinz, „der Bandwurm [peinige] die Generale und Kreuzschmerzen [seien] ein weit verbreitetes Übel." Der Grund dafür lag nach Rupprechts Dafürhalten hauptsächlich darin, dass das durch Preußen verliehene „Eiserne Kreuz [...] jetzt in derartigen Mengen verteilt [werde], dass es bereits den Wert einer besonderen Auszeichnung zu verlieren" beginne.

Rupprecht teilte seinem Vater mit, das Schlimmste an der massenhaften Vergabe des Eisernen Kreuzes sei, dass es „in der Regel [...] zuerst die Angehörigen der Stäbe" erhielten, darunter sogar Leute, „denen eine reine Verwaltungstätigkeit" obliege. Rupprecht hingegen war „mit der Vergebung von Orden an [seinen] Stab sehr zurückhaltend, weil nach [seiner] Überzeugung die Orden vor allem den fechtenden Truppen" gebührten.[543] Die bayerischen

---

542 Xylander: Führung in Lothringen. S. 27.
543 BayHStA, GHA: NL Kronprinz Rupprecht, A 700, Eintrag vom 17. Oktober 1914.
     Den Grund, warum die bayerischen „goldenen und silbernen Tapferkeitsmedaillen", ebenso wie der Max-Josephs-Orden, nicht im gleichen Ausmaß verteilt würden, wie das Eiserne Kreuz, sah Rupprecht in den bayerischen Verleihungsstatu-

Orden seien „ihrer schönen Ausstattung wegen bei den preußischen Offizieren" außerordentlich begehrt. Während man „namentlich in den Kreisen der O[bersten] H[eeres] L[eitung] bayerische Wünsche nichts weniger als wohlwollend" behandele, bestehe gleichzeitig „ein wahrer Heißhunger nach bayerischen Auszeichnungen."

Sarkastisch resümierte der bayerische Kronprinz: „Eine Existenzberechtigung Bayerns wird von diesen Herren eigentlich nur insoferne anerkannt, als dem König von Bayern das Recht vorbehalten bleiben soll, möglichst viele und hohe Orden an preußische Offiziere zu verleihen!"[544] Mit am begierigsten auf die bayerischen Orden seien „leider gewisse Prinzen regierender Häuser." Die äußerten „nicht bloß derartige Wünsche für sich, sondern auch für ihre Adjutanten u[nd] sogar Privatsekretäre."[545]

Der bayerischen Militärführung war die Wahrung der Eigenständigkeit und Geschlossenheit ihrer Kontingenttruppen ausgesprochen wichtig. Bei Kriegsausbruch war dem bayerischen König versprochen worden, dass seine Armee nur geschlossen eingesetzt würde, was am linken Heeresflügel auch der Fall war.[546] Nach der Verschiebung nach Nordfrankreich war dies zunächst aus militärischen Gründen nicht mehr möglich, und so setzte sich Kronprinz Rupprecht zumindest für eine deutlich erkennbare Eigenständigkeit seiner Truppen innerhalb des deutschen Heeres ein. Mitte Oktober stellte er zu seiner Verärgerung fest, die Tatsache, dass er „jetzt hauptsächlich preußische Truppen unter [sich] habe", befördere eine Reihe von Problemen und Unannehmlichkeiten. Preußische und bayerische Uniformen wurden von den Bekleidungsde-

---

ten. Da die Kämpfe „seit dem 24. September [...] [fortdauerten, sei] es ganz unmöglich, irgendein kompliziertes Prüfungsverfahren" anzuwenden. So erhielten die „Mannschaften fast ausschließlich preußische Auszeichnungen. Vgl. BayHStA, GHA: NL König Ludwig III., Nr. 59, Rupprecht an Ludwig III. vom 15. Oktober 1914.

544 BayHStA, GHA: NL Kronprinz Rupprecht, A 700, Eintrag vom 17. Oktober 1914.
545 BayHStA, GHA: NL König Ludwig III., Nr. 59, Rupprecht an Ludwig III. vom 17. Oktober 1914.
546 Wallach: Dogma der Vernichtungsschlacht. S. 166.

pots vermischt, wodurch er die Eigenständigkeit der bayerischen Armee in Gefahr sah.[547]

Überhaupt war er froh, als er später „wieder mehr bayerische Truppen zugewiesen [bekam], nämlich die neugebildeten." Bezüglich der restlichen bayerischen Truppen hoffte er, sie „mit der Zeit [...] auch wenigstens teilweise wieder unterstellt zu erhalten." Wenn der 6. Armee erst wieder „mehr bayerische Truppen" unterstellt seien, werde sich hoffentlich „auch die Bekleidungsfrage vielleicht teilweise wieder regeln lassen, so dass [diese] ihre richtigen Uniformen" erhielten.[548] Kurz darauf hatte Rupprecht immerhin „wieder nahezu die Hälfte [seiner bayerischen] Truppen unter [sich], außerdem solche fast sämtlicher Contingente."[549]

Obwohl Rupprecht stets bei der OHL auf Zuweisungen bayerischer Truppen drängte, erfüllte sich der Wunsch nach einer geschlossenen Verwendung des bayerischen Kontingents für den Rest des Krieges nicht mehr. Ab Anfang 1915 wurde damit begonnen, die starren Korpsverbände weitestgehend aufzulösen.

---

547 BayHStA, GHA: NL König Ludwig III., Nr. 59, Rupprecht an Ludwig III. vom 17. Oktober 1914; Ein Beispiel für diese Unannehmlichkeiten beschrieb Rupprecht seinem Vater: „Dadurch, dass die bayerischen Armeekorps nunmehr so „zerrissen" seien, erhielten diese „ihren Nachschub an Bekleidungsstücken zum Teil aus preußischen Depots, während umgekehrt preußische Truppen bayerische Uniformen" zugewiesen erhielten. Zwar bestehe „der Unterschied [...] ja nur mehr in den Wappenknöpfen", nach seinem Dafürhalten aber „hätte man unbedingt einen Unterschied an den Felduniformen [gegenüber] denen der anderen Kontingente beibehalten sollen: nicht bloß den der Knöpfe." Da das kaiserliche Gardekorps „an [seinen] Felduniformen [seine] Abzeichen" weiterführe, wollte er ergründen, ob „diese eigenen Nachersatz an Bekleidungsstücken" erhalte. Wenn ja, dann sei dies „eine treffende Widerlegung der Notwendigkeit der von den Kriegsministerien verabredeten wechselseitigen Aushilfen aus den Bekleidungsdepots." Vgl. auch ebd., Rupprecht an Ludwig III. vom 15. Oktober 1914; vgl. ebenso: Weiß, Dieter J.: Die Staatsauffassung Kronprinz Rupprechts von Bayern. Ein Verfassungsentwurf aus dem deutschen Widerstand. In: Ackermann, Konrad u. a. (Hrsg.): Bayern vom Stamm zum Staat. Festschrift für Andreas Kraus zum 80. Geburtstag. München, 2002. S. 547-560. Hier: S. 548; künftig: Weiß: Die Staatsauffassung Kronprinz Rupprechts.

548 BayHStA, GHA: NL König Ludwig III., Nr. 59, Rupprecht an Ludwig III. vom 19. Oktober 1914.

549 Ebd., Rupprecht an Ludwig III. vom 29. Oktober 1914.

Infolgedessen wurden die bayerischen Divisionen endgültig auf sämtliche anderen Armeen an Ost- und Westfront verteilt.[550]

Letztlich hatten viele Kompetenzstreitigkeiten zwischen Bayern und Preußen auf politischem und militärischem Gebiet ihre tieferen Ursachen in der Reichsverfassung von 1871, die dem Königreich Bayern sowie dem bayerischen Kontingentsheer weitgehende Freiheiten einräumte. Als der Bewegungskrieg des Jahres 1914 sich zu nicht enden wollenden Grabenkämpfen verfestigte, wurde zunehmend deutlich, dass diese grundsätzliche Zerrissenheit einer Verbesserung der militärischen Lage nicht gerade förderlich war. Neben dem preußischen Ansinnen, die Heeresverfassung in ihrem Sinne im Vorbeigehen auszuhebeln, standen aber durchaus auch militärische Notwendigkeiten, die den Weg zu einer deutlichen Zentralisierung und zentraler Beschaffung ebneten.[551]

Kaiser Wilhelm II. und die Bayern

Zwar übten zunächst Moltke und später Falkenhayn den tatsächlichen Oberbefehl aus, dennoch war der formelle Oberste Kriegsherr der deutschen Truppen Kaiser Wilhelm II. Dieser war ebenso im Großen Hauptquartier anwesend, welches sich zunächst in Berlin, dann in Koblenz, von Ende August an in Luxemburg und ab Ende September in Charleville-Mezières befand.[552] Des Kaisers fehlende fachliche Expertise in militärischen Fragen wurde nicht nur für die OHL zur Belastung, auch die Armeen wurden von wohlmeinenden Rat-

---

550 Ziemann: Front und Heimat. S. 57; Über die Zerstückelung der bayerischen Armee klagte der bayerische Kronprinz im Verlauf des Krieges ebenso oft wie über den wachsenden Zentralismus und den Hochmut der Obersten Heeresleitung. Vgl. Weiß: Bayern und Preußen. S. 45.

551 Aufgrund dieser Entwicklungen verlor das bayerische Heer ab Ende 1914 immer mehr seine Eigenständigkeit und wurde schließlich 1919 aufgelöst. Vgl. Potempa: Fliegertruppe. S. 28.

552 Zu Kaiser Wilhelm II. als Oberstem Kriegsherrn vgl. Afflerbach, Holger: Kaiser Wilhelm II. als Oberster Kriegsherr im Ersten Weltkrieg. Quellen aus der militärischen Umgebung des Kaisers 1914-1918. München, 2005; vgl. ebenso: Afflerbach, Holger: Wilhelm II as supreme Warlord in the First World War. In: Mombauer, Annika/ Deist, Wilhelm (Hrsg.): The Kaiser. New Research on Wilhelm II's role in Imperial Germany. Cambridge, 2003. S. 195-216; Rall, Hans: Wilhelm II. Eine Biographie. Graz u. a., 1995. S. 314f; künftig: Rall: Wilhelm II.

schlägen nicht verschont. In den Tagebüchern Kraffts und Rupprechts wird bereits zu einem sehr frühen Zeitpunkt das Ausmaß der kaiserlichen Unzulänglichkeiten auf militärischem Gebiet deutlich. Krafft beispielsweise notierte sich ins Tagebuch: „S.M. der Kaiser hier. Er spricht sehr dilettantisch über die Lage. [...] Er verlor sich dabei in Einzelheiten. Das Beste ist, dass er sich wenigstens nicht viel in die Sache einmengt."[553]

Beispielhaft für das Denken des Deutschen Kaisers in plumpen Stereotypen ist eine Episode aus dem Tagebuch des bayerischen Kronprinzen, die sich Anfang November zugetragen hatte. Wilhelm II. „winkte [...] ein paar bayerische Jäger heran und frug [sic] sie, ob sie lieber zu Hause auf der Kirchweih raufen würden oder hier außen im Felde." Dies war laut Rupprecht eine Frage, die er stets „an bayerische Soldaten zu richten pflegte." Der Kaiser, so musste Kronprinz Rupprecht feststellen, beurteilte „eben die Bayern nach den Schwänken von Konrad Dreher und den Bauern- und Jägerromanen eines Perfalls oder Ganghofer."[554]

Die Urteile Rupprechts über die militärische Befähigung Kaiser Wilhelm II. während des Sommers und Herbstes 1914 sind ebenfalls ausgesprochen negativ. Betrüblich sei, so Rupprecht, „dass ihm jeder Ernst der Auffassung fremd ist, wie aus seinen Gesprächen deutlich hervorgeht." Auch könne man sich nicht auf des Kaisers Zusagen verlassen, „der in seinen Äußerungen über die Lage einen krassen Dilettantismus zur Schau [trage] und sich über die Ereignisse sehr mangelhaft unterrichtet [erweise]." Die ganze militärische Tätigkeit des Obersten Kriegsherrn beschränke sich darauf, „dass er sich täglich einmal durch einen Generalstabsofficier der OHL einen halbstündigen Vortrag über die Lage halten" ließe. Kaiser Wilhelm wollte laut Rupprecht sogar „ursprünglich in Berlin bleiben und war nur mit Mühe zu bewegen, sich von dort ins Große Hauptquartier zu bewegen, von wo er nun bald hierhin, bald dorthin im Auto [fahre]."[555] Mitteilungen des Kaisers seien „bei dessen reger Phantasie stets mit einigem Vorbehalte zu betrachten."[556] Anfang Okto-

---

553 BayHStA, KA: NL Krafft, Nr. 183, Eintrag vom 4. Oktober 1914.
554 BayHStA, GHA: NL Kronprinz Rupprecht, A 701, Eintrag vom 1. November 1914.
555 Ebd., A 699, Eintrag vom 5. September 1914.
556 Ebd., A 701, Eintrag vom 5. November 1914.

ber notierte er in sein Tagebuch, der Kaiser habe sich wieder einmal zu Besuch angesagt. Verdrießt stellte der bayerische Kronprinz nach dessen Abreise fest: „Wie gewöhnlich erzählte er meist nur Anekdoten."[557]

Dennoch gelang es dem bayerischen Kronprinzen, gegenüber Wilhelm II. stets ein – schon im Hinblick auf die dynastischen Verwicklungen gebotenes – respektvolles Einvernehmen zu wahren, dessen ungeachtet aber offene und deutliche Worte mit ihm zu wechseln. Im Gegenzug erfuhr Kronprinz Rupprecht im Jahr 1916 mit seiner Ernennung zum königlich-preußischen Feldmarschall eine öffentliche Würdigung seiner Arbeit. Dies ist umso bemerkenswerter, da König Ludwig III., der seine Söhne nur in höchst kritischer Würdigung ihrer Verdienste auszuzeichnen pflegte, sich zur vorherigen Ernennung Rupprechts zum königlich-bayerischen Feldmarschall erst durch den Kaiser überreden lassen musste.[558]

Die OHL und das AOK 6

Die Oberste Heeresleitung darf als Hauptverursacher der bayerisch-preußischen Friktionen gelten. Den Oberbefehlshaber der 6. Armee überraschte der Personalwechsel an der Spitze der OHL am 14. September kaum, er hielt Moltke ohnehin für überfordert und hysterisch.[559] Der ständige Streit um Strategie und Munition hatte bereits am 8. September beinahe zum Rücktritt des bayerischen Kronprinzen von seinem Kommando geführt, daher war er froh, als Moltke abgelöst wurde.[560]

---

557 Ebd., A 700, Eintrag vom 4. Oktober 1914.
558 Rall: Wilhelm II. S. 319f.
559 Entsprechend notierte Rupprecht: „Moltke soll am letzten Sonntag bereits entschlossen gewesen sein, Alles über die Maas zurückzunehmen und von einem verlorenen Feldzuge gesprochen haben, vielleicht in Erinnerung an die Worte seines Onkels: Fehler, die zu Anfang eines Feldzuges begangen werden, lassen sich oft während seines ganzen Verlaufes nicht mehr ausgleichen. Allein so schlimm liegen die Dinge dann doch nicht. Moltke sei fürchterlich aufgeregt gewesen und in seiner Erregung häufig grob geworden. Seine Frau habe stets im Nebenzimmer geweilt, um ihn beruhigen zu können." Vgl. BayHStA, GHA: NL Kronprinz Rupprecht, A 699, Eintrag vom 18. September 1914.
560 Vgl. Storz: Stellungs- und Festungskrieg. S. 196; Müller: Krafft von Dellmensingen. S. 368.

Klar sprach er aus, seiner Ansicht nach sei „Moltke [...] seiner Aufgabe nicht mehr gewachsen [gewesen]. Er hatte nie auf die Stelle eines Chefs des Großen Generalstabes aspiriert, für die er auch seiner militärischen Vorbildung nach nicht geeignet war." Zwar sei er „ein durchaus gediegener, vornehmer Charakter, aber mehr Philosoph wie Soldat, dabei durch ein körperliches Leiden geschwächt, das seine pessimistische Veranlagung verstärkte und seine Energie herabsetzte." Schon bei einem vorherigen Zusammentreffen in Luxemburg hatte Moltke auf den Kronprinzen Rupprecht „den Eindruck eines gebrochenen Greises" hinterlassen.

Außerdem empfand der Oberbefehlshaber der 6. Armee die Situation im Großen Generalstab nach seinen Erfahrungen der letzten Wochen mehr als chaotisch, denn dort „war ständiger Kriegsrat mit allen Nachteilen eines solchen. Ein jeder, der gerade zugegen, sprach mit hinein und machte seinen Einfluss geltend." Vor allem die Tatsache, dass jüngeren Stabsoffizieren wie den „Majoren Tappen und insbesondere Hentsch und Bauer" sehr „weitgehende Vollmachten erteilt wurden", führte Rupprecht zu dem Schluss, man könne „füglich von einer verkappten Anarchie sprechen, die im Stabe Moltkes sich geltend machte."[561]

Krafft hatte für Tappen, den Leiter der Operationsabteilung – den zweitwichtigsten Mann nach Moltke – nur Verachtung übrig. Dieser sei eine „gänzlich unfähige Registratoren-Natur, den ja wohl Ludendorff sich nur als bequemes und willfähriges Hilfsinstrument zum Warmhalten des Platzes hingesetzt hatte."[562] Als nach dem Scheitern des Angriffes an der Marne im Großen Hauptquartier Stimmen laut wurden, die ausgerechnet in den „dummen Bayern"[563] die Schuldigen sahen, stellte der bayerische Militärbeauftragte v. Wenninger verärgert fest, das eigentliche Machtzentrum der OHL – damit verantwortlich für das Scheitern der Angriffe – sei das preußisch-sächsisch-württembergische „Quadrifolium *Operationen* Tappen – Hentsch – Groener – Dommes."[564]

---

561 BayHStA, GHA: NL Kronprinz Rupprecht, A 699, Eintrag vom 15. September 1914.
562 BayHStA, KA: NL Krafft, Nr. 145, Nachtrag zum Eintrag vom 12. August 1914.
563 BayHStA, KA: HS 2546, Tagebuch Wenninger, Eintrag vom 7. September 1914.
564 Ebd., Eintrag vom 16. September 1914.

Nachdem im AOK 6 zunächst Erleichterung über den Personalwechsel an der Heeresspitze geherrscht hatte, wurde in den kommenden Wochen die „zweite" Oberste Heeresleitung in Form des preußischen Kriegsministers von Falkenhayn dem bayerischen Kronprinzen zunehmend ein Dorn im Auge. Rupprecht empfand die Lage folgendermaßen: „Einerseits werden die A[rmee] O[ber] K[ommando]s über die allgemeine Lage nicht genügend unterrichtet, andererseits pfuscht ihnen die O[berste] H[eeres] L[eitung] stets ins Handwerk, anstatt sich nach der Weise des großen Moltke mit der Erteilung von allgemeinen Direktiven zu begnügen und den AOK's die Erfüllung der ihnen zugewiesenen Aufgaben zu überlassen."[565]

Schon die geplante Verlegung von Teilen der deutschen Truppen an die Ostfront Ende August hatte für die OHL aufgrund preußisch-bayerischer Rivalitäten offenbar ungeahnte Schwierigkeiten aufgeworfen. Warum hatte man sich dort eigentlich für zwei Armeekorps aus dem rechten, anstatt dem linken Heeresflügel der Westfront entschieden? Kronprinz Rupprecht gab 1934 in einem Brief an Krafft eine Äußerung Groeners weiter, welche letzterer ihm gegenüber getan habe. Groener, der Chef des Feldeisenbahnwesens in der OHL, hatte danach zunächst ein bayerisches Armeekorps sowie das bayerische Reservekorps zum Abtransport vorgeschlagen, „habe aber im Großen Hauptquartier die Antwort erhalten, es ginge nicht an, Bayern nach Ostpreußen zu entsenden, denn man dürfe sich nicht nachsagen lassen, dass Ostpreußen von Bayern befreit worden sei."[566]

Das Verhältnis des bayerischen Kronprinzen zu Falkenhayn war, wie schon zuvor gezeigt, spätestens seit dessen Äußerungen vom Oktober 1914 völlig zerrüttet, auch war jeglicher Respekt verloren gegangen. Dies hatte am 27. Oktober erneut zu einem „Beinahe-Rücktritt" Rupprechts geführt, welcher wiederum nur durch eine persönliche Aussprache mit der OHL abgewendet werden konnte.[567]

---

565 BayHStA, GHA: NL Kronprinz Rupprecht, A 701, Eintrag vom 27. Oktober 1914.
566 BayHStA, KA: NL Krafft, Nr. 195, Rupprecht an Krafft vom 18. April 1934.
567 Was beispielsweise im Tagebuch des Kronprinzen Rupprecht deutlich wird: „Falkenhayn erwiderte, drei deutsche A[rmee]K[orps] unter Führung des Kronprinzen von Bayern müssen den Gegner nicht bloß fesseln sondern schlagen. Ein wohlfei-

Zusammenarbeit mit preußischen Befehlsstellen

Der nicht minder schwierige Umgang des AOK 6 mit anderen preußischen Kommandostellen wird schon angesichts der ersten Kontaktaufnahme mit der 7. Armee des preußischen Generals von Heeringen deutlich. Eigentlich hätte Heeringen das Gemeinsame Oberkommando über die 6. und 7. Armee übernehmen müssen, denn Kronprinz Rupprecht war der wesentlich jüngere und unerfahrenere der beiden Armeeführer am linken Heeresflügel. Bei der Entscheidung zugunsten Rupprechts spielten daher wohl dynastische, staatspolitische und bayerisch-emanzipatorische Gründe eine Rolle. Heeringen und seine Kommandierenden Generale waren selbstverständlich nicht gerade begeistert und reagierten „etwas empfindlich." Krafft notierte in sein Tagebuch, Heeringen und seine Leute hätten „nicht den guten Willen" gehabt und stets versucht, „ihre Sonderschlachten zu schlagen." Zudem hatte Heeringen als ehemaliger preußischer Kriegsminister trotz einiger Differenzen noch immer ein gutes Verhältnis zu Moltke. Der Generalstabschef der 6. Armee bezeichnete die Achse Moltke-Heeringen zwar abschätzig als „Preußenbund", nichtsdestoweniger musste das bayerische Führungsduo der 7. Armee gegenüber deswegen möglichst weit entgegenkommen.[568]

Für Spannungen sorgte bereits der Alleingang der 7. Armee nach Mülhausen, auch wenn Kronprinz Rupprecht das I. bayerische AK zur Unterstützung Heeringens sandte.[569] Schon die ersten kleineren Gefechte bei Lagarde beförderten preußisch-bayerische Verstimmungen innerhalb der 6. Armee. Krafft vermerkte in seinem Tagebuch, „obwohl die Bayern die Hauptlast des Kampfes" getragen hätten, gebe das XXI. preußische AK es „als seinen Sieg aus."

---

ler Spruch! [...] Falls auch noch die 13. Division aus der Front der Armee herausgezogen wird, wovon jetzt die Rede geht, bin ich entschlossen zum Kaiser nach Mezières zu fahren um seine Entscheidung herbeizuführen. Entweder führe ich die Armee oder ich trete zurück. So geht es nicht weiter. Falkenhayn lässt sich von jeder Tartarennachricht beeinflussen und zu voreilige Anordnungen verleiten, die in jeder Hinsicht verderblich sind, den Angriffsgeist der Truppe schwächen und ihr Vertrauen zur höheren Führung untergraben. Wenn nur Falkenhayn durch Generaloberst von Bülow oder einen der älteren Generale ersetzt würde!" Vgl. BayHStA, GHA: NL Kronprinz Rupprecht, A 701, Eintrag vom 27. Oktober 1914.

568 Vgl. Müller: Krafft von Dellmensingen. S. 317.
569 Xylander: Führung in Lothringen. S. 29.

Es ging dabei „auch um Trophäen, die von bayer[ischen] Kav[alleristen] u[nd] Jägern erobert, aber später, als sie ohne Aufsicht dastanden, von preußischen Truppen weggeführt worden sind." Gefördert wurden die Animositäten durch das anscheinend selbstherrliche Verhalten preußischer Kommandeure. Der Kommandeur der bayerischen Kavalleriedivision konnte sich des Eindruckes nicht erwehren, dass sich das XXI. preußische AK dazu berufen fühlte, „die langweiligen Bayern aufzumöbeln."[570]

Da sich schon auf der Ebene der Zusammenarbeit von bayerischen und preußischen Armeekorps die Verhältnisse so schwierig gestalteten, verwundert es nicht, dass sich die dem bayerischen Kronprinzen unterstellte 7. Armee mitsamt ihrem Oberbefehlshaber Heeringen erst recht quer stellte. Das AOK 6 hatte am 11. August seinen Stabsoffizier von Xylander zum AOK 7 gesandt, um dieses über die Absichten des Gemeinsamen Oberbefehlshabers, des bayerischen Kronprinzen, zu unterrichten. Später erinnerte sich Xylander: „Der bei mir unbedingt vorherrschende Eindruck war der, dass General von Heeringen und sein Stab die kalte Schulter zeigten. [...] Auch beim Oberbefehlshaber persönlich fand ich eine deutlich erkennbare Abneigung, sich dem Kronprinzen von Bayern unterzuordnen."[571]

Diese schwierige Zusammenarbeit blieb auch in den folgenden Wochen bestehen. Als vor Nancy keine Fortschritte mehr erzielt werden konnten, machte man im AOK 6 die Passivität und mangelnde Kooperationsbereitschaft der 7. Armee verantwortlich. Auf der anderen Seite war Heeringen über die Verständnislosigkeit seitens des AOK 6 verärgert, welches die Geländeschwierigkeiten der 7. Armee in den Vogesen geflissentlich ignorierte.[572] Kronprinz Rupprecht urteilte, „aus dem ganzen Verhalten dieses Generals [von Heeringen] ging [...] hervor, dass er am liebsten eine Sonderoperation geführt hätte."[573]

Nach der Verlegung der 6. Armee nach Norden und ihrer gleichzeitigen Umgliederung Mitte September verschärften sich die bayerisch-preußischen

---

570 Zit. nach: Storz: Stellungs- und Festungskrieg. S. 171.
571 Xylander: Führung in Lothringen. S. 34.
572 Storz: Stellungs- und Festungskrieg. S. 192.
573 BayHStA, GHA: NL Kronprinz Rupprecht, A 699, Eintrag vom 3. September 1914.

Friktionen. Nun hatte der bayerische Kronprinz mehrheitlich preußische Armeekorps unterstellt. Als Anfang Oktober der Bewegungskrieg endgültig zu erstarren drohte, war Kronprinz Rupprecht „mit dem Gange der Ereignisse recht wenig zufrieden." Vor allem das zögernde und taktisch unkluge Verhalten seiner preußischen Armeekorps und Kavalleriedivisionen brachten ihn in Rage. Ursprünglich hatte er vorgehabt, ein „scharfes Schreiben abzufassen", mit welchem „die Kommandierenden Generale darauf hingewiesen [werden sollten], dass unbedingt [...] gemeldet werden müsse, wenn die befohlenen Marsch- oder Angriffsziele nicht erreicht worden seien." Ebenso wollte er den Höheren Kavallerie Kommandeuren gegenüber anordnen, dass diese „sich nicht durch vom Feinde besetzte Orte aufhalten lassen sollten, sondern sie möglichst zu umgehen hätten."

Rupprecht vermerkte in seinem Tagebuch, in „Rücksicht auf die in letzter Zeit seitens einiger preußischer höherer Generale wiederholt zu Tage getretene Empfindlichkeit [habe er] in [seiner] Eigenschaft als bayerischer Oberbefehlshaber die schärfsten Stellen" des Schriftentwurfs abgemildert. Am Ende glaubte er, „dass das Schreiben überhaupt nicht mehr zur Absendung gelangte." Äußerst verärgert notierte er abschließend: „Wäre ich Preuße gewesen, hätte ich diese Rücksicht nicht geübt."[574]

Im Kriegstagebuch Krafft von Dellmensingens ist vermerkt, dass die OHL ihrerseits die Geduld mit dem AOK 6 verlor und diesem die Schuld am langsamen Fortkommen gab. Oberst Tappen gab den Mitgliedern des AOK 6 den Rat, diese „sollten die Kommandeure der Kavallerie einfach absetzen und vor ein Kriegsgericht stellen." Krafft empfand dies „ganz und gar kindlich. Wir, bei unserem bayerischen Oberkommando, können doch keine preußischen Offiziere absetzen. Das wäre innerpolitisch [sic] schon ganz unmöglich, zudem haben wir von ihnen gar keine Personalkenntnisse." Der Chef des Stabes notierte abschließend: „Absetzen könnten wir, wüssten aber dann nicht, wen dafür hinsetzen. Da muss die O[berste] H[eeres] L[eitung] wohl selbst zugreifen."[575]

---

574 BayHStA, GHA: NL Kronprinz Rupprecht, A 700, Eintrag vom 2. Oktober 1914.
575 BayHStA, KA: NL Krafft, Nr. 183, Eintrag vom 3. Oktober 1914.

Kriegsziele unter der Prämisse des Föderalismus

Die im ganzen Reich ausgerufene Devise des Verteidigungskrieges hätte eigentlich den Verzicht auf jegliche Eroberungen zur Konsequenz zu haben müssen. Doch bereits nach wenigen Wochen wurde diese Devise konterkariert durch verschiedentlich geäußerte Forderungen, für die Zukunft des Deutschen Reiches „Sicherungen" und „Garantien" zu erkämpfen, welche sich in einem Friedensschluss ausdrücken sollten. Hieraus resultierte der Wille, den Gegnern die Friedensbedingungen zu diktieren. So äußerte etwa der Kaiser schon während der Mobilmachung, das Schwert solle erst wieder eingesteckt werden, sobald man den Frieden selbst diktieren könne. Auch der bayerische König Ludwig III. versprach, so lange Krieg zu führen, „bis der Feind die Bedingungen annehmen muss, die wir ihm vorschreiben."[576] Wie oben bereits geschildert, hatten König Ludwig III. und die bayerische Staatsregierung vor Beginn des Weltkriegs keine eigenständige bayerische Außenpolitik betrieben, sondern die Richtlinien der Reichspolitik konsequent vertreten.

Im Jahr 1914 wurde der Entschluss der Reichsleitung zur Kriegsführung gegen Russland und Frankreich von der bayerischen Regierung entsprechend den Verfassungsbestimmungen ebenso akzeptiert wie 1870 der „Casus foederis" gemäß der damaligen Militärkonvention mit Preußen. Kriegszielinteressen ökonomischer oder territorialer Art wurden seitens der bayerischen Regierung Anfang August 1914 nicht als Vorbedingung für den Kriegseintritt geltend gemacht. Die anfänglichen Erfolge der deutschen Truppen entfachten hinter den Kulissen, aber dennoch im ganzen Reich eine lebhafte Diskussion über Annexionen. Um bei der Verteilung nicht leer auszugehen, meldeten die verantwortlichen Staatsmänner auch in Bayern sehr bald ihre Ansprüche an. Die bayerischen Regierungskreise sahen die Frage nach Gebietserwerbungen dabei aus innenpolitischer Sicht.

Ein vornehmliches Nutznießertum Preußens bei größeren Annexionen sollte verhindert werden. Im Interesse des föderalen Gleichgewichts forderte Bayern

---

576 Fischer, Fritz: Griff nach der Weltmacht. Die Kriegszielpolitik des kaiserlichen Deutschland 1914/18. Düsseldorf, 1961. S. 110; künftig: Fischer: Griff nach der Weltmacht.

daher ein territoriales Äquivalent zu preußischen Gebietserwerbungen. Die bayerische Forderung nach Elsass-Lothringen oder zumindest Teilen davon ist in diesem Licht zu verstehen, denn diese Gebiete gehörten seit 1871 zum Reich. Eine Aufteilung dieser „Reichslande" auf deutsche Bundesstaaten stellte daher im August 1914 ein innenpolitisches Problem dar.[577]

Im Hinblick auf die föderative Beschaffenheit des Deutschen Reiches und die damit einhergehende militärische Lastenverteilung handelten die deutschen Einzelstaaten nur konsequent, wenn sie ihre politischen und ökonomischen Forderungen gegenüber der Reichsleitung so früh wie möglich mitteilten. Der bayerische Ministerpräsident Hertling beanspruchte daher Ende Oktober 1914 ein bayerisches Mitspracherecht für den Moment, „in welchem ernsthaft von den Friedensbedingungen und einer eventuellen größeren oder kleineren Umgestaltung der europäischen Karte gesprochen werden kann."[578]

Für die Reichsregierung ergab sich tatsächlich die Notwendigkeit, bei der Formulierung von Kriegszielen die Forderungen der Bundesstaaten zu berücksichtigen, da man auf deren politische und militärische Unterstützung angewiesen war. Demgegenüber hätte eine unmittelbare Aufsummierung der Kriegsziele der deutschen Einzelstaaten durch die Reichsleitung zur Folge gehabt, dass die gesamtdeutsche Außenpolitik unbeweglich geworden wäre. Der Reichskanzler stand damit vor der Aufgabe, die politischen und wirtschaftlichen Forderungen der einzelnen Bundesstaaten, des Kaisers, des Reichstages, des preußischen Landtags, des preußischen Staatsministeriums, des Großen Generalstabs, des Admiralstabs und der großen und einflussreichen Wirtschaftsverbände zu koordinieren und mit seiner eigenen Konzeption zu vereinbaren.[579]

---

577 Domarus: Bayern. S. 167.
578 Allerdings warnte Hertling die Reichsleitung gleichzeitig vor einer Umgehung der Interessen der Bundesstaaten: „Änderungen des Bundesgebiets unterliegen bekanntlich der Gesetzgebung des Reiches; mir scheint aber, dass die Bundesregierungen doch nicht erst damit befasst werden sollten, wenn sie vor vollendeten Tatsachen stehen, sondern bevor seitens der Reichsleitung den fremden Staaten gegenüber das letzte Wort gesprochen ist." Vgl. Janßen: Macht und Verblendung. S. 16.
579 Zit. nach ebd.: S. 16f.

Frühe bayerische Forderungen

In Äußerungen des bayerischen Königs Ludwig III. sowie des bayerischen Ministerpräsidenten Hertling manifestierten sich speziell bayerische Kriegsziele, die nicht immer leicht mit jenen des Reichs in Einklang zu bringen waren. Viele der späteren Vorwürfe bezüglich eines dynastischen Interesses Bayerns erhielten hier ihren Nährboden. Bereits zwei Wochen nach Kriegsbeginn, am 15. August, meldete Ludwig III. zum ersten Mal seine Ansprüche an. Als der preußische Botschafter von Schoen bei einer Audienz höflich bemerkte, mit welcher Anerkennung man in Berlin von den bayerischen Truppen spreche, nahm der bayerische König dies zum Anlass, Erinnerungen an den letzten deutsch-französischen Krieg hervorzukramen.

Dem Königreich Bayern waren im Rahmen des letzten deutsch-französischen Krieges von Seiten Preußens territoriale Gewinne versprochen worden, was aber dann nicht eingehalten wurde. Ludwig III., Veteran des Deutschen Krieges von 1866 und deshalb seit jeher nicht gerade „preußenfreundlich", hatte es nicht verwunden, dass Bayern nach 1871 trotz seiner Bündnistreue keine territorialen Gewinne gemacht und noch nicht einmal die zuvor an Preußen verlorenen Gebiete zurückerstattet bekommen hatte.[580] Alte Ressentiments brachen bei ihm durch, als er forderte: „So, wie im Jahre 1870 dürfe es aber nicht wieder gehen. [...] Er habe nichts dagegen, dass Preußen sich vergrößere, aber Bayern müsse auch etwas bekommen." Spontan forderte der bayerische König, dass in diesem Zuge nicht nur die Reichslande Elsass-Lothringen aufgeteilt, sondern „dass Belgien verschwinden und die Rheinmündung deutsch werden müsse."

Diese impulsiven Forderungen hatte Ludwig III. noch nicht einmal mit seinem Ministerpräsidenten abgesprochen. Dieser verlieh den königlichen Forderungen eine diplomatischere Form, indem er feststellte, „dass eine einseitige Vergrößerung Preußens notwendigerweise eine Verschiebung im Verhältnis der Bundesstaaten herbeiführen müsse, die das bundesstaatliche Gefüge des Reiches beeinträchtigen müsste, wenn nicht auch andere Staaten, darunter wir, gleichfalls etwas zugeteilt bekämen." Außerdem hatte Hertling schon

---

580 Vgl. Domarus: Bayern. S. 167; Janßen: Macht und Verblendung. S. 21f.

zuvor – nicht ohne Hintergedanken – erwähnt, wie glänzend sich doch die föderative Grundlage des Reiches in dieser ernsten Zeit bewährt habe.[581] Entgegen den noch verständlichen Forderungen nach einer Aufteilung Elsass-Lothringens lagen die Äußerungen Ludwigs III. bezüglich Belgiens auf einer gänzlich anderen Ebene. Eine Annexion Belgiens oder dessen Angliederung als Bundesstaat des Deutschen Reiches gingen entschieden zu weit und entsprachen dem vorherrschenden annexionistischen Übermut, der in Berlin und den Hauptstädten der deutschen Bundesstaaten um sich griff.[582]

Der Schlachterfolg des bayerischen Kronprinzen und seiner bayerischen Truppen in Lothringen am 20. August hatte zur Folge, dass die Kriegszielträumereien seines Vaters auf ein Neues befördert wurden. Ludwig III. begab sich am 26. August ins Große Hauptquartier nach Koblenz, um dort dem Kaiser persönlich seine Vorstellungen mitteilen zu können. Statt eines Teils der Reichslande wollte er nunmehr das gesamte Elsass für Bayern beanspruchen, wenngleich ihm Hertling und andere dies wieder auszureden versuchten. Diese waren der Meinung, das Verhalten anderer Bundesstaaten hinsichtlich Elsass-Lothringens sei noch zu unklar, um diesbezüglich Forderungen zu stellen. So abstrus es heutzutage klingen mag, wurde die Annexion des Elsass damit bereits im ersten Kriegsmonat nicht nur von Seiten Frankreichs, sondern auch Bayerns als explizites Kriegsziel ausgegeben.[583]

Schon lange vor seiner Regierungszeit hatte man Ludwig III. großbayerische Träume nachgesagt. Nun wünschte er tatsächlich nicht nur ein paar zusätzliche Grenzstreifen, sondern vielmehr das gesamte Elsass. Der Machtzuwachs

---

581 Janßen: Macht und Verblendung. S. 21f.
582 Domarus: Bayern. S. 168.
583 Es entwickelten sich offene Gespräche zwischen bayerischem König und Reichskanzler. Bethmann-Hollweg war ohnehin längst durch Botschafter von Schoen über die bayerischen elsässisch-belgischen Pläne informiert worden. Ministerpräsident Hertling wiederum trat gegenüber dem Reichskanzler als Bewahrer des föderativen Prinzips auf und warnte in diesem Sinne vor einseitigen Machtverschiebungen im Reich. Er entfernte sich damit von den Absichten seines Königs und schlug dem Reichskanzler vor, die Reichslande zwischen Preußen (Lothringen), Bayern (Unter-Elsass) und Baden (Ober-Elsass) aufzuteilen. Nachdem Bethmann-Hollweg die bayerischen Kriegszielvorstellungen ruhig entgegengenommen hatte, zeigte sich der bayerische König „sehr befriedigt." Vgl. Janßen: Macht und Verblendung. S. 22f.

wäre in diesem Fall enorm gewesen: Das Territorium des Königreichs Bayern hätte sich um zehn Prozent vergrößert, dessen Bevölkerung um eine Million Einwohner. Durch die reichen Salzvorkommen und Erdölquellen sowie die Verfügungsgewalt über das linke Ufer des Oberrheins würde Bayerns wirtschaftlicher Einfluss erheblich zunehmen. Für das zweite bayerische Kriegsziel gaben ebenfalls wirtschaftliche Interessen den Ausschlag.

Belgien war für den bayerischen König deshalb interessant, weil er mit dem Besitz der Rheinmündungen einen besseren Anschluss an den Weltmarkt und -verkehr erstrebte. Um mit der industriellen Entwicklung Norddeutschlands mitzuhalten, war es zwingend notwendig, Kohle und Rohstoffe billig und schnell nach Süddeutschland zu befördern. Wirtschaftspolitisch wäre es jedoch für Bayern günstiger gewesen, wenn Belgien, anstatt als Reichsland angegliedert, direkt Preußen zugeschlagen werden würde. Ludwig III. hielt Belgien indes für derart wichtig, dass er für den Fall, dass Preußen vor einer Annexion zurückschrecken würde, dieses Land für Bayern zu annektieren bereit war. Es ließen sich verschiedene Gründe für einen Anschluss des Elsass an Bayern anführen, wie etwa die historische Zugehörigkeit weiter Teile der Reichslande zu früher pfälzischen Linien der Familie Wittelsbach. Das Elsass war ebenso wie Bayern katholisch, war im Wesentlichen ebenso agrarisch geprägt.

Kurz gesagt; die Bayern waren sich sicher, dass sie als süddeutsche Stammesverwandte das Elsass viel besser verwalten könnten als die Preußen. Angesichts der enormen Kriegszielforderungen des zweitgrößten deutschen Bundesstaats darf nicht vergessen werden, dass sich diese Vorstellungen unter dem Eindruck des siegreichen deutschen Vormarsches an der Westfront herausbildeten. Auch im Großen Hauptquartier und im Auswärtigen Amt schwelgte man in jenen Tagen in Macht- und Eroberungsträumen, ebenso war der bayerische König keinesfalls der einzige Monarch, der sich zu diesem frühen Zeitpunkt über weitreichende Kriegsziele Gedanken machte.[584]

---

584 Vgl. ebd. S. 26-30.

Kronprinz Rupprechts Annexionspläne

Bis zum Kriegsausbruch hatte Kronprinz Rupprecht kein allzu großes politisches Engagement gezeigt. Bis 1914 hatte er sich im Wesentlichen seinen zwei Hauptinteressengebieten, dem Soldatenberuf sowie der Kunst zugewandt. Von der Zugehörigkeit der Reichsratskammer abgesehen war er in politische Entscheidungsprozesse in Bayern nicht eingebunden. Selbst dort konnte er in Rücksicht auf seinen Vater König Ludwig III. keine eigenen politischen Initiativen entfalten.[585] Seine politische Rolle beschränkte sich auf die des Beobachters. Mit dem Kriegsausbruch änderte sich die Lage schlagartig. Rupprecht übernahm nicht nur eine hohe militärische Verantwortung, sondern begann, sich auch politisches Gewicht zu erkämpfen.[586]

Kronprinz Rupprecht war in die heimatlichen Annexionsplanspiele nicht einbezogen und erfuhr von diesen erst nachträglich – ein Zusammenhang mit der Schlacht in Lothringen besteht somit nicht. Zudem missbilligte er die weitreichenden Forderungen seines Vaters. Ab Mitte September versuchte er in seiner Korrespondenz mit König Ludwig III., behutsam auf dessen großbayerische Vorstellungen einzuwirken. Der kunstsinnige bayerische Kronprinz wies seinen Vater natürlich zuallererst darauf hin, man könne doch „jetzt schon ein Verzeichnis aller Kunstgegenstände anfertigen, die die Franzosen aus München entführten und die sich teils im Musée d'Artillerie, teils im Louvre zu Paris, in der Bibliotheque Nationale und in Provinzialmuseen, z.B. Lyon befinden und deren Rückforderung 1870 übersehen wurde."[587]

---

585 Weiß: Die Staatsauffassung Kronprinz Rupprechts. S. 548.
586 Im Vergleich dazu hatte der nur wenig ältere österreichische Thronfolger, Erzherzog Franz Ferdinand, sich großen Einfluss auf militärischem und mit Abstrichen auch auf politischem Gebiet erkämpft. Die Verhältnisse in Bayern und Österreich-Ungarn waren indes nicht zu vergleichen. Rührten in Wien die politischen Probleme an die Existenz des Vielvölkerstaates, so war Bayern fester Bestandteil des Deutschen Reichs. Auf die Außenpolitik nahm man in München kaum Einfluss, während der österreichische Kaiser zur Konsolidierung des Staates seinen Neffen und Erben zur Unterstützung heranziehen musste. Vgl. Sendtner: Rupprecht von Wittelsbach. S. 310f.
587 BayHStA, GHA: NL König Ludwig III., Nr. 59, Rupprecht an Ludwig III. vom 19. September 1914.

Daneben aber hatte Rupprecht durchaus eigene Vorstellungen in Bezug auf ordnungspolitische Umgestaltungen. Bei seinen Vorschlägen seinem Vater gegenüber formulierte er aber vorsichtig, dieser möge ihm „gütigst [verzeihen], wenn [er] über diese Sachen schreibe." Rupprecht fügte an, er „hätte es nicht getan, [hätte sein Vater] nicht selbst neulich davon gesprochen." Nichts liege ihm „ferner, als [sich] in Dinge zu mischen, in denen [ihm] keine Entscheidung" zustehe.[588] Trotzdem legte er dem bayerischen König seine klaren politischen Vorstellungen in mehreren Briefen ab September 1914 ausführlich dar. Rupprecht notierte, so „unrichtig es wäre, vorzeitig des Bären Haut zu verhandeln, möchte ich doch nicht unterlassen, jetzt schon auf einige Punkte hinzuweisen, die doch bei Zeiten überlegt werden wollen."[589] Im Hinblick auf eine denkbare Angliederung Luxemburgs fügte er die vage Idee an, dass eventuell ein „bayerischer Prinz die Großherzogin heiraten und das Land dann in einem ähnlichen Verhältnis wie Baden zu Preußen zu Bayern treten und so als neuer Bundesstaate Aufnahme finden" könnte.[590]

Bezüglich einer durch Ministerpräsident Hertling vorgeschlagenen Aufteilung des Elsass auf Bayern, Preußen und Baden bestanden weitreichende süddeutsche Dissonanzen, auf die Rupprecht seinen Vater hinwies. Kronprinz Rupprecht hatte mit Prinz Max von Baden gesprochen und diesem seine Meinung erläutert, „dass es eigentlich ein Fehler gewesen sei, 1871 ein Reichsland geschaffen zu haben." Dieser teilte Rupprecht mit, „es sei dies im Principe ganz richtig – nur wäre der Erwerb des südlichen Elsasses für Baden durchaus nicht erstrebenswert, da sonst dort eine absolute Centrumsmehrheit entstünde.[591]

---

588 Ebd., Rupprecht an Ludwig III. vom 19. September 1914; Diese höchst vorsichtige Formulierung ist einem wohl bisweilen etwas schwierigen Vater-Sohn-Verhältnis geschuldet, vor allem wenn es um Einmischungen des Kronprinzen in die große Politik ging. Nach dem Krieg spitzte sich dies sogar noch zu. Rupprecht schrieb beispielsweise 1920 an seinen Bruder Franz: „Wenn ich Papa schreibe, erreiche ich nur das Gegenteil des Gewollten." Vgl. BayHStA, GHA: NL Prinz Franz, Nr. 217. Rupprecht an Franz vom 11. Februar 1920.
589 BayHStA, GHA: NL König Ludwig III., Nr. 59, Rupprecht an Ludwig III. vom 19. September 1914.
590 Ebd., Rupprecht an Ludwig III. vom 29. September 1914.
591 Ebd., Rupprecht an Ludwig III. vom 18. November 1914.

In der Frage einer Angliederung Belgiens oder sogar der Niederlande war er bezüglich des Machbaren und Wünschenswerten gänzlich anderer Ansicht als sein Vater. Ein bayerischer Expansionsdrang kam für ihn nicht in Frage. Er schrieb, er würde es allerdings auf der anderen Seite als Fehler erachten, „Belgien selbstständig bestehen zu lassen und sei es auch nur in verringertem Umfange." Das Beste sei es „die vlämischen [sic] Teile dieses Landes an Holland und Luxemburg zu geben, falls diese Länder sich zum Anschluss ans Deutsche Reich bewegen ließen." Rupprecht meinte zu wissen, dass in „Antwerpen für einen Anschluss an Holland ziemliche Geneigtheit zu bestehen" scheine. Kaiser und Kanzler, so berichtete er, seien zudem „gegen eine Annexion Belgiens eingenommen, dieser aus kleinmütiger Rücksicht auf die Westmächte, jener aus innerpolitischen Gründen, namentlich aus der Abneigung, völkisch nicht völlig homogene und überwiegend katholische Landstriche Preußen oder dem deutschen Reiche hinzuzufügen."

Im Gegensatz zu Ludwig III. hielt Kronprinz Rupprecht einen „Gewinn belgischer Gebietsteile für Bayern [...] offen gestanden nicht für wünschenswert und auch nicht für erreichbar." Dies hatte zwei Gründe: Nicht wünschenswert sei eine derartige Annexion, „da dies nur dann einen Zweck hätte, wenn wir einen vom Meere bis zur Rheinpfalz reichenden zusammenhängenden Gebietsstreifen bekommen würden, dies aber scheint mir durchaus nicht erreichbar, abgesehen davon, dass die niederdeutsche Bevölkerung zur süddeutschen wenig passen würde."[592]

In Holland sei im Rahmen dieser Überlegungen „die Volksstimmung einem Anschlusse an das Deutsche Reich nicht ungünstig – falls nur die Dynastie erhalten [bleibe]." Rupprecht sah als überzeugter Föderalist die Möglichkeit, dass dafür „gerade von Bayern aus günstig [auf Holland] gewirkt werden [könnte], so dass es unter ähnlichen Bedingungen wie Bayern als Bundesstaat aufgenommen würde." Der noch wichtigere Hintergedanke dieser Überlegung war jedoch, dass im Falle eines holländischen Anschlusses an das Reich „eine Neuregelung der womöglich proportional zur Bevölkerungszahl der einzelnen

---

592 Ebd., Rupprecht an Ludwig III. vom 14. Dezember 1914.

Bundesstaaten zu gestaltenden Vertretung im Bundesrate" möglich werden könnte, „etwa derart, dass pro 100.000 Einwohner eine Stimme träfe."[593] Rupprecht schien bei der aktuellen Regelung problematisch, „dass gerade die kleinsten Staaten unverhältnismäßig begünstigt seien, eine Begünstigung, von der der größte Staat den meisten Vorteil hat, da sie so stimmen müssen wie er will." Bei „einer Stimmenabgabe nach der Bevölkerungszahl [müsste] die Sachlage für die mittleren Staaten sich bessern."[594] Kronprinz Rupprecht war sich bewusst, dass „das alles altbekannte Dinge" waren, er hoffte aber: „vielleicht naht ein Zeitpunkt, zu dem sich eine Änderung herbeiführen ließe."[595] Somit lag Rupprechts Überlegungen vornehmlich die Stärkung des Föderalismus im Reich zugrunde.[596]

Misstrauen und Kompromisssuche

Jede denkbare Aufteilung annektierter Gebiete, bei denen nicht alle Bundesstaaten entsprechend berücksichtigt würden, war von vornherein zum Scheitern verurteilt.[597] Die bayerischen Annexionspläne waren angesichts ähnlicher Forderungen anderer Bundesfürsten nicht sonderlich ausgefallen und waren im August 1914 keineswegs ausgereift, sondern bildeten vielmehr eine Art Verhandlungsbasis. Die süddeutschen Bundesstaaten überboten sich nicht nur gegenseitig mit überzogenen Kriegszielforderungen, sondern begannen regelrechte taktische Manöver, um sich selbst am Ende möglichst große Gewinne zu sichern. Dabei waren zwei Dinge maßgebend: Zum Ersten zweifelte im Reich niemand an der gerechten Sache, denn der Verteidigungscharakter des Krieges sowie der feindliche Vernichtungswille schienen erwiesen. Der gewaltige Blutzoll, den die deutschen Truppen bereits früh zu zahlen hatten, steigerte in der Heimat das Begehren nach einem sinn- und augenfälligen Lohn für die Opfer und vor allem nach Sicherheiten in Bezug auf einen denkbaren nächsten Krieg.

---

593 Ebd., Rupprecht an Ludwig III. vom 19. September 1914.
594 Ebd., Rupprecht an Ludwig III. vom 29. September 1914.
595 Ebd., Rupprecht an Ludwig III. vom 19. September 1914.
596 Weiß: Die Staatsauffassung Kronprinz Rupprechts. S. 548.
597 Janßen: Macht und Verblendung. S. 34.

Für die deutschen Bundesstaaten war allerdings noch eine zweite Komponente bestimmend, nämlich das wechselseitige Misstrauen. Dies herrschte nicht nur in Süddeutschland gegenüber Preußen sondern vielmehr und vor allem unter den süddeutschen Staaten selbst. Eifersüchtig waren die Landesfürsten und -regierungen darauf bedacht, die eigenen Landesinteressen zu wahren, Privilegien zu behaupten, Vorteile gegenüber anderen Bundesstaaten auszunutzen und Gegensätze zu betonen. So wurden die bayerischen Kriegsziele in Süddeutschland von vornherein alles andere als wohlwollend aufgenommen und nur als Fragen politischer und wirtschaftlicher Macht, dynastischen Prestiges und konfessioneller Statistik betrachtet.[598]

Auch Kronprinz Rupprecht war sich dieser Tatsache bewusst, wenn er seinem Vater riet: „Begehren wir zu viel, wird nur die Eifersucht anderer gereizt, denn es lässt sich nicht verkennen, dass eine solche Eifersucht seitens einiger an uns angrenzender kleinerer Staaten gegen uns besteht und dass Preußen, schon aus Rücksicht auf diese, uns keinesfalls mehr zugestehen dürfte, wenn überhaupt so viel." Allzu hoch gespannte Forderungen „könnten leicht das Gegenteil des Gewollten erzeugen und in Berlin verstimmend wirken sowie dort ein im Übrigen durchaus unbegründetes Misstrauen" gegen die bayerischen Absichten wecken. Daher könnte Bayern „ganz zufrieden sein, das untere Elsass mit Straßburg nebst einem an die Pfalz grenzenden Teile Lothringens zu erhalten, eines Teiles des Saarbeckens, dem wegen seines Kohlenreichtums besondere Bedeutung zukommt."[599]

Reichskanzler Bethmann-Hollweg hatte unter dem Eindruck eines triumphalen deutschen Siegs Anfang September 1914 noch weitreichende deutsche Kriegsziele angedeutet: Frankreich müsse nicht nur militärisch durch die Abtretung einiger Festungen auf lange Zeit ausgeschaltet, sondern daneben durch Gebietsabtrennungen und Handelsverträge in eine direkte wirtschaftliche Abhängigkeit vom Reich gebracht werden. Belgien solle, neben territorialen Abtrennungen, unter formaler Beibehaltung der Selbstständigkeit zu einem deutschen Vasallenstaat herabgesetzt werden. Luxemburg würde in

---

598 Ebd. S. 31f.
599 BayHStA, GHA: NL König Ludwig III., Nr. 59, Rupprecht an Ludwig III. vom 14. Dezember 1914.

Bethmann-Hollwegs Vorstellungen nach einer Vergrößerung durch belgisches Gebiet deutscher Bundesstaat werden. In der Frage nach den Kolonien und auch bezüglich der Behandlung der Niederlande sollten weitere Erwägungen folgen.

Zentraler Punkt des Septemberprogramms waren die wirtschaftspolitischen Aspekte. Bethmann-Hollweg strebte die Gründung eines mitteleuropäischen Wirtschaftsverbandes an, der Frankreich, Belgien, Holland, Dänemark, Österreich-Ungarn und sogar das noch nicht existierende Polen beinhalten sollte, eventuell auch Italien, Schweden und Norwegen. Ziel dieses Wirtschaftsverbandes sollte, unter lediglich äußerlicher Gleichberechtigung dessen Mitglieder, die wirtschaftliche Vorherrschaft des Deutschen Reichs über Mitteleuropa sein.[600]

Bethmann-Hollwegs Mitteleuropapläne stießen bei Rupprecht auf positive Reaktionen: „An sich wäre ja zweifellos der Gedanke einer dauernden deutsch-französischen Verständigung zu begrüßen. Die Frage ist nur die, ob man England nicht wirksamer ankann, indem man Frankreich gänzlich niederwirft." Den wirtschaftlichen Schaden, „den das schwer zu bekämpfende England" dem deutschen Handel zufüge, könne man durch die Ausbeutung der französischen Vorkommen ausgleichen. Rupprecht fügte zur Erklärung an, man habe „bis jetzt nur den zwanzigsten Teil Frankreichs besetzt, immerhin aber einen Teil, der 1/6 der französischen Bevölkerung enthält und 1/6 des französischen Nationalvermögens."[601]

Nach den militärischen Rückschlägen an der Marne und bei Ypern hatte sich die Stimmung im Großen Hauptquartier drastisch geändert. Weder ein rasches Kriegsende noch ein Friedensvertrag mit weitreichenden Landgewinnen waren in absehbarer Zeit zu erwarten. Selbst Falkenhayn schätzte die Situation nunmehr realistisch ein und erklärte, es werde zukünftig unmöglich sein, die Ententemächte auf militärischem Gebiet zur Annahme deutscher Friedensbe-

---

600 Zu den Mitteleuropa-Plänen vgl. Mommsen: Der Erste Weltkrieg. S. 94-117; Fischer: Griff nach der Weltmacht. S. 117f.
601 BayHStA, GHA: NL König Ludwig III., Nr. 59, Rupprecht an Ludwig III. vom 14. Dezember 1914.

dingungen zu zwingen. Daher plädierte er bei Bethmann-Hollweg für Bemühungen um einen Separat- und Verständigungsfrieden.[602]

Der Reichsleitung kamen im Hinblick auf derartige Bestrebungen die nach wie vor weitreichenden Forderungen der süddeutschen Staaten mehr als ungelegen. In München wiederum, wo man kaum über die tatsächliche militärische Lage Bescheid wusste, befürchtete man nunmehr, der Reichskanzler könne den Mut zum Durchhalten verlieren und vorzeitig Frieden schließen. Es ginge aber an der Sache vorbei, wenn man die Annexionsforderungen der deutschen Bundesstaaten als Behinderung des Bestrebens der Reichsleitung ansehen würde, ernsthafte Friedensverhandlungen aufzunehmen.[603]

Kronprinz Rupprecht teilte seinen Vater mit, dass der Reichskanzler einen „sehr kleinmütigen [Standpunkt einnehme], der in einem von dem Berliner Historiker und Publicisten Hanns von Delbrück geschriebenen Aufsatze in den preußischen Jahrbüchern zum Ausdrucke" komme. Zwar hatte Rupprecht diesen nicht gelesen, meinte aber zu wissen, „dass der Artikel dahin ausklingt, das Deutsche Reich dürfe sich keine neuen Gebietsteile angliedern, da es sonst mit der dauernden Feindschaft der angrenzenden Mächte zu rechnen habe." Auch hier spielte die Besorgnis um die Stellung Bayerns im Reich die entscheidende Rolle. Rupprecht fragte sich nämlich, ob es der „Kleinmut des Reichskanzlers oder die Besorgnis [sei], dass bei einer weiteren Ausdehnung des Reiches der preußische Einfluss eine Minderung erführe, was [Bethmann-Hollweg] zu diesem unbegreiflichen Schreiben veranlasste – vielleicht beides." Auch der Kaiser selbst strebe nunmehr offenbar „keine Erweiterung der westlichen Grenze" an.

Im Übrigen scheine sich Wilhelm II. „dem sehr optimistischen Glauben hinzugeben, wie wenn der Krieg bis zum Mai beendet sein würde und es möglich wäre, Frankreich zu einem Sonderabkommen zu bewegen und sogar zu einem gemeinsamen bewaffneten Vorgehen gegen England." Kronprinz Rupprecht erachtete diesen Gedankengang zwar als reine Utopie, erwähnte ihn aber,

---

602 Deist: Strategy and Unlimited Warfare. S. 271-273.
603 Janßen: Macht und Verblendung. S. 34-36; Domarus: Bayern. S. 168.

„weil dann den Franzosen irgendein lockendes Angebot auf Kosten Belgiens gemacht werden müsste."[604]

Er selbst äußerte im Dezember noch die vage Hoffnung, es wäre „nicht unmöglich, dass auch Frankreich einlenken könnte, das durch den Verlust seiner in Russland angelegten Kapitalien ohnehin in seiner wirtschaftlichen Kraft aufs Schwerste geschädigt ist." Unwahrscheinlich war allerdings seine Annahme, man könne in diesem Fall Frankreich „zum Bundesgenossen gegen England gewinnen, [indem] man ihm die wallonischen Teile Belgiens – vielleicht mit Ausnahme von Lüttich – anböte."[605]

Bethmann-Hollweg teilte am Jahresende 1914 dem bayerischen Ministerpräsidenten Hertling mit, dass man nunmehr zuerst mit Russland ins Reine kommen wolle, dann mit Frankreich. Bethmann glaubte allerdings, dass es in der gegebenen militärischen Situation verantwortungslos sei, Friedensangebote dieser Mächte abzulehnen. Damit schied ein vom bayerischen König vehement geforderter Diktatfrieden aus dem Bereich des Möglichen aus und die Handlungsspielräume der Bundesstaaten verkleinerten sich. Von da an wurden die bayerischen Entscheidungsträger folgerichtig auch vorsichtiger, was ihre Forderungen anging.[606] Erklärlich werden die bayerischen Kriegszielforderungen, neben dem annexionistischen Überschwang des bayerischen Königs, vor allem mit den bayerisch-föderalistischen Denkmustern, die den vehementen Einsatz für das Gleichgewicht im Reich erst möglich machten. Die bayerischen Befürchtungen bezüglich einer weiteren Zunahme der territorialen Disparität blieben dementsprechend bis kurz vor Kriegsende bestehen.[607]

---

604 BayHStA, GHA: NL König Ludwig III., Nr. 59, Rupprecht an Ludwig III. vom 1. Dezember 1914.

605 BayHStA, GHA: NL König Ludwig III., Nr. 59, Rupprecht an Ludwig III. vom 14. Dezember 1914.

606 Janßen: Macht und Verblendung. S. 38-41.

607 Das Reich wurde verglichen mit einem Haus „in dem ein reicher Protz dem andern Licht, Luft und Raum wegnimmt." So urteilte jedenfalls 1918 ein bayerischer Journalist in einem Konzentrat aus unzähligen Zuschriften. Die während der gesamten Zeit von 1914-1918 vorherrschende bayerische Befürchtung blieb, dass das Reich nach dem Krieg ein „Grand-Hotel Preußen und ein paar armselige, vernachlässigte Dependancen" darstellen werde. Vgl. Ay, Entstehung einer Revolution. S. 87.

7. RESÜMEE UND AUSBLICK

Das Königreich Bayern und seine Armee spielten eine nicht zu unterschätzende Rolle in den militärischen und politischen Ereignissen des Jahres 1914. Der Föderalismus des Deutschen Reiches und die damit einhergehende Zerrissenheit spiegelten sich in diesem Zeitraum deutlich auch im Kampfgeschehen wider. Zu behaupten, dass der Eröffnungsfeldzug des Ersten Weltkrieges aus diesem Grund sein Scheitern erlebte, wäre dabei allerdings verfehlt. Die tatsächlichen Probleme des Feldzuges waren militärischer Art. Es ist gezeigt worden, dass das gerade Bayern innerhalb des Reichs als wesentlich eigenständiger betrachtet werden muss, als weithin angenommen. Verfassungsrechtlich, militärisch und mental hatte es sich zu Kriegsbeginn eine nicht unerhebliche Autonomie bewahrt.

Man kann daher konstatieren, dass Bayern gewissermaßen mit Preußen ‚koalierte', als seine Armee im August ins Feld zog. Die Leitideen des Moltke'schen Operationsplanes machen deutlich, dass die Aufgabenstellung des unter dem Oberbefehl des bayerischen Kronprinzen stehenden bayerischen Heereskontingents eine erhebliche Eigenverantwortung mit sich brachte. Dies gilt umso mehr, da die am linken Heeresflügel stehenden Bayern unter Umständen die Entscheidung der Gesamtoperation herbeiführen sollten. Dass die 6. Armee und ihre bayerische Führung diesen Herausforderungen grundsätzlich gewachsen waren, zeigten die Betrachtungen ihres strukturellen Aufbaus sowie der militärischen Tauglichkeit ihrer Führungsclique. Daneben wurde der hohe Grad an Vernetzung und gegenseitiger Abhängigkeit gezeigt, der die bayerische Militärelite kennzeichnete und der sich auch in der Arbeit im Truppengeneralstab bemerkbar machte. Zweifel bezüglich der Qualifikation des bayerischen Kronprinzen als Armeeführer konnten ausgeräumt werden.

Anhand der Darstellung der Operationen der 6. Armee in Lothringen und den Vogesen im August und September 1914 konnten die Schwierigkeiten der Kriegsführung in Bezug auf die mangelhafte Kommunikation und die unklare Feindlage aufgezeigt werden. Daneben wurde deutlich gemacht, dass sich im

Bereich der 6. Armee die Entwicklung vom Bewegungskrieg über den Stellungskrieg bis an den Rand der Materialschlacht in einer beispiellosen Radikalität vollzog. Ferner konnten das Denken Moltkes in Optionen und die daraus entstandenen Problemlagen im Rahmen der Zusammenarbeit von OHL mit dem bayerischen Armee-Oberkommando demonstriert werden.

Die Entstehungen der Angriffsentschlüsse – die Schlacht in Lothringen und die Position de Nancy betreffend – belegen, dass die offensive Ausrichtung der 6. Armee seitens der Heeresleitung durchaus gewünscht war und dass dynastisch-partikularistische Beweggründe für die bayerischen Angriffe keine Rolle spielten. Die Kritik an der bayerischen Führung bezüglich der Schlacht in Lothringen stellte ein Phänomen späterer Zeit dar, während die OHL die Operationen zunächst als „ihren Sieg" betrachtete. Auf der anderen Seite konnten Zerrissenheit und Mangel an Koordination der Obersten Heeresleitung an den unterschiedlichen Weisungen bezüglich der Munitionszuteilung und dem Durchbruch bei Nancy aufgezeigt werden.

Die Tatsache, dass Kronprinz Rupprecht bereits Anfang September 1914 beinahe sein Kommando niedergelegt hatte, belegt das überaus angespannte Verhältnis der bayerischen Führung zur OHL. Die häufig anzutreffende Geringschätzung der Aufgabe und Rolle der bayerischen Truppen im Eröffnungsfeldzug des Ersten Weltkriegs muss stark in Zweifel gezogen werden, da Moltkes Plan, den Durchbruch im Süden zu wagen, um zu einer doppelten Umfassung der gegnerischen Armeen zu kommen, tatsächlich Ende August zum Einsatz kam. Damit ist auch der Beweis erbracht, dass Lothringen für das Gelingen des deutschen Feldzugsplanes ein ebenso wichtiges Operationsgebiet wie Belgien und Nordfrankreich darstellte. Die zwecklosen Festungsangriffe auf Nancy hatten den deutschen Feldzug jedoch weder verdorben, noch blieben kriegsentscheidende Chancen ungenutzt. Um weiterhin aktiv in die Kriegsentscheidung einzugreifen, war der fortgesetzte Durchbruchsangriff – angesichts der Langsamkeit denkbarer Truppenverschiebungen – die einzig zweckmäßige Option.

Der personelle Wechsel an der Spitze der OHL Mitte September 1914 brachte keine Veränderungen der operativen Leitgedanken mit sich. Die Ereignisse und Reaktionen nach dem Abbruch der Nancyer Operationen sowie dem

Rückzug der Nordarmeen hinter die Marne belegen, dass die grundlegende deutsche Strategie weiterhin verfolgt wurde. Erst nach dem Scheitern des Bewegungskrieges in Flandern im November 1914 wurde der Grundgedanke des Feldzugsplans aufgegeben und die Kriegsentscheidung im Osten gesucht. Aus diesem Grund sind die Operationen an der Westfront von September bis November faktisch als zweiter Abschnitt des deutschen Feldzuges anzusehen, in dem die 6. Armee am ‚Entscheidungsflügel' abermals eine kriegsentscheidende Rolle einnahm.

Die Ursachen für das Scheitern des Feldzugs konnten in der Geschwindigkeit und Ausdehnung des Vorstoßes, Versorgungsproblemen, Dezimierung und Erschöpfung der Soldaten, dem beginnenden Mangel an Kriegsgerät und der weithin ungenügenden Kommunikation und Aufklärung identifiziert werden, auch in der Unterschätzung der Stärken der gegnerischen Armeen. Ebenso wurde das alles überschattende allmähliche Zerwürfnis der bayerischen Führung mit der „zweiten" OHL unter Erich von Falkenhayn, das erneut beinahe zum Rücktritt des bayerischen Kronprinzen geführt hatte, deutlich gemacht.

Ferner wurde die Kriegswirklichkeit der Soldaten und Führung der 6. Armee aufgezeigt. Die Untersuchung der Lebenswelten an der Front und in der Etappe, aufgegliedert in Soldaten, Offiziere und Armeeführung, macht deutlich, dass sich der Kriegsalltag in Bezug auf Strapazen, Informationshorizont, Bedrohungssituation und Lebensumstände von Fall zu Fall höchst unterschiedlich darstellte, zugleich aber Front und Etappe trotz räumlicher Trennung miteinander in vielfältiger Weise verknüpft waren. Es wurde darauf hingewiesen, dass die Verluste des Bewegungskriegs des Jahres 1914 die prozentual höchsten des gesamten Krieges waren. Die Gründe für die hohen Verlustzahlen sind in den neuartigen Waffensystemen, dem Maschinengewehr und der schweren Artillerie, zu sehen. Ebenso verantwortlich für den hohen Blutzoll war der doktrinäre Offensivdrang von Offizieren unterer Ebenen, welche „mit fliegenden Fahnen" und ohne Artillerieunterstützung angreifen ließen.

Deutungsmuster und zeitgenössische Wahrnehmung des massenhaften Sterbens an der Front und der kriegsbedingten Zerstörungen wurden auf den Ebenen der Soldaten und der militärischen Führung untersucht. Dabei konnte festgestellt werden, dass aufgrund der Fronterfahrung schon bald eine Ernüchterung bezüglich der Einstellung zu Krieg und Tod bei den Soldaten eintrat. Die hohe Führung begegnete den Opferzahlen erschüttert und reagierte mit Fatalismus und Verdrängung. Die Thematik des zivilen Widerstands und seiner militärischen Niederdrückung wurde anhand der Kriegsverbrechen bayerischer Soldaten beleuchtet und die Muster ihrer Motivationen herausgearbeitet.

Hierbei konnte dargestellt werden, dass die Übergriffe auf Zivilpersonen und die schlechte Behandlung Kriegsgefangener im Fall der 6. Armee seitens der Führung missbilligt wurden und vielmehr Disziplinmangel, Gerüchte über Verstümmelungen deutscher Verwundeter und Panikreaktionen den Ausschlag für diese gaben. Ferner konnte gezeigt werden, dass im Fall des bayerischen Kronprinzen tatsächlich Besorgnis herrschte bezüglich der Bewahrung einer „ritterlichen" Einstellung zum Krieg, diese aber die Härte der Kämpfe und das Ausmaß der Zerstörung nicht zu beeinträchtigen vermochte.

Die Auswirkungen der bayerisch-preußischen Dissonanzen auf militärischer und kriegspolitischer Ebene sind nicht zu unterschätzen. Zum einen ist gezeigt worden, dass in der bayerischen Bevölkerung bei Kriegsausbruch ein starkes, monarchisch orientiertes ‚bayerisches Staatsbewusstsein' vorherrschte, das der Entwicklung eines ‚deutschen Nationalbewusstseins' nicht nur entgegenwirkte, sondern geradezu als Reaktion auf Zentralisierungstendenzen und den drohenden Verlust kultureller, politischer und wirtschaftlicher Eigenständigkeit zu verstehen ist. Daneben wurden die Auswirkungen dieser Mentalität auf den militärischen Bereich aufgezeigt.

Unter den bayerischen Soldaten verfingen nationale Sinnstiftungsmuster kaum. Deren Identifikation galt der bayerischen Heimat und dem Herrscherhaus: Vor allem in der Person des Kronprinzen Rupprecht fanden sie eine Idolfigur. Überdies grassierte vor allem unter den bayerischen Soldaten schon bald nach Kriegsbeginn ein weit verbreiteter „Preußenhass", während dies in den Kontingenten anderer Bundesstaaten erst kurz vor Kriegsende feststellbar ist. Die Geringschätzung der bayerischen Armee durch preußische Befehlsstellen sowie der bayerische Wunsch nach Eigenständigkeit und Geschlossenheit innerhalb des Bundesheeres bildeten die Grundlage für viele Kompetenzstreitigkeiten.

An der mehr als desolaten Kooperation des bayerischen Oberkommandos mit der Obersten Heeresleitung und anderen preußischen Befehlsstallen wird deutlich, wie sehr die bayerisch-preußischen Streitigkeiten den Kriegsverlauf des Jahres 1914 beeinträchtigten. Auf politischem Gebiet konnte gezeigt werden, wie bundesstaatliche Interessen die deutsche Kriegszieldebatte dominierten. Auch wurde deutlich gemacht, in welchem Ausmaß der Ruf nach einem größeren bayerischen Eigengewicht sich in der Forderung nach Annexionen, respektive dem Ausbau föderalistischer Strukturen im Reich, bemerkbar machte.

Der weitere Verlauf des Ersten Weltkriegs bedeutete für das Königreich Bayern den Verlust seiner weitreichenden Autonomien und Vorrechte im Deutschen Kaiserreich.[608] Das Übergewicht Preußens gegenüber den übrigen Bundesstaaten machte sich in immer stärkerem Ausmaß bemerkbar. Die mit dem Krieg einhergehende Ausbildung eines politischen und ökonomischen Zentralismus bedeutete den weitgehenden Verlust bayerischer Eigenständigkeit. Die Aufhebung des landsmannschaftlichen Charakters der Truppen nahm dem süddeutschen Königreich ab 1915 seinen militärischen Selbstbestimmungsfaktor.

War die königlich-bayerische Armee zu Kriegsbeginn noch geschlossen ins Feld gezogen, so wurde sie ab Mitte 1915 in zunehmendem Maße auf die anderen deutschen Armeen verteilt. Bayerische Offiziere wurden in nichtbayerischen Heereskontingenten eingesetzt und die 6. Armee von Grund auf umstrukturiert. Die Bestellung Krafft von Dellmensingens zum Kommandeur des neugeschaffenen deutschen Alpenkorps im Mai 1915 ist im Zusammenhang

---

608 Für das Folgende vgl. Albrecht, Dieter: Von der Reichsgründung bis zum Ende des Ersten Weltkrieges. in: Schmid, Alois (Hrsg.): Handbuch der bayerischen Geschichte. Bd. 4/1. Das Neue Bayern. Von 1800 bis zur Gegenwart. Staat und Politik. München, 2003². S. 318-438. Hier: S. 413-425. Bayer. Kriegsarchiv: Die Bayern im Großen Kriege. S. 8-10; Sendtner: Rupprecht von Wittelsbach. S. 241-399; Weiß: Die Staatsauffassung Kronprinz Rupprechts. S. 548-550; Heydecker: Kronprinz Rupprecht von Bayern. S. 71-89; Müller: Krafft von Dellmensingen. S. 3-5; Goetz: Rupprecht von Bayern. S. 17-22; Ay, Entstehung einer Revolution. S. 21-89; Pöhlmann, Markus: Lexikoneintrag „Rupprecht". In: Hirschfeld, Gerhard u. a. (Hrsg.): Enzyklopädie Erster Weltkrieg. Paderborn, 2002. S. 807; Haidl, Roland: Lexikoneintrag „Ludwig III." In: ebd. S. 686.

mit dem Zerwürfnis des Kronprinzen Rupprecht mit Falkenhayn zu sehen. Letzterer trennte das bayerische Führungsduo und versetzte mit Hermann von Kuhl einen preußischen ‚Aufpasser' als Stabschef ins AOK 6. Krafft wurde in den folgenden Jahren an der „Alpenfront" sowie auf dem Balkan eingesetzt und gehörte 1917 als Generalstabschef der 14. Armee zu den Verantwortlichen für den Durchbruch durch die Isonzofront.

Nach der Frühjahrsoffensive des Jahres 1915 kann man grundsätzlich nicht mehr von einer „Militärgeschichte Bayerns im Ersten Weltkrieg" sprechen, da die königlich-bayerische Armee nunmehr völlig im deutschen Bundesheer aufgegangen war. Zu Kriegsende 1918 standen bayerische Soldaten und Offiziere weitverstreut von Mesopotamien und dem Kaukasus bis nach Flandern. Im Jahr 1919 wurde die königlich-bayerische Armee aufgelöst und ging in den Nachfolgeorganisationen des Bundesheeres auf.

Kronprinz Rupprecht verblieb über den gesamten Zeitraum des Ersten Weltkrieges hinweg an der Westfront und setzte sich weiterhin für den Erhalt bayerischer Eigenständigkeit im Reich ein. Seit dem Jahr 1915 hatte er sich allerdings vom vorsichtigen Befürworter eines Annexionsfriedens zum vehementen Anwalt eines Verständigungsfriedens gewandelt und forderte demokratische innere Reformen im Reich.

1916 kämpfte seine 6. Armee in der Schlacht an der Somme. Im August des gleichen Jahres wurde er nicht nur zum königlich-bayerischen, sondern auch zum königlich-preußischen Generalfeldmarschall ernannt und übernahm das Oberkommando über die neugegründete Heeresgruppe „Kronprinz Rupprecht von Bayern", welche 1918 die Hauptlast der Frühjahrsoffensive der Mittelmächte trug. Gegen die Revolution im November 1918 legte er scharfen Protest ein und verlangte eine demokratische Entscheidung über die zukünftige Regierungsform. Kronprinz Rupprecht und Ministerpräsident Hertling hatten während des Krieges längst begonnen, Wege zu einem Verständigungsfrieden zu sondieren. Hertlings Bestrebungen führten zum Friedensangebot der Mittelmächte vom Dezember 1916, ebenso wirkte er über den päpstlichen Nuntius in München auf den päpstlichen Friedensappell vom 1. August 1917 hin. Daher war es auch kein Zufall, dass ihm am 1. November 1917 das Amt des Reichskanzlers übertragen wurde.

Nach der Unterzeichnung des Waffenstillstands am 11. November 1918 legte Rupprecht sein Kommando an der Westfront nieder. In der Zwischenkriegszeit wurde er zum Hoffnungsträger partikularistisch-monarchisch orientierter Kreise in Bayern, hielt sich aber politisch zurück. Der bayerische König Ludwig III. blieb bis zum Kriegsende ein scharfer Verfechter von Annexionen, was ihm viele neugewonnenen Sympathien kostete und dazu beitrug, dass er, als erster Monarch im Reich, im November 1918 gestürzt wurde. Er schlug sich in der Kanzlersturzbewegung gegen den nach einem Ausgleich trachtenden Bethmann-Hollweg im Jahr 1917 auf die Seite derjenigen, die vehement einen Diktatfrieden forderten. Dass ein solcher schon längst nicht mehr erreichbar war, verkannte er. Die Realität sah Ende 1918 den Zusammenbruch des deutschen Bundesheeres und auch des Deutschen Reichs. Das Königreich Bayern hatte die traurige Bilanz von knapp 177.000 Gefallenen und über 430.000 Verwundeten zu beklagen.

ANHANG

Abkürzungsverzeichnis

a. D.	außer Dienst
Abt.	Abteilung
AK	Armeekorps
Anm.	Anmerkung
AOK	Armee-Oberkommando
bayer.	bayerisch, -e, -es
BayHStA, GHA	Bayerisches Hautstaatsarchiv, Abt. III: Geheimes Hausarchiv
BayHStA, KA	Bayerisches Hautstaatsarchiv, Abt. IV: Kriegsarchiv
Bd.	Band
BEF	British Expeditionary Force
BSB	Bayerische Staatsbibliothek
HKK	Höherer Kavalleriekommandeur
MKr	Kriegsministerium
NL	Nachlass
OB	Oberbefehlshaber
OHL, O.H.L.	Oberste Heeresleitung
OP	Offiziers-Personalakten
SA	Sturmabteilung
S.M.	Seine Majestät

Quellen- und Literaturverzeichnis

Ungedruckte Quellen

Bayer. Hauptstaatsarchiv, Abt. III, Geheimes Hausarchiv

Nachlass König Ludwig III. von Bayern (1845 - 1921)
Nr. 59   Korrespondenz mit Kronprinz Rupprecht
Nr. 64   Korrespondenz mit Prinz Franz

Nachlass Kronprinz Rupprecht von Bayern (1869-1955)
A 299   Korrespondenz mit Adolf von Hildebrand
A 419   Glückwünsche zur Schlacht in Lothringen
A 476   Armeeakten zum Aufmarsch in Lothringen (maschinenschriftliche Abschrift)
A 477   Allgemeine Anweisungen der Obersten Heeresleitung vom 27. August 1914 an die 1. bis 7. Armee für den Fortgang der Operationen (maschinenschriftliche Abschrift)
A 699   Tagebuchaufzeichnungen (28. Juli bis 19. September 1914)
A 700   Tagebuchaufzeichnungen (20. September bis 26. Oktober 1914)
A 701   Tagebuchaufzeichnungen (27. Oktober bis 31. Dezember 1914)
A 720   Entgegnung General von Kraffts zu einem Aufsatz des Deutschen Kronprinzen vom 15. August 1926 (maschinenschriftliche Abschrift)

Nachlass Prinz Franz von Bayern (1875-1957)
Nr. 195 Notizheft aus dem Jahr 1914
Nr. 217 Korrespondenz mit Kronprinz Rupprecht

Bayer. Hauptstaatsarchiv, Abt. IV, Kriegsarchiv

Nachlass Konrad Krafft von Dellmensingen (1862-1953)
Nr. 145 Tagebuchaufzeichnungen (27. August 1914 bis 17. September 1914, Abschrift)
Nr. 146 Tagebuchaufzeichnungen (18. September 1914 bis 30. September 1914, Abschrift)
Nr. 147 Tagebuchaufzeichnungen (30. September 1914 bis 27. Oktober 1914, Abschrift)
Nr. 183 Tagebuchaufzeichnungen (18. September bis 27. Oktober 1914, gekürzte maschinenschriftliche Abschrift)

Nr. 187 Korrespondenz mit von Wenninger
Nr. 188 Korrespondenz mit Mertz von Quirnheim
Nr. 195 Korrespondenz mit Kronprinz Rupprecht

Akten des Armee-Oberkommandos 6 (AOK 6)
Bund 1 Auflistung der Angehörigen des AOK 6
Bund 1 Meldung der Verpflegungsstärke
Bund 1 Kriegstagebuch des AOK 6 (2. August 1914 bis 14. März 1915, maschinenschriftliche Abschrift)

Offiziers-Personalakten der königlich-bayerischen Armee
OP 11823   Konrad Krafft von Dellmensingen
OP 47534   Kronprinz Rupprecht von Bayern

Akten des Bayerischen Kriegsministeriums
MKr 1829/1   Berichte des bayerischen Militärbevollmächtigten
MKr 2758   Beschaffenheitsberichte der bayerischen Armeekorps

Bayer. Staatsbibliothek, Abt. Handschriften und Alte Drucke

Nachlass Adolf von Hildebrand (1847-1921)
Ana 550   Korrespondenz mit Kronprinz Rupprecht

Gedruckte Quellen

Aufmarschpläne des Deutschen Reichs von 1893/ 94 bis 1914/ 15. Abgedruckt in: Ehlert, Hans u. a. (Hrsg.): Der Schlieffenplan. Analysen und Dokumente. Paderborn 2006. S. 341-486.

Bayern, Rupprecht Kronprinz von: Mein Kriegstagebuch. Hrsg. von Eugen von Frauenholz, 3 Bände. München 1929.

Das Plessen-Tagebuch Juli 1914 – November 1918 sowie ausgewählte Korrespondenz Plessens. Abgedruckt in: Afflerbach, Holger: Kaiser Wilhelm II. als Oberster Kriegsherr im Ersten Weltkrieg. Quellen aus der militärischen Umgebung des Kaisers 1914-1918. München, 2005. S. 639-954.

Dirr, Puis (Hrsg.): Bayerische Dokumente zum Kriegsausbruch und zum Versailler Schuldspruch. München, 1925.

Helmuth von Moltke 1848-1916. Dokumente zu seinem Leben und Wirken. Bd. 1, Basel, 1993. Hrsg. von Thomas Meyer als wesentlich erweiterte Neuauflage des Werkes: Helmuth von Moltke: Erinnerungen, Briefe, Dokumente 1877-1916. Ein Bild vom Kriegsausbruch, erster Kriegsführung und Persönlichkeit des ersten militärischen Führers des Krieges. Hrsg. von Eliza von Moltke. Stuttgart, 1922.

Zils, Wilhelm: König Ludwig III. im Weltkrieg. Briefe, Erlasse, Reden und Telegramme des Königs aus eiserner Zeit. München, 1917.

Zeitgenössische Literatur

Alckens, August: Die Schlacht in Lothringen (20. bis 28. August 1914) und vor Nancy-Épinal (22. August bis 14. September 1914). München, ca. 1920.

Albrecht, Dieter: Von der Reichsgründung bis zum Ende des Ersten Weltkrieges. in: Schmid, Alois (Hrsg.): Handbuch der bayerischen Geschichte. Bd. 4/1. Das Neue Bayern. Von 1800 bis zur Gegenwart. Staat und Politik. München, 2003[2]. S. 318-438.

Bauer, Max: Der große Krieg in Feld und Heimat. Tübingen, 1921[2].

Bayerisches Kriegsarchiv (Hrsg.): Die Bayern im Großen Kriege 1914-1918. 2 Bände. München, 1923[2].

Bircher, Eugen: Rezension zu „Das Testament des Grafen Schlieffen". In: Allgemeine Schweizer Militärzeitschrift, 73 (1927). S. 95-96.

Deuringer, Karl: Die Schlacht in Lothringen und den Vogesen 1914. Hrsg. vom Bayerisches Kriegsarchiv. 2 Bände. München, 1929.

Deuringer, Karl: Der Wettlauf um die Flanke in Nordfrankreich 1914. Hrsg. vom Bayerisches Kriegsarchiv. 2 Bände. München, 1936.

Frauenholz, Eugen von: Kronprinz Rupprecht im Weltkrieg. In: Zeitschrift für bayerische Landesgeschichte. Band 1. München, 1928. S. 385-402.

Groener, Wilhelm: Das Testament des Grafen Schlieffen. Operative Studien über den Weltkrieg. Berlin, 1929[2].

Groener, Wilhelm: Der Feldherr wider Willen. Berlin, 1930.

Krafft von Dellmensingen, Konrad: Das Bayernbuch vom Weltkriege. 2 Bände. Stuttgart 1930.

Krafft von Dellmensingen, Konrad: Die Führung des Kronprinzen Rupprecht von Bayern auf dem linken deutschen Heeresflügel bis zur Schlacht in Lothringen im August 1914. Berlin 1925.

Krafft von Dellmensingen, Konrad: Kritischer Streifzug durch die Studien des Generalleutnants a. D. Wilhelm Groener über den Weltkrieg. Das Oberkommando in den Reichslanden im Sommer 1914. München, 1931.

Ludendorff, Erich: Meine Kriegserinnerungen 1914-1918. Berlin, 1919.

Mertz von Quirnheim, Hermann: Der Führerwille in Entstehung und Durchführung. Erläutert an den Vorgängen beim Gemeinsamen Oberbefehl in den Reichslanden August bis September 1914. Oldenburg, 1932.

Reichsarchiv (Hrsg.): Der Weltkrieg 1914-1918. Die militärischen Operationen zu Lande. Erster Band: Die Grenzschlachten im Westen. Berlin, 1925.

Reichsarchiv (Hrsg.): Der Weltkrieg 1914-1918. Die militärischen Operationen zu Lande. Dritter Band: Der Marne-Feldzug. Von der Sambre zur Marne. Berlin, 1926.

Reichsarchiv (Hrsg.): Der Weltkrieg 1914-1918. Die militärischen Operationen zu Lande. Vierter Band: Der Marne-Feldzug. Die Schlacht. Berlin, 1926.

Reichsarchiv (Hrsg.): Der Weltkrieg 1914-1918. Die militärischen Operationen zu Lande. Fünfter Band: Der Herbst-Feldzug 1914. Im Westen bis zum Stellungskrieg. Im Osten bis zum Rückzug. Berlin, 1929.

Reichsarchiv (Hrsg.): Der Weltkrieg 1914-1918. Die militärischen Operationen zu Lande. Sechster Band: Der Herbst-Feldzug 1914. Der Abschluss der Operationen im Westen und Osten. Berlin, 1929.

Wetzell, [Georg]: Das Kriegswerk des Reichsarchivs: „Der Weltkrieg 1914/18". Kritische Betrachtungen zum I. Band: Die Grenzschlachten im Westen. In: Wissen und Wehr, 6 (1925). S. 1-43.

Xylander, Rudolf von: Deutsche Führung in Lothringen 1914. Wahrheit und Kriegsgeschichte. Berlin 1935.

Fachliteratur

Afflerbach, Holger: Falkenhayn. Politisches Denken und Handeln im Kaiserreich. München, 1994.

Afflerbach, Holger: Kaiser Wilhelm II. als Oberster Kriegsherr im Ersten Weltkrieg. Quellen aus der militärischen Umgebung des Kaisers 1914-1918. München, 2005.

Afflerbach, Holger: Kronprinz Rupprecht von Bayern im Ersten Weltkrieg, in: Militärgeschichtliche Zeitschrift, Band 75, Heft 1, Seiten 21–54.

Afflerbach, Holger: Wilhelm II as supreme Warlord in the First World War. In: Mombauer, Annika/ Deist, Wilhelm (Hrsg.): The Kaiser. New Research on Wilhelm II's role in Imperial Germany. Cambridge, 2003. S. 195-216.

Albrecht, Willy: Landtag und Regierung in Bayern am Vorabend der Revolution von 1918. Studien zur gesellschaftlichen und staatlichen Entwicklung Deutschlands von 1912-1918. Berlin, 1968.

Aretin, Erwein Freiherr von: Kronprinz Rupprecht von Bayern. Sein Leben und Wirken. München, 1949.

Ay, Karl-Ludwig: Die Entstehung einer Revolution. Die Volksstimmung in Bayern während des Ersten Weltkrieges. Berlin, 1968.

Bayern, Adalbert von: Erinnerungen 1900-1956, München 1991.

Becker, Annette: Oubliés de la Grande Guerre. Humanitaire et culture de guerre 1914-1918. Populations occupées, déportés civils, prisonniers de guerre. Paris, 1998.

Becker, Jean-Jacques: La Grande Guerre. Paris, 2005[2].

Berghahn, Volker: Der Erste Weltkrieg. München, 2003.

Borgert, Heinz-Ludger: Grundzüge der Landkriegsführung von Schlieffen bis Guderian. In: Handbuch zur deutschen Militärgeschichte 1648-1939. Band IX. Grundzüge der militärischen Kriegsführung. München, 1979. S. 427-584.

Chickering, Roger: Das Deutsche Reich und der Erste Weltkrieg. München, 2002.

Deist, Wilhelm: Strategy and Unlimited Warfare in Germany. Moltke, Falkenhayn, and Ludendorff. In: Chickering, Roger/ Förster, Stig (Hrsg.): Great War, Total War. Combat and Mobilisation on the Western Front, 1914-1918. Cambridge u. a., 2000. S. 265-279.

Domarus, Max: Bayern 1805-1933. Stationen der Staatspolitik. Nach Dokumenten im Bayerischen Hauptstaatsarchiv. Würzburg, 1979.

Farrar, Lancelot L.: The Short-war illusion: German policy, strategy and domestic affairs, aug. - dec. 1914. Santa Barbara, 1973.

Fischer, Fritz: Griff nach der Weltmacht. Die Kriegszielpolitik des kaiserlichen Deutschland 1914/18. Düsseldorf, 1961.

Förster, Stig: Der deutsche Generalstab und die Illusion des kurzen Krieges. 1871 - 1914. Metakritik eines Mythos. In: Militärgeschichtliche Mitteilungen 54. Potsdam, 1995. S. 61-95

Funk, Roland: Bayern im Ersten Weltkrieg. Zwischen Reichstreue und Reichsverdrossenheit. Berlin, 2016.

Geyer, Martin H.: Verkehrte Welt. Revolution, Inflation und Moderne. München 1914-1924. Göttingen, 1998.

Geyer, Michael: Deutsche Rüstungspolitik 1860-1980. Frankfurt, 1984.

Geyer, Michael: German Strategy in the Age of Machine Warfare, 1914-1945. In: Paret, Peter (Hrsg.): Makers of Modern Strategy. From Machiavelli to the Nuclear Age. Princeton, 1986. S. 527-597.

Goetz, Walter: Rupprecht, Kronprinz von Bayern. 1869-1955. Ein Nachruf. München, 1956.

Hackl, Othmar: Der bayerische Generalstab (1792-1919). München,1999.

Hackl, Othmar: Die bayerische Kriegsakademie (1867-1914). München, 1989.

Hebert, Günther: Das Alpenkorps. Aufbau, Organisation und Einsatz einer Gebirgstruppe im Ersten Weltkrieg. München, 1988.

Heydecker, Joe J.: Kronprinz Rupprecht von Bayern. Ein Lebensbild. München, 1953.

Hildebrand, Klaus: „Staatskunst und Kriegshandwerk". Akteure und System der europäischen Staatenwelt vor 1914. In: Ehlert, Hans u. a. (Hrsg.): Der Schlieffenplan. Analysen und Dokumente. Paderborn, 2006. S. 21-43.

Hillgruber, Andreas: Der Faktor Amerika in Hitlers Strategie 1938-1941. In: Wolfgang Michalka (Hrsg.): Nationalsozialistische Außenpolitik. Darmstadt, 1978. S. 493-525.

Hirschfeld, Gerhard u. a. (Hrsg.): Enzyklopädie Erster Weltkrieg. Paderborn, 2002.

Horne, John/ Kramer, Alan: Deutsche Kriegsgreuel 1914. Die umstrittene Wahrheit. Hamburg, 2004.

Horne, John/ Kramer, Alan: War Between Soldiers and Enemy Civilians. 1914-1915. In: Chickering, Roger/ Förster, Stig (Hrsg.): Great War, Total War. Combat and Mobilisation on the Western Front, 1914-1918. Cambridge u. a., 2000. S. 153-168.

Horne, John: Der Weg zur Somme: Deutsche Kriegsführung 1914-1916. In: Hirschfeld, Gerhard u. a. (Hrsg.): Die Deutschen an der Somme. 1914-1918. Krieg, Besatzung, Verbrannte Erde. Essen, 2006. S. 11-21.

Janßen, Karl-Heinz: Macht und Verblendung. Kriegszielpolitik der deutschen Bundesstaaten 1914/18. Göttingen, 1963.

Keegan, John: Der Erste Weltkrieg. Eine europäische Tragödie. Reinbek bei Hamburg, 2003.

Kielmansegg, Peter Graf: Deutschland und der Erste Weltkrieg. Stuttgart, 1968.

Knoch, Peter: Erleben und nacherleben: Das Kriegserlebnis im Augenzeugenbericht und im Geschichtsunterricht. In: Hirschfeld, Gerhard u. a. (Hrsg.): Keiner fühlt sich hier mehr als Mensch... Erlebnis und Wirkung des Ersten Weltkriegs. Essen, 1993. S. 199-220.

Kramer, Alan: „Greueltaten". Zum Problem der deutschen Kriegsverbrechen in Belgien und Frankreich 1914. In: Hirschfeld, Gerhard u. a. (Hrsg.): Keiner fühlt sich hier mehr als Mensch... Erlebnis und Wirkung des Ersten Weltkriegs. Essen, 1993. S. 85-114.

Kruse, Wolfgang: Die Kriegsbegeisterung im Deutschen Reich zu Beginn des Ersten Weltkrieges. Entstehungszusammenhänge, Grenzen und ideologische Strukturen. In: van der Linden, Marcel / Mergner, Gottfried (Hrsg.): Kriegsbegeisterung und mentale Kriegsvorbereitung. Interdisziplinäre Studien. S. 73-87. Berlin, 1991. S. 73-87.

Kühne, Thomas/ Ziemann, Benjamin: Militärgeschichte in der Erweiterung. Konjunkturen, Interpretationen, Konzepte. In: Kühne, Thomas/ Ziemann, Benjamin (Hrsg.): Was ist Militärgeschichte? Paderborn, 2000. S. 9-46.

Michalka, Wolfgang (Hrsg.): Der Erste Weltkrieg. Wirkung, Wahrnehmung, Analyse. München u. a., 1994.

März, Stefan: Das Haus Wittelsbach im Ersten Weltkrieg. Chance und Zusammenbruch monarchischer Herrschaft. Regensburg, 2013.

März, Stefan: Ludwig III.: Bayerns letzter König. Regensburg, 2014.

Möckl, Karl: Die Prinzregentenzeit. In: Bonk, Sigmund/ Schmid, Peter (Hrsg.): Königreich Bayern. Facetten bayerischer Geschichte 1806 – 1919. Regensburg, 2005. S. 153-174.

Mombauer, Annika: Der Moltkeplan: Modifikation des Schlieffenplans bei gleichen Zielen? In: Ehlert, Hans u. a. (Hrsg.): Der Schlieffenplan. Analysen und Dokumente. Paderborn, 2006. S. 79-99.

Mombauer, Annika: Helmuth von Moltke and the origins of the First World War. Cambridge, 2001.

Mommsen, Wolfgang J.: Der Erste Weltkrieg. Bonn, 2004.

Müller, Karl Alexander von: Aus Gärten der Vergangenheit. Stuttgart, 1951.

Müller, Thomas: Konrad Krafft von Dellmensingen (1862-1953). Portrait eines bayerischen Offiziers. München, 2002.

Pöhlmann, Markus: Kriegsgeschichte und Geschichtspolitik: Der Erste Weltkrieg. Die amtliche deutsche Militärgeschichtsschreibung 1914-1956. Paderborn, 2002.

Potempa, Harald: Die Königlich-Bayerische Fliegertruppe 1914-1918. Frankfurt, 1997.

Rall, Hans: Wilhelm II. Eine Biographie. Graz u. a., 1995.

Ritter, Gerhard: Der Schlieffenplan. Kritik eines Mythos. München, 1956.

Ritter, Gerhard: Staatskunst und Kriegshandwerk. Das Problem des „Militarismus" in Deutschland. 4 Bände. München, 1954-1968.

Rousseau, Frédéric: La Grande Guerre en tant qu'expériences sociales. Paris, 2006.

Rüddenklau, Harald: Studien zur bayerischen Militärpolitik. 1871-1914. Regensburg, 1972.

Schmidt, Stefan: Frankreichs Plan XVII. Zur Interdependenz von Außenpolitik und militärischer Planung in den letzten Jahren vor Ausbruch des Großen Krieges. In: Ehlert, Hans u. a. (Hrsg.): Der Schlieffenplan. Analysen und Dokumente. Paderborn, 2006. S. 221-256.

Schneider, Ludwig M.: Die populäre Kritik an Staat und Gesellschaft in München (1889-1914). Ein Beitrag zur Vorgeschichte der Münchner Revolution von 1918/19. München, 1975.

Sendtner, Kurt: Rupprecht von Wittelsbach. Kronprinz von Bayern. München, 1954.

Stevenson, David: 1914-1918. Der Erste Weltkrieg. Düsseldorf, 2006.

Storz, Dieter: „Dieser Stellungs- und Festungskrieg ist scheußlich!" Zu den Kämpfen in Lothringen und den Vogesen im Sommer 1914. In: Ehlert, Hans u. a. (Hrsg.): Der Schlieffenplan. Analysen und Dokumente. Paderborn, 2006. S. 161-204.

Storz, Dieter: Kriegsbild und Rüstung vor 1914. Europäische Landstreitkräfte vor dem Ersten Weltkrieg. Berlin, 1992.

Strachan, Hew: Der Erste Weltkrieg. Eine neue illustrierte Geschichte. München, 2004.

Strachan, Hew: The First World War. Volume 1: To Arms. Oxford, 2003.

Ulrich, Bernd/ Ziemann, Benjamin: Das soldatische Kriegserlebnis. In: Kruse, Wolfgang (Hrsg.): Eine Welt von Feinden. Der Große Krieg 1914-1918. Frankfurt am Main, 1997. S. 127-158.

Wallach, Jehuda: Das Dogma der Vernichtungsschlacht. Die Lehren von Clausewitz und Schlieffen und ihre Wirkung in zwei Weltkriegen. München, 1970.

Weiß, Dieter J.: Bayern und Preußen. Eine Nachbarschaft in Deutschland. Remscheid, 2000.

Weiß, Dieter J.: Die Staatsauffassung Kronprinz Rupprechts von Bayern. Ein Verfassungsentwurf aus dem deutschen Widerstand. In: Ackermann, Konrad u. a. (Hrsg.): Bayern vom Stamm zum Staat. Festschrift für Andreas Kraus zum 80. Geburtstag. Band 2. München, 2002. S. 547-560.

Weiß, Dieter J.: Kronprinz Rupprecht von Bayern (1869-1955). Eine politische Biografie. Regensburg, 2007.

Wette, Wolfram (Hrsg.): Der Krieg des kleinen Mannes. Eine Militärgeschichte von unten. München, Zürich, 1992.

Zechlin, Egmont: Friedensbestrebungen und Revolutionierungsversuche. Deutsche Bemühungen zur Ausschaltung Russlands im Ersten Weltkrieg. In: Das Parlament. Beilage aus Politik und Zeitgeschichte. 20/1961.

Ziemann, Benjamin: Front und Heimat. Ländliche Kriegserfahrungen im südlichen Bayern 1914-1923. Essen, 1997.

Ziemann, Benjamin: Soldaten. In: Hirschfeld, Gerhard u. a. (Hrsg.): Enzyklopädie Erster Weltkrieg. Paderborn, 2002. S. 155-168.

Zuber, Terence: The Schlieffen Plan Reconsidered. In: War in History 6, 1999. S. 262-305.